U0603587

浙江省习近平新时代中国特色社会主义思想研究中心课题成果

“八八战略”
二十周年研究丛书

湖　州

绿水青山地
美丽南太湖

金佩华　蔡颖萍　王景新　等　著

ZHEJIANG UNIVERSITY PRESS
浙江大学出版社
·杭州·

图书在版编目(CIP)数据

湖州:绿水青山地　美丽南太湖 / 金佩华等著. —杭州:浙江大学出版社，2023.9
(“八八战略”二十周年研究丛书)
ISBN 978-7-308-24106-9

Ⅰ.①湖…　Ⅱ.①金…　Ⅲ.①社会主义建设—研究—湖州　Ⅳ.①D619.553

中国国家版本馆 CIP 数据核字(2023)第 151967 号

湖　州:绿水青山地　美丽南太湖

HUZHOU:LÜSHUI QINGSHAN DI　MEILI NANTAIHU

金佩华　蔡颖萍　王景新　等　著

出 品 人　褚超孚
策划编辑　张　琛　吴伟伟　陈佩钰
责任编辑　马一萍
责任校对　黄梦瑶
责任印制　范洪法
封面设计　周　灵
出版发行　浙江大学出版社
(杭州天目山路 148 号　邮政编码 310007)
(网址:http://www.zjupress.com)
排　　版　浙江大千时代文化传媒有限公司
印　　刷　杭州钱江彩色印务有限公司
开　　本　710mm×1000mm　1/16
印　　张　18
字　　数　242 千
版 印 次　2023 年 9 月第 1 版　2023 年 9 月第 1 次印刷
书　　号　ISBN 978-7-308-24106-9
定　　价　78.00 元

编写说明

20 年前，习近平同志担任浙江省委书记期间，经过深入调查研究和系统谋划，为浙江量身打造了“八八战略”这一总纲领总方略，并为浙江发展倾注了大量心血、汗水和智慧，在之江大地书写了波澜壮阔的奋斗篇章，给浙江留下了宝贵的思想财富、精神财富和实践成果。20 年来，“八八战略”引领浙江在省域层面率先开启了中国式现代化先行实践之路，推动浙江大地发生了全方位、系统性、深层次的精彩蝶变，实现了从资源小省向经济大省、外贸大省向开放大省、环境整治向美丽浙江、总体小康到高水平全面小康的历史性跃迁。

在“八八战略”实施 20 周年的重要时间节点，浙江省习近平新时代中国特色社会主义思想研究中心和浙江省社会科学界联合会共同组织力量编写“‘八八战略’二十周年研究丛书”，并将之纳入“浙江文化研究工程”。丛书重点论述了“八八战略”在浙江省 11 个地市（杭州、宁波、温州、湖州、嘉兴、绍兴、金华、衢州、舟山、台州、丽水）深入落实的全过程，以及所带来的深刻影响。我们希望，通过这套丛书，能让读者用心感悟习近平总书记的关心关怀和殷殷重托，学深悟透、感恩奋进、实干争先，持续推动“八八战略”走深走实，坚定不移沿着习近平总书记指引的道路奋勇前进；推动浙江在新时代新征程上奋力谱写共同富裕和中国式现代化先行的靓丽篇章。

目　录

导　论

湖州市位于浙江北部、太湖南岸，是环太湖地区唯一因湖得名的城市，市域面积 5820 平方公里。湖州地处长三角地理中心，是连接长三角城市群南北两翼、贯通长三角与中西部地区的重要节点；具有 4700 多年文明史、2300 多年建城史，是丝绸文化、湖笔文化、茶文化、原始瓷文化发祥地之一，历史上就有“苏湖熟、天下足”的美誉；是“绿水青山就是金山银山”理念诞生地、“中国美丽乡村”发源地；辖吴兴、南浔 2 个区，德清、长兴、安吉 3 个县和南太湖新区，常住人口 336.8 万人。2021 年，湖州市地区生产总值 3644.9 亿元，比上年增长 9.5％；财政总收入和一般公共预算收入分别达 683.8 亿元和 413.5 亿元，分别增长 17.5％和 22.9％；在“全国百强市”排名中列第 52 位。

2003 年 7 月，在中共浙江省委第十一届四次全体（扩大）会议上，习近平同志全面系统阐释了浙江发展的八个优势，提出了指向未来的八项举措，即“八八战略”。湖州作为浙江省 11 个地市之一，在浙江的经济社会发展中具有独特的地位。习近平同志对湖州的改革发展一直十分关心。在浙江工作期间，多次到湖州考察指导，多次对湖州作出重要指示批示，内容涵盖经济社会发展的各个方面，对湖州贯彻落实“八八战略”、推动高质量赶超发展具有重大而深远的意义。

2003 年，湖州市第五次党代会就提出了“建设生态市”的目标。此后湖州坚持以绿色发展为己任，力争在绿色发展中率先崛起。同时，湖州坚定不移地贯彻落实“八八战略”中的“进一步发挥浙江的体制机制优势，大力推动以公有制为主体的多种所有制经济共同发展，不断完善社会主义市场经济体制”“进一步发挥浙江的区位优势，主动接轨上海、积极参与长江三角洲地区合作与交流，不断提高对内对外开放水平”“进一步发挥浙江的块状特色产业优势，加快先进制造业基地建设，走新型工业化道路”“进一步发挥浙江的城乡协调发展优势，加快推进城乡一体化”“进一步发挥浙江的环境优势，积极推进以‘五大百亿’工程为主要内容的重点建设，切实加强法治建设、信用建设和机关效能建设”“进一步发挥浙江的人文优势，积极推进科教兴省、人才强省，加快建设文化大省”等方面的内容。在习近平同志对湖州的重要讲话和重要指示批示精神指引下，湖州历届市委、市政府认真贯彻落实浙江省委各项重大决策部署，找准优势、转化劣势，紧紧依靠全市各级党组织和广大干部群众，聚精会神搞建设、一心一意谋发展，坚持一张蓝图绘到底、一任接着一任干，从贯彻落实“八八战略”到持续推进“八八战略”再深化，探索出一系列推动经济社会发展的新举措，为全省乃至全国提供了许多有益的经验和模式。

第一，充分发挥湖州的生态环境优势，深入践行“绿水青山就是金山银山”理念。20 世纪后半叶至 21 世纪初，人们对生态环境保护重要性的认识不断提高，可持续发展逐渐成为国际社会共同关注的热点问题。改革开放之初，中国经济经历了很长一段时间的粗放型发展，生态环境破坏严重、自然资源消耗过度，位于湖州的安吉县所经历的曲折发展过程就是其中一个缩影。20 世纪 80 年代，安吉县大力发展造纸、水泥、化工、建材等资源消耗型、高耗能和高污染型产业，经济快速增长的同时，对生态环境造成了极大的破坏。1998 年，安吉县被国务院列为太湖水污染治理重点区域，受到“黄牌”警告。痛定思痛，2001 年，安吉县确立了“生态立县”发展战略，下决心转变经济发展方式。

湖州“五山一水四分田”，自然资源优越。“绿水青山就是金山银山”理念的提出，为湖州的发展指明了方向。湖州历届市委、市政府始终牢记习近平同志的重要讲话精神，坚定不移地举生态旗、打生态牌、走生态路，奋力当好践行“绿水青山就是金山银山”理念的样板地、模范生。湖州市第六次党代会提出“建设现代化生态型滨湖大城市”;第七次党代会提出“建设生态市、创建全国生态文明建设示范区”;第八次党代会提出“奋力率先走向社会主义生态文明新时代”;第九次党代会提出“坚定不移走绿水青山就是金山银山之路、奋力建设绿色低碳共富社会主义现代化新湖州”。湖州市委八届四次全体(扩大)会议提出“建设生态样板城市”,把建设生态湖州作为系统性、长远性工程来打造。一是始终遵循“人与自然和谐共生”的基本方略,坚持生态优先,统筹山水林田湖草系统治理,联动打好“治水治气治矿治土治废”组合拳。截至 2020 年,湖州市连续 7 年获得浙江省“五水共治”最高奖“大禹鼎”,获得 2020 年度“大禹鼎”金鼎①,“美丽浙江”考核“九连优”。二是始终严守环境质量安全的底线,先后对 650 多个项目实行环保“一票否决”,涉及投资金额近 290 亿元,促进了资源集约利用。三是始终把握“生态本身就是一种经济”的核心要义,加快转变经济发展方式,推动经济生态化、生态经济化,让产业结构变“轻”、经济形态变“绿”、发展质量变“优”,持续拓宽“绿水青山就是金山银山”转化通道。四是始终树立“满足人民日益增长的优美生态环境需要”的价值追求,把增进民生福祉作为推进生态文明建设的根本出发点和落脚点,持续提供优质生态产品,让老百姓在青山碧水“养眼”、蓝天清风“养肺”、净水美食“养胃”、诗意栖居“养心”中得到更多获得感。五是始终激发改革创新内生动能,牢固树立“绝不以牺牲环境为代价去换取经济一时增长”的理念,在推动绿色发展上先行先试、不懈探索。

经过多年的探索与实践,湖州先后获评全国首个地市级生态文明先行示范区、首个国家级生态区县全覆盖的国家生态市、首批国家生态文明建设示范市、“两山”理念综合改革创新试验区(安吉县)、全国

① “大禹鼎”是浙江省“五水共治”最高奖,是检验治水成效的重要标准,自 2014 年起,每年授予一次。根据规定,前 3 次获得优秀荣誉称号的城市,被授予“大禹鼎”铜鼎;累计 4 至 6 次获得优秀荣誉称号的城市,被授予“大禹鼎”银鼎;累计 7 次及以上获得优秀荣誉称号的城市,被授予“大禹鼎”金鼎。

“两山”实践创新基地等，建设了国家可持续发展议程创新示范区，不断提升“在湖州看见美丽中国”城市品牌的知名度、美誉度和影响力。

第二，充分发挥湖州的经济基础优势，持续推动产业转型升级。历史上湖州很富饶，素有“苏湖熟、天下足”之说和“丝绸之府、鱼米之乡”的美誉，传统行业密集，以丝绸、纺织、建材为主。改革开放以来，湖州经济快速发展，但面临着产业结构不合理，经济结构性矛盾突出等问题。

湖州深入实施“工业强市、产业兴市”战略，全面把握信息化与工业化、制造业与服务业深度融合发展的新趋势，积极对接国家产业发展导向和省七大万亿级产业，加快实施“互联网＋”“金融＋”等行动计划，着力构筑产业集聚新优势，重点培育现代产业发展新体系。一是大力发展先进制造业，全面落实《中国制造 2025 浙江行动纲要》，以质量效益为中心，以智能制造和绿色制造为方向，统筹推进战略性新兴产业、先进装备制造业、高新技术产业发展和传统产业改造提升，培育百亿级、千亿级产业集群，打造一批行业小巨人。二是加快发展重点主导产业，加快打造信息经济、高端装备、健康产业、休闲旅游四个千亿级产业集群。三是实施传统产业提升工程，改造提升金属新材、绿色家居、现代纺织等传统优势产业，打造 3 个五百亿级产业集群。四是积极培育新兴增长点，着眼浙江省七大万亿级产业的细分领域，加快培育环保、时尚、金融、地理信息、新能源汽车等若干新兴增长点。

在产业发展带动下，湖州主要经济指标增速稳居浙江省前列，人均地区生产总值达到高收入经济体水平。2017 年，湖州成功获批“中国制造 2025”试点示范城市。2019 年，湖州获批国家绿色金融改革创新试验区、国家创新型试点城市、国家全域旅游示范区，两次获得国务院工业稳增长和转型升级成效明显市表彰。世界乡村旅游大会永久会址落户湖州，安吉县获批国家全域旅游示范县，德清县获批国家新一代人工智能创新发展试验区，并成为联合国世界地理信息大会永久会址。2020 年，全市已形成新能源汽车及关键零部件、绿色家居、休闲旅游3个千亿级产业集群和数字经济、金属新材、高端装备、现代纺织4个超500亿元产业集群，上市企业超过40家。

第三，充分发挥湖州的地理区位优势，主动融入长三角经济圈。湖州毗邻上海，是浙江省的北大门，位于长三角两小时交通圈内，区位优势明显。

湖州坚持贯彻“开放活市”战略，抢抓国家实施“一带一路”倡议和长江经济带发展战略的契机，积极参与国际竞争和区域合作，构筑接轨沪杭联通苏皖新优势，提升完善开放合作体系。一是努力提高开放型经济水平，鼓励优势产品、优势产能、优势服务“走出去”，加快引进全球和国内行业领军企业、龙头企业。二是全面推进区域合作，深入接轨上海，加快融入杭州都市圈，积极参与环太湖经济圈合作，并加强与其他地区的交流合作。三是积极打造开放合作平台，打造产业发展合作平台，加快省际承接产业转移示范区、临沪工业区、莫干山高新区建设；打造人文交流合作平台，打响“世界丝绸之源”品牌，争取成为全省“一带一路”建设的重要节点。四是优化基础交通网络，构建“十”字高铁交会城市，实现县区高铁全覆盖目标，建成与周边主要城市的“1小时交通圈”和市域“半小时交通圈”。五是运用好国际乡村旅游大会永久会址、中国乡村旅游第一市等品牌和美丽乡村等载体，推进旅游、文化、健康等产业深度融合，利用区位优势，加快推动“美丽资源”向“美丽经济”转变。通过提高开放水平，湖州成功获批国家跨境电子商务综合试验区、全国首个内河水运转型发展示范区、全省高质量外资集聚先行区。

第四，充分发挥湖州的美丽乡村优势，积极打造乡村振兴先行示范区。湖州较早开始美丽乡村建设，是中国美丽乡村的发源地之一。2008年1月，安吉县首次提出建设“中国美丽乡村”重要课题，县委、县政府印发《建设中国美丽乡村行动纲要》，拉开了美丽乡村建设的序幕。由于成效显著，美丽乡村建设迅速从安吉县扩展到整个湖州市，在全省、全国产生了一定影响，形成了社会主义新农村建设的“湖州模式”。2014 年 4 月，安吉县正式发布全国首个美丽乡村省级地方标准《美丽乡村建设规范》；2015 年 5 月，由安吉县作为第一单位起草的《美丽乡村建设指南》成为国家标准。近几年，湖州深入开展美丽乡村联创，重点打造一批具有“湖州气质”的美丽乡村精品村和示范带，省级美丽乡村示范县实现全覆盖，制定出台《关于建立健全新时代农村人居环境长效管理机制的指导意见》；率先提出了建设新时代美丽乡村样板片区，促进片区产业发展、空间布局、生态环境、文化传承、公共配套同步发展。2021 年，湖州农林牧渔业总产值 252.4 亿元，比上年增长 4.1%；农村居民人均可支配收入达到 41303 元，比上年名义增长 10.9%。湖州努力争当全省“三农”领跑者，正全力打造实施乡村振兴战略示范区。2019 年，湖州在首次开展的浙江省乡村振兴综合评价中位列第一，农业现代化水平综合评价连续六年位列全省第一，县域数字农业农村平均发展水平评价连续三年居全省第一，连续三年成为全国唯一“县域数字农业农村发展先进县”全覆盖的地级市，是国家农产品质量安全市、第一批部省共建乡村振兴示范省先行创建市、浙江省数字乡村试点示范市，推出了全国唯一的农业“标准地”改革，并全力打造全国现代渔业绿色发展标杆市。吴兴区成为国家现代农业示范区农业改革与建设试点，德清县、安吉县、长兴县被评为全国农村生活垃圾分类和资源化利用示范县，德清县被评为全国村庄清洁行动先进县，长兴县被国务院评为农村人居环境整治成效明显激励县等。全国改善农村人居环境工作会议、全国休闲农业与乡村旅游大会、首届美丽中国田园博览会、全省乡村产业高质量发展推进会、部省共建乡村振兴示范省推进会等一系列全国性会议在湖州召开。

第五，充分发挥湖州的城乡协调优势，加快推进城乡融合发展试验区建设。湖州多年来持续放大城乡统筹协调、生态环境优美、公共服务均衡、城乡文明有序、社会安定和谐等优势基础，使得城乡差距不断缩小。

湖州进一步发挥城乡协调发展优势，加快推进城乡一体化。一是继续深化城乡一体化改革，完善城乡一体化体制机制。二是继续深化农村产权制度改革，稳妥推进农村土地制度改革，深化林权制度改革，加快集体经营性建设用地入市。三是持续实施强村计划。2020 年消除 173 个年集体经营性收入 50 万元以下的欠发达村，完成三年任务的 80.8%。2021 年，湖州城乡居民人均可支配收入比为 1.65∶1，收入接近度居全省第三位，城乡居民收入差距连续 9 年缩小。南浔区城南城乡一体化改革试验区成为省级试点；德清县获批国家级"多规合一"试点、国家新型城镇化试点、农村集体经营性建设用地入市试点、深化城乡体制改革省级试点；安吉县成为省级"多规合一"试点；长兴县成为省级美丽县城试点县和农村宅基地用益物权保障制度改革试点；吴兴区织里镇坚持通过体制改革和政策调整，走出了一条城乡一体化治理的织里经验。2016 年，湖州荣获"全国返乡农民工创业创新示范基地"称号；2019 年，湖州获批国家城乡融合发展试验区；2021 年，湖州成为浙江高质量发展建设共同富裕示范区首批"缩小城乡差距领域"的唯一地级市试点，安吉县入选首批"建设共同富裕现代化基本单元领域"试点名单。

第六，充分发挥湖州的文化底蕴优势，持续增强经济社会发展的软实力。湖州自战国时期建菰城至今已有 2300 多年的历史，素享"文物之邦"的美誉，是丝绸文化、湖笔文化、茶文化和原始瓷文化的发祥地之一。湖州人才辈出，人文荟萃，在历史上既哺育了沈约、孟郊、胡瑗、赵孟頫、臧懋循、凌濛初、吴昌硕、沈家本等一批名人，也吸引了王羲之、颜真卿、陆羽、苏轼等名人；新中国成立以来，湖州籍的"两院"院士超过 40 名，钱三强、赵九章、屠守锷等都是湖州人。

湖州致力于加强社会主义精神文明建设，推进文化改革发展，加快文化强市建设。一是深入学习中国特色社会主义理论体系，特别是习近平总书记系列重要讲话，凝聚共识；二是扎实推进群众性精神文明创建活动，提升市民素质和城市品质；三是鼓励和引导广大社科工作者立足湖州、研究湖州，为繁荣发展哲学社会科学事业做贡献；四是深入开展湖州历史文化研究，不断提升湖州文化影响力；五是着力完善公共文化设施，建成市县乡村四级公共文化设施网络；六是统筹推进公共文化服务均衡发展，建立健全公共文化服务统筹协调机制；七是推动文化艺术繁荣发展，打造一批代表湖州文化形象、富于湖州地域特色、深受人民群众喜爱的精品佳作；八是传承发展湖州特色文化，大力弘扬“崇文重教、艰苦创业、兼容并蓄、不断创新”的文化精髓，创新培育符合时代特征的城市精神，丰富拓展湖州城市文化；九是发展壮大文化产业，重点发展传媒影视、文化旅游、休闲娱乐、创意设计、数字动漫、文化会展等文化产业；十是积极培育创新文化，充分发挥在湖高校创新资源优势，出台《关于大力支持湖州师范学院加快建成高水平“湖州师范大学”的若干意见》，举全市之力推动高水平创建“湖州师范大学”。2017 年，湖州成功创建全国文明城市；2022 年，湖州连续 8 年获评浙江省人才工作考核优秀市，人才发展综合指数位列浙江省第 3 位，创新潜力跃居全国第 26 位。

第七，充分发挥湖州的社会和谐优势，积极推进“平安湖州”“法治湖州”建设。湖州政通人和、风调雨顺、生活殷实、社会安宁稳定。早在 2003 年初，湖州市委、市政府就开始部署动员打造“平安湖州”；2004 年湖州各级党委、政府认真贯彻落实浙江省委关于建设“平安浙江”的重大决策部署，层层建立“平安湖州”建设领导责任制和工作责任制，确保落实“平安湖州”建设的各项目标任务。2005 年，湖州市委、市政府把打造“平安湖州”、构建和谐社会作为工作主题之一，同时把构建和谐社会作为湖州抢抓机遇、实现在“杭宁”城市带中间率先崛起的重要保障，列入市委、市政府的重点工作。同时，湖州深入推进“法治湖州”建设，构建社会“大普法”格局，强化领导干部带头遵法、学法、守法、用法，完善现代公共法律服务体系，引导全社会办事依法、遇事找法、解决问题用法、化解矛盾靠法，扩大“家本故里 · 法治湖州”影响力。2020 年，湖州获评全国首批法治政府建设示范市；2021 年，湖州市本级以及吴兴区、长兴县、安吉县成功创建首批法治浙江（法治政府)建设示范市(区、县);湖州法治浙江(法治政府)建设位居全省前列。

第八,充分发挥湖州的基层党建优势,强力助推多元融合的基层治理新格局。

针对党建工作和基层治理问题,湖州出台了一系列改革领导方式和工作方法的措施。一是坚持党建引领,进一步加强基层组织和党员队伍建设。二是积极推进干部人事制度改革,积极探索建立民主选任、竞争择优、能上能下、充满活力的选人用人机制。三是认真落实党风廉政建设责任制,有效地预防和制止了腐败现象。四是大力推进乡村治理体系和治理能力现代化建设,修订完善《湖州市乡村治理示范村认定暂行办法》,通过示范创建推动乡村治理"余村经验"推广落地落实。

湖州经济社会发展取得的成绩,是湖州忠实践行"八八战略"的生动展现。"八八战略"在湖州的实践之路,是湖州经济、政治、文化、社会、生态文明和党的建设全方位蝶变的过程。湖州始终高举习近平新时代中国特色社会主义思想伟大旗帜,深入贯彻党的十九大和十九届二中、三中、四中、五中、六中全会精神,坚定不移地贯彻落实习近平总书记赋予湖州"照着'绿水青山就是金山银山'这条路子走下去""一定要把南太湖建设好"和"再接再厉、乘势而为、乘胜前进"的重要指示,高水平建设绿色智造城市、生态样板城市、滨湖旅游城市、现代智慧城市、枢纽门户城市、美丽宜居城市,奋力建设绿色低碳共富社会主义现代化新湖州。

2023 年是全面贯彻落实党的二十大精神开局之年,是"八八战略"实施 20 周年,是湖州撤地建市 40 周年,也是湖州坚持生态文明立市、突出创新发展强市、加快改革开放兴市,提速建设现代化滨湖花园城市,全力打造生态文明典范城市的关键之年。湖州应对标习近平总书记赋予湖州再接再厉、顺势而为、乘胜前进的新期望新要求,紧紧围绕浙江在高质量发展中奋力推进中国特色社会主义共同富裕先行和省域现代化先行，以一流状态、一流作风、一流标准扎实推进各项工作，奋力把党的二十大精神书写在湖州人民心目中、书写在湖州广袤大地上、书写在湖州的奋斗进程中，以实际行动忠诚拥护“两个确立”、忠实践行“两个维护”。特别是聚焦建设绿色低碳共富社会主义现代化新湖州的奋斗目标，“在湖州看见美丽中国”实干争先主题实践，高水平建设生态文明典范城市，全方位、多维度、立体化展示湖州的自然生态之美、经济发展之美、开放自信之美、地方人文之美、社会和谐之美、民生幸福之美，努力在实干争先中推进中国式现代化的湖州实践。

第一章　加快推进湖州经济转型升级

习近平同志高度重视湖州经济工作，对湖州经济工作作出了一系列重要指示。在2002年12月6日在湖州宣讲党的十六大精神时的讲话、2004年6月3日在湖州调研“八八战略”落实情况时的讲话、2006年2月6日在湖州调研自主创新能力建设时的讲话、2006年8月2日在调研南太湖开发建设时的讲话中，习近平同志都强调了湖州经济建设的重点难点，并围绕发展外向型经济，调整产业结构，针对做优农业，做强工业，加快发展旅游业，加快推进高新技术产业发展等方面作出了一系列重要指示。湖州历届市委、市政府一以贯之，全面贯彻落实习近平同志关于湖州经济工作的重要指示，以生态理念为引领，加快调整产业结构，传统产业不断升级，大力发展新兴和高新技术产业，优化产业布局，突出主导产业，加快发展外向型经济，做大、做强工业，加快发展旅游业，高质量发展现代农业。湖州经济工作蓬勃发展，产业结构持续优化，休闲旅游产业成为产值破千亿的主导产业，农业现代化发展持续领跑全省。

第一节　加快调整产业结构，优化产业布局

2005年1月27日，习近平同志在湖州调研时，强调：“要处理好三次产业之间的关系。去年底召开的省委经济工作会议进一步明确了我省三次产业发展的方针，提出了‘优农业、强工业、兴三产’这样一个

推进结构调整的思路。优农业，这方面浙江已经形成了一定效益农业的优势，要保持和发展壮大这一优势。湖州更是拥有生态特色、拥有良好的自然资源条件，应该在优农业上做好文章，多出亮点，多出经验，这是一个顺势而为的问题，是一个乘势而上的问题。不要把优势不当回事，农业对湖州来讲是一个优势。湖州历史上的'鱼米之乡'，不能在我们手里丢了。湖州的农业优势是多种的，在鱼、米、竹、茶、山以及有机食品、绿色食品、农业出口等等方面，都是你们的亮点，一定要继续保持和发展。强工业，对湖州来讲是具有现实意义的事情。刚才你们讲的湖州的差距，很多是缘于工业化水平不高的差距。城市化也与工业化相联系，如果没有工业要素，没有一定的非农转移，城市的发展是有限的。城市要有人口的集聚，但城市也要向工业类集聚，要向服务业类集聚。如果这些方面发展不好，人才也不可能集聚起来。强工业的路子一定要走，但关键是选择性的问题，过去简单地讲靠山吃山、靠水吃水，我们这里比较多的是发展资源型的产业，现在看来要适可而止。要看资源开发的综合利弊关系，从资源安全的角度，充分考虑生态建设，考虑可持续发展。综合地看，我们今后的工业结构调整任务还很艰巨。目前建材产业也属于资源消耗型的，纺织产业要继续巩固和发展，但更多地要寻找新的主导产业，这属于你们所讲的'乘'法，就是大力发展高新技术产业。从湖州所具备的投资条件来讲，是可以发展的。'行遍江南清丽地，人生只合住湖州'，你们这里也可以建一个软件园区，也可以建一个电子园区，在这几年的招商引资中，也有一批这样的项目进来，要加大力度，更注意在这方面进行突破，在工业上调整结构，选商引资。优良的人居环境，适合大院名校的引进，要不遗余力，选一些真正能够对湖州产业结构调整起到推动作用的科研机构。兴三产，在湖州是大有可为的。湖州旅游业有很多优势，'太湖'的文章方兴未艾，'来到太湖不见湖'不行，这是一个很宝贵的资源，要有一个好的规划，最起码南太湖不能输给北太湖。还有德清的莫干山、安吉的竹海、南浔古镇等等，这都是特色产业，很好的禀赋资源，要考虑怎么进一步把它搞好。”①

湖州充分发挥比较优势，坚持“工业强市、产业兴市”战略，在着力优化产业结构、推进产业融合发展等方面取得了显著成效。1992 年，湖州的三次产业比例为 25.7∶50.5∶23.8；第二产业占比较高，第三产业占比较低。1993 年，三次产业比例为 20.3∶56.1∶23.6，第三产业比重超过第一产业。“十二五”期间，湖州已进入工业化中后期发展阶段，工业经济快速增长，第三产业加快发展。2014 年，湖州农业基本实现现代化。第三产业比重提前实现“十二五”规划目标，三次产业结构比重调整为 6.2∶51.2∶42.6。“十三五”期间湖州经济结构继续调整和优化，截至 2020 年，湖州三次产业比例为 4.3∶51.2∶44.5，为产业结构向高级化演变打下了坚实的基础。

一、改造提升传统产业，促进产业结构持续优化

湖州以省级产业集群转型升级示范区和省级产业示范基地为依托，以公共服务平台、产业链、行业龙头企业、区域品牌和产业创新体系建设为重点，推动传统块状经济向现代产业集群转型升级。湖州围绕童装、铝合金、木业、电梯、钢琴、印染、水泥、椅业、竹业等产业，以实施“质效突破”行动为抓手，持续加快传统制造业向数字化、绿色化、品质化、资本化、集群化转型，提升产业发展质量与效益。湖州抓住丝绸、特色纺织和绿色家居等传统特色产业及历史经典产业，广泛应用信息技术和先进工艺，着力推进两化深度融合，提升设计、制造、治污、营销全流程精进生产水平，培育自主品牌美誉度和影响力；同时，对化工、建材、铸造等行业，综合适用法律、行政和市场手段，严格执行能耗和环保治理标准，有序推进高污染、高耗能行业淘汰或转型。湖州充分发挥比较优势，实施“腾传统产业之笼，换高新技术产业之鸟”策略，

---

① 习近平：《干在实处　走在前列——推进浙江新发展的思考与实践》，中共中央党校出版社 2006 年版，第 501—502 页。

把高新技术产业作为经济发展的第一增长点来抓，借周边大城市特别是上海的“要素高地”优势，充分利用“沪杭宁”等地高新科技、高层次人才等各种要素支撑，吸引高新技术产业项目转移，与长三角其他城市错位发展，使湖州成为长三角地区高新技术产业发展重点区域之一；广泛应用高新技术和先进适用技术，对传统产业进行脱胎换骨式的改造提升，实现传统产业的高新化。全市制造业发展速度连续四年位居全省前三，培育了新能源汽车及关键零部件、绿色家居等两个千亿级产业和数字经济核心产业、金属新材、高端装备、现代纺织等四个五百亿级产业集群。全市服务业快速发展，太湖龙之梦乐园等大型旅游综合体实现部分开园，旅游业成为又一个突破千亿产值的主导产业，安吉灵峰旅游度假区跻身国家级旅游度假区行列，内河集装箱吞吐量突破 50 万标箱，位居全国同类型内河港首位。农业现代化水平综合评价连续六年居全省首位，成为全国第二个率先基本实现农业现代化的地级市。

二、聚焦产业生态化，构建绿色产业发展体系

湖州以“生态”理念为引领，深入实施“生态立市、工业强市”战略，以“绿色智造”为主线，打造绿色、低碳、智能、高效，形态更高级、结构更优化、协作更紧密、布局更合理的新型制造业体系，初步走出一条生态文明建设和制造业绿色发展相得益彰的转型升级之路。在绿色制造方面，不断提高绿色发展的制度供给和要素保障水平，运用生态理念改造现有产业发展环境，初步建立有湖州特色的绿色标准体系。“十三五”以来，湖州供给侧结构性改革扎实推进，过剩产能、低端产能、落后产能以及高污染、高耗能产业增速明显回落，全市单位生产总值能耗由 2015 年的 0.59 吨标准煤/万元降低到了 2020 年的 0.46 吨标准煤/万元，下降比例达 22%；二氧化碳排放量下降幅度、主要污染物减排幅度等均超额完成国家下达任务，全市环境质量稳中趋好。湖

州率先制定了“中国(湖州)绿色发展指数”、绿色智能制造区域评价办法、绿色工厂评价、绿色产品认证等系列绿色标准。截至2020年,湖州全市累计国家绿色工厂达37家、国家绿色供应链企业10家、国家绿色产品26种,数量均居全国地级市前列,成功获批中国制造2025示范城市、国家绿色金融改革创新试验区、国家工业资源综合利用基地(全省唯一)。湖州坚定不移践行“绿水青山就是金山银山”理念,举生态旗,打生态牌,走生态路,坚持以“生态+”理念为引领,推动产业转型升级,努力把产业结构调“优”、经济形态调“绿”、发展质量调“高”,实现生态经济化、经济生态化。湖州坚持“生态+”发展的关键,就是找寻经济发展与环境保护之间的平衡点,努力把环境资源转化为发展资源,把生态优势转化为经济优势,探索科技含量高、资源消耗低、环境污染少的新路。

三、聚力科技创新驱动,推动高质量赶超发展

湖州紧紧围绕新发展格局和浙江省三大科创高地建设布局,深入实施创新驱动发展战略,坚持科技自立自强,打好“平台造峰、主体育强、核心技术、人才裂变、可持续发展、生态塑优”六大攻坚战,奋力建设高水平创新型城市,为湖州产业发展提供强有力的科技支撑。湖州围绕产业布局,引进培育各类创新载体,全力打造科创新高地,实施产业“创强争先”战略,加快创新能力提升、项目攻坚提效、企业段位提高,推动建成以“绿色智造全国示范”为特色的现代产业体系。着力提升创新平台能级,推动建设“沪苏湖”“宁湖杭”生态创新两条廊道。加强市校、地校合作,进一步拓展与中国科学院、浙江大学、湖州师范学院等科研院校的深层次合作与交流,加强项目的合作攻关。加大人才引育力度,打造低成本创业之城和高品质生活之城,办好一系列招才引智重大活动,构筑长效高能的人才“蓄水池”。湖州产业创新能力大幅提升,新产业、新业态、新模式加快发展,“互联网+”经济发展迅猛,

区域创新能力持续提升，研发经费支出占城市生产总值的比重由2015年的2.2%提高到2020年的2.9%。湖州创新成果转化能力不断加强，德清县成功创建国家科技成果转移转化示范区，长兴县和安吉县成功入选首批国家创新型县。湖州制定出台了《湖州市进一步扶持众创空间发展的十条意见操作细则》，完善了《湖州市众创空间认定和备案管理办法》，不断激发创新创业活力。专利数量和质量实现新的突破，全市每万人发明专利拥有量年增幅达29%。创新主体培育力度不断加大，截至2021年全市现有高新技术企业数量758家，省级以上企业研发中心352家，数量和质量逐年提升。湖州高度重视科技创新工作，始终把它摆在优先地位，充分发挥科技创新在加快转变经济发展方式中的重要作用，不断加大科技投入力度，加快推进创新型城市建设，区域创新体系渐成规模，创新资源加快集聚，创新能力持续提升，在促进经济社会发展中发挥了重要的支撑作用。湖州坚持把创新摆在产业发展的核心位置，强化企业技术创新主体地位，着力推动新技术、新业态、新模式综合应用，广泛推进知识产权保护与应用，积极构建有利于激励创新的生态系统，提升产业科技创新能力和效率，推动湖州制造向湖州智造、湖州创造转变。湖州坚持把增强自主创新和技术进步作为构建现代产业体系的强大动力，引导、培育企业成为技术创新主体，整合创新资源，加强原始创新、集成创新和引进消化吸收再创新，推动经济发展方式实现根本性的转变。

四、大力发展开放型经济，促进经济结构转型

湖州深入贯彻落实市委、市政府“开放活市”战略，以“赶超发展、协调融合、创新驱动”为基本原则，进一步抢抓国家实施“一带一路”和长江经济带建设的契机，全面深化开放型经济体制机制改革，积极参与国际竞争与合作，构筑接轨“沪杭”新优势，完善开放合作新体系，以开放型经济“六重”（重大项目、重点工程、重大平台、重点产业、重大政

策、重点要素)清单为抓手,丰富开放内涵,提升开放水平,发展更高层次和水平的开放型经济。湖州地处长三角腹地,开放发展既是湖州的文化基因,也是湖州的鲜明烙印。湖州一直以来充分发挥区位优势,实现开放发展,充分利用与上海、杭州、南京等城市相邻的区位优势,坚持全方位开放合作,主动承接优势地区产业转移,着力引进带动性强、技术创新水平高的大企业、大集团,通过引进先进技术,大力发展高新技术产业,推动传统产业改造升级,强化消化吸收再创新能力,逐步培育企业自主创新能力,形成湖州特有的产业优势。湖州开放型经济发展迈上新台阶,对外贸易总量不断扩大。"十三五"期间,湖州市外贸进出口、出口、进口年均增速分别达到8.1%、8.6%和4.9%。外资质量稳步提升,外资产业结构明显优化,先进装备、生物医药、新能源等高端制造业、战略性新兴产业项目不断涌现。对外投资合作步伐加快,"走出去"战略成效明显。企业的境外投资形式逐渐从单一地设立境外营销窗口为主,向资源开发、投资收购、设立研发机构等领域拓展。久立特材、森赫电梯、中山化工等一批优势企业在境外初步建立了全球生产和营销网络,对外投资经营能力得到进一步提高。开放平台有新突破,经济贡献显著增强。湖州莫干山高新技术产业开发区成功晋级为国家高新技术产业开发区,湖州经济技术开发区、长兴经济技术开发区在浙江省国家级开发区考核中排名前列,吴兴工业园区成功升格为省级经济开发区。大力推进中德、中美、浙澳(澳门)等一批中外(境内外)产业合作园区建设。湖州坚持协调融合,优化开放型经济发展格局,着力实现以"引进来与走出去""货物贸易与服务贸易""传统市场与新兴市场""传统业态与新兴业态""出口与进口"为主的开放型经济"五大平衡发展",妥善解决国际化过程中面临的各种问题,提升自身驾驭经济全球化的能力,做到内外联动、相互促进,有效服务经济的转型升级。

第二节　做大做强工业，突出主导产业

2003 年 4 月 9 日，习近平同志在安吉调研时指出："对安吉来说，生态立县是必由之路，建设生态县是事关安吉经济社会发展的一大战略。在这个问题的认识上，你们曾经历过曲折，有许多经验教训。在从环境资源化到资源经济化，继而实现经济生态化的发展过程中，你们更加注重资源利用和环境保护的辩证统一，及时确定生态立县战略，积极探索可持续发展之路，取得了明显的成效。上世纪 80 年代前，安吉是全省 20 个贫困县之一。那时，安吉的经济支柱也是竹子，但生态环境的优势没有被很好地利用，竹子基本上被当作原材料来卖。进入 90 年代后，随着工业化的推进，安吉的竹子资源开发被整体带动起来，加大了竹子的深加工力度，拉长了竹子的产业链，先后开发出竹地板、竹根雕、竹梢工艺品、竹叶生物制品、竹炭等竹产品，竹制品价格成倍上涨，有力促进了全县经济的快速发展，你们也因此摘掉了贫困县的帽子，争得了小康县的牌子。但那时在追求经济效益的同时，一度轻视环境保护，资源的过度开发造成水土流失加剧，山林优势弱化，尤其是在发展造纸、化工、印染等产业时，没有采取相应的环保措施，使得西苕溪原本清澈的水变成了劣质水，被国务院列为太湖水污染治理的重点区域，也严重影响到当地人民群众的生产生活。正是这些挫折教训了我们，使我们比较聪明起来，不得不重新审视自己，从而全县上下形成了安吉最好的资源是竹子、最大的优势是环境的共识。只有依托丰富的竹子资源和良好的生态环境，变自然资源为经济资源，变环境优势为经济优势，走经济生态化之路，安吉经济的发展才有出路。明确了这一点，安吉才能真正利用自身生态环境的独特优

势，发展生态经济，走经济生态化的可持续发展之路。”①

湖州工业产业体系的建立是一个不断发展完善的过程。1999年以前，湖州工业以纺织和建材两大产业为主。1999年，湖州确定了“242”工业产业结构调整方向，即改造提升纺织、建材两大传统产业，大力发展精细化工、特色轻工、新型纺织、机电仪一体化四大新兴产业，重点培育医药、电子信息两大高新技术产业。2006年，湖州确定了“233”产业结构调整方向，即改造提升纺织、建材两大传统产业，加快发展金属材料、机电制造、现代轻工三大特色优势产业，积极培育生物医药、电子信息、环保节能三大高新技术产业。2009年湖州在“233”的基础上，确定了振兴六大重点特色产业，即加快培育生物医药、新能源、装备制造、金属管道与不锈钢、特色纺织品和木地板六大重点特色产业。2012年，湖州明确提出了“工业强市、产业兴市”战略，努力构建先进装备、新能源、生物医药三大战略性新兴产业和金属新材、绿色家居、特色纺织三大优势特色产业的“3＋3”工业产业体系。2018年，湖州提出了构建“4＋3＋N”现代产业体系，即信息经济、高端装备、健康产业和休闲旅游四大重点主导产业，金属新材、绿色家居和现代纺织三大传统优势产业，节能环保、时尚、特色金融、地理信息、新能源汽车、生物医药、现代物流、文化创意、电子商务、休闲农业等“N”个新兴增长点。2020年，在《湖州市国民经济和社会发展第十四个五年规划和二〇三五年远景目标纲要》中，湖州市委、市政府提出了面向未来构建“4210”现代产业体系，打造以数字产业、高端装备、新材料、生命健康四大战略性新兴产业和绿色家居、现代纺织两大传统优势产业为主体的现代化绿色产业体系，打造十大引领性、标志性产业集群，争创国家制造业高质量发展试验区。

① 习近平：《干在实处 走在前列——推进浙江新发展的思考与实践》，中共中央党校出版社2006年版，第502—503页。

一、工业结构持续调整，主导产业特色鲜明

湖州工业结构调整和转型升级步伐不断加快，基本形成以高端装备、信息技术、生物医药三大新兴产业和金属新材、绿色家居、现代纺织、时尚精品四大优势产业为主体的产业体系，并在地理空间上形成集聚。通过多年培育发展，一批具有地方特色的现代产业集群已经形成。德清生物医药、长兴蓄电池、安吉椅业、南浔木地板、织里童装被列为省级现代产业集群示范区，涌现了一批在国内外具有较大影响力和较强竞争优势的特色产品，电梯整机、特种电磁线、水稻收割机、转椅、动力电池、实木地板等产品的产销量占全国市场份额的比重较大。湖州先后获得“中国绸都”“中国童装之都”“中国木地板之都”“中国竹地板之都”“中国绿色动力能源中心”“中国椅业之乡”等区域品牌称号。随着产业结构调整和转型升级步伐的加快，传统产业占比明显下降，战略性新兴产业发展较快。纺织、建材两大传统产业占比由 2005 年的 50%下降到 2020 年的 29.8%。2021 年全市战略性新兴产业（省口径）、装备制造业（省口径）增加值总量占全市规上工业比重分别达到 23.1%、25.3%，分别增长 11.4%、12.4%，增速分别居全省第三、第一，增幅明显高于全省、快于面上。企业迅速壮大，截至 2021 年底，营业收入超百亿的企业达到8 家，其中天能、超威 2 家企业的营业收入已突破 500 亿元；有 6 家企业入围“中国民营企业 500 强”，12 家企业入围“中国制造业 500 强”。

二、贯彻绿色发展，大力发展生态工业

湖州以建设全国生态文明先行示范区为抓手，加快构建绿色制造体系，打造生产、生活、生态“三生”和谐的发展环境，实现经济的可持续发展。湖州大力培育绿色低碳新兴产业，以数字产业、高端装备、新材料、生命健康四大战略性新兴产业和绿色家居、现代纺织两个传统

优势产业为主导的工业产业体系已初具规模。湖州持续开展制度创新,从项目准入、考核问责、要素配置到产业转型、金融支持,构建了一整套覆盖全产业链的绿色发展政策体系。在资源配置改革方面,大力推进节能、节水和以"亩产论英雄"的资源供给制度,实行差别化电价、水价、地价政策,倒逼企业节能降耗、提高效益。与此同时,抓住绩效考核这个"牛鼻子",在全国率先开展地区绿色生产总值核算,并将其纳入县区和市级部门考核指标体系,推行三级绿色生态考核办法和乡镇差异化考核办法,并严格实行领导干部生态环境保护"一票否决制"和环境损害责任终身追究制度。2017 年,湖州出台全省首个《湖州市绿色工厂评价办法》《湖州市绿色园区评价办法》,实现对企业、园区绿色发展成熟度星级评价及分级管理;围绕能源、资源利用等方面,按照"绿色、清洁、低碳、循环"的要求,全面推动规模以上绿色工厂星级管理工作,促进企业绿色制造水平显著提升;参与制定的铅酸蓄电池、丝绸(蚕丝)制品等标准被列入工信部首批绿色设计产品标准清单;超威电源有限公司参与制定的《绿色产品评价通则》、天能电池集团股份有限公司参与制定的《工业企业和园区循环经济标准体系编制通则》两项国家标准发布;天能、超威等两家企业成功入选工信部第一批绿色制造示范名单(全省仅有 4 家);久立、美欣达、久盛地板、超威创元 4 家工厂,天能生产的两款产品,以及现代物流装备高新技术产业园区进入国家第二批绿色制造示范公示名单。

三、持续推动"两化"融合,促进工业智能制造

湖州大力实施"中国制造 2025"战略和"互联网+"行动计划,以"两化"深度融合为主线,聚焦推进湖州制造业研发模式、制造模式和服务模式变革,夯实网络、大数据、工业云平台和工业软件基础支撑,加快智能制造、"互联网+"应用。湖州围绕智能制造、"互联网+"应用,推进先进制造领域"互联网+"示范试点企业培育,积极鼓励企业

将物联网、大数据、云计算等元素贯穿于包括设计、生产等在内的各个生产环节；结合制造业个性化定制生产需求，重点选取服装、家具、装备制造业等特色行业作为定制化生产试点，通过互联网采集、对接客户个性化定制需求，开展基于个性化产品的研发、生产、服务和商业模式创新，推行柔性、快速响应、定制化的生产模式。湖州以新一代信息技术产业为重点，全力加快数字产业化，谋划百个数字经济重大项目，在项目建设、资金扶持、产业对接、品牌培育、精准服务等方面给予重点支持，打造一批工业互联网平台，在物流装备、新能源电池等重点领域建立工业互联网应用试点，在电梯、电机和农用机械等行业建设跨行业、跨领域平台。进一步推动制造业服务发展，鼓励有条件的骨干企业根据产品特点开展基于互联网的故障预警、远程维护、质量诊断、远程过程优化等在线增值服务，拓展产品价值空间，实现从制造向“制造＋服务”的转型升级。湖州以开展百项“机器换人”行动、百项“两化融合”行动、百项“智造项目”行动、千项“产品创新”行动、千家“企业上云”行动为抓手，不断提升智能制造水平。截至2021年，湖州鼎力机械、永兴特钢、诺力机械、久立特材四个项目被列入国家智能制造技术改造专项中央预算内投资项目，获得专项资金1.49亿元；天能能源科技被列为工信部制造业与互联网融合发展试点示范项目，怡达等九家企业被列为工信部“两化”（信息化和工业化）融合管理体系贯标试点；微宏动力、中电华莹和泰普森三家企业入选工信部智能制造新模式应用项目；三一装备等19家企业入选浙江省智能制造新模式应用项目。新增装备制造业首台（套）17项、智能产品130项以上，新增企业上云5002家。

四、聚焦平台能级提升，加快产城融合发展

湖州主动融入大都市圈，加快建设“沪湖绿色智造大廊道”，增强产业开发平台的承载力，不断提升产城融合能级。湖州深化“接沪融

杭”,加强与上海、杭州等政府部门、高校院所及各类企业机构的常态化联系,突出产业协作、功能承接、要素流入等,主动加强跨区域创新联动、市场联动、服务联动。顶层谋划好南太湖新区和“沪湖绿色智造大廊道”,深化国际产业合作园区创建工作,不断提升平台国际化水平。结合浙江省“大湾区”建设,按照“万亩空间、千亿量级”标准,加快土地征迁、规划调整等步伐,全力打造11个能够支撑高质量赶超发展的主阵地、主战场,谋划建设一批专业园区、特色小镇。同时,结合传统制造业改造提升,大力推进小微企业园建设,小微企业原则上不再新增供地。围绕重点产业,依托省级产业集聚区、省级及以上高新区(开发区)、产业集群转型升级示范区和省际承接产业转移示范区,推进县区先进制造业基地建设。

五、优化营商环境,激发经济发展活力

湖州抓好工业转型升级的体制机制创新,着力激发企业活力,全力打造国际化的营商环境、市场化的竞争环境、优质化的服务环境。采取深化企业投资审批制度改革、深化商事制度改革、深化工程建设审批制度改革等具体举措,在深化企业投资审批制度改革中,实行“标准地+承诺制+一窗代办”运行机制,深化企业投资项目在线审批监管平台建设。在涉企配套领域改革中,湖州优化税收、金融等多个方面的服务,进一步提高办事效率,简化办事流程,让企业在多方面享受到实实在在的便利。如设立湖州民营企业家节,每周三举行“亲清直通车·政企恳谈会”等。湖州以“最多跑一次”改革撬动营商环境大提升,加快“无证明城市”创建,全力打造全省营商环境最优市。全面清理“奇葩证明”“重复证明”“循环证明”等无谓证明,发布证明事项取消和保留两份清单;同时,对确需保留的证明事项设置过渡期,实施容缺受理、自助查询、集中代办、多次利用4项措施,基本清理取消证明事项,实现“无证明”是常态、“要证明”是例外。

第三节 做优农业，建设新时代鱼米之乡

湖州遵循习近平同志关于农业发展的重要指示，着力优化农业产业结构，不断提高农业发展质量和效益，大力发展现代生态循环农业，走出了一条生态、高效、清洁、安全的现代生态循环发展之路。湖州以发展特色生态农业，推动实现美丽山水、美丽经济和美丽乡村三者融合发展，大力推进乡村产业提升、美丽乡村建设、乡村人文善治、农村改革深化和农村民生优化等重点工作，并取得了阶段性成效。

一、优化农业产业结构，实现优质高效农业迅猛发展

湖州按照浙江省“三农”工作“369”行动的要求和市“一四六十”工作体系，围绕“4231”产业培育计划，加快推进农业产业结构优化调整，深入做好城乡融合、农旅融合、“互联网＋”文章，构建农村第一、第二、第三产业融合发展体系。湖州全面实施农业主导产业提升工程，持续开展农业“接二连三”“跨二进三”等工作，培植“新动能”，抓好乡村产业融合，优化农业产业结构。湖州实施乡村产业“八业千亿”培育工程，大力发展涉农主导产业，大力推动农产品精深加工业和营销服务业，积极引进农业“大好高”项目，深入推动实施“千家新型农业经营主体提升工程”，积极构建完善主体培育政策扶持体系，推进金融合作与创新，积极鼓励引导涉农企业股改上市，大力推动农业龙头企业挂牌上市。湖州紧紧围绕“稳定粮油、提升蚕桑，减少畜禽、做强水产，做特果蔬、壮大林茶，发展生产、富裕农民”的产业发展思路，围绕农业产业品牌大提升、主体大融合、科技大升级、改革大推进，以市场需求为导向，以转型发展为目标，加快构建乡村现代农业产业体系、生产体系、经营体系。湖州大力发展现代种业，大力推进水产种业强市建设，加

大特色种业资源收集、保护与示范推广，健全农业推广联盟体系，加快推进水产、茶叶、水果、蔬菜等特色优势产业的绿色生产、提档升级，积极推进水产苗种产地检疫工作，全力打造全国渔业绿色发展标杆市。湖州着力培育新优势，优化农业产业结构，打造蔬菜示范性全产业链，持续提升现有省级示范性农业全产业链，努力实现主导产业省级示范性全产业链全覆盖。湖州探索建立生产、供销、信用“三位一体”的农民合作经济组织联合会运作体系，通过深化“千家新型农业经营主体提升工程”，引导龙头企业采取兼并重组、股份合作、资产转让等形式做大、做强，紧抓“一带一路”契机，强化农业“三品一标”产地认定和产品认证，大力落实优势农产品“走出去”战略。

2016 年，湖州召开“全国培育新型经营主体发展农业适度规模经营”座谈会，时任国务院副总理汪洋出席了会议并讲话，中央农办、国家发改委、农业部、财政部等 8 个部委领导、23 个农业大省政府分管领导等参加了会议，体现浙江特色、全国方向的湖州农业得到时任国务院副总理汪洋及与会代表的肯定。2020 年，湖州已实现浙江省农业现代化发展水平综合评价“六连冠”，乡村振兴综合评价位列第一，乡村振兴战略实绩考核蝉联优秀，“中国淡水渔都”“中国淡水渔文化第一镇”和“中国生态养鱼第一镇”落户湖州，特种水产、蔬菜、茶叶、水果四大优势产业种养面积达到 192.81 万亩，产量 139.29 万吨，产值 145.58 亿元。湖州农业特色产业稳步提升，累计建成全国“一村一品”示范村镇 11 个、中国特色农产品优势区 2 个、省级特色农产品优势区 4 个、省级特色农业强镇 7 个。湖州累计培育市级以上农业龙头企业 271 家、示范性农民专业合作社 115 家、示范性家庭农场 266 家，培育特色产业农合联（农民合作经济组织联合会）36 个，挂牌上市企业达到 8 家，已上市企业中主板 3 家、港板 1 家、新三板 4 家，农业龙头企业电子商务 50 余家，农产品网上交易额达到 5 亿元。湖州在现代种养产业中已打造 1 个“百亿级”产业、1 个“五十亿级”产业。其中，渔业产值超过 100 亿元，茶叶产业产值超过 50 亿元，农产品加工业产值 320 亿元，乡村旅游业产值 150 亿元。湖州以休闲农业为引擎推动农业经营体系完善布局，已创建完成 12 条省级示范性全产业链，位列浙江省第一，示范性农业全产业链年总产值超 383.36 亿元。2020 年，湖州市实现乡村产业总产值 1200 亿元以上，农林牧渔业增加值 149.47 亿元，增幅 2.8%，在浙江省排名第一；农村居民人均可支配收入绝对值 37244 元，增幅 7.0%，在浙江省排名第五。湖州紧紧围绕高质量打造实施乡村振兴战略示范区，努力绘就湖州乡村振兴的壮美画卷，率先基本实现农业农村现代化这一目标，争当高质量发展建设共同富裕示范区的先行市，为加快打造“重要窗口”的现代农业发展示范样本，推动形成城乡融合发展新格局，奋力打造繁荣兴旺的湖州乡村产业样板。

二、加快生态资源转化，助推农业产业融合绿色发展

作为“绿水青山就是金山银山”理念诞生地，湖州不断放大农业农村生态优势，走实生态路，走强创新路，让湖州农产品生态绿色附加值不断提升。湖州坚持生态绿色导向，按照农业“全产业链”的思路，突出“做特一产、做强二产、做优三产”，大力培育家庭农场、农民专业合作社、农业龙头企业等新型经营主体，全面推进产业融合，助推现代农业产业绿色转型升级。湖州整建制推进现代生态循环农业建设试点的各项目标任务，在浙江省率先实施陆域渔民退捕转产转业，全面实施禁渔制度，确保外河渔业资源休养生息，设立了禁渔期、禁渔区，启动渔业养殖尾水治理工作。湖州生态循环农业“一十百千”工程深入推进，农业“两区”土壤污染监测点位全部建成，初步形成土壤污染监测预警体系，加快推进整洁田园建设，全面推进农业“两区”土壤污染防治，完成测土配方施肥，实施统防统治。湖州支持、鼓励有机肥料生产企业利用生物技术开发利用生物质废弃物，切实加强农作物秸秆综合利用，大力推进“整洁田园美丽农业”行动。湖州推进田园综合体建

设，大力推进休闲农业发展，坚持片区产业发展、空间布局、生态环境、文化传承等多层面同步考虑，引导新时代美丽乡村样板村与重点景区、乡村文化等强强联合，重点打造一批具有“湖州气质”的美丽乡村精品村和示范带。湖州深入推进美丽乡村“五级联创”，全力发展美丽经济，持续美化乡村生态环境，大力推进绿色生态发展，破解传统农业效益不高之瓶颈，推动美丽乡村与村庄经营融合建设，积极发展农村电子商务、农家乐休闲旅游业和农村养老等新业态，持续转化美丽乡村建设成果，实现乡村产业与美丽乡村经营深度融合，出台《关于加快推进湖州市农村电子商务发展的实施意见》等政策，推进三产全面融合的乡村振兴战略。湖州坚持绿色兴农、质量兴农、品牌兴农，在传统农业耕种基础上丰富现代农业内涵，加快建设“依山、傍湖、沿路”三大绿色高效农业产业带，实现全产业链绿色化发展，深入挖掘桑基鱼塘等历史农耕文化资源。湖州大力实施“品牌强农业”战略，推进“湖州‘两山’农产品”“湖州湖蟹”“湖州湖羊”等公用区域品牌建设，积极拓展特色农产品外销网络。

截至 2020 年底，湖州市美丽乡村建设示范县建成率浙江省最高，市级美丽乡村创建实现全覆盖，以德清“洋家乐”为代表的民宿经济享誉国内外。湖州农村“全域美”特色逐步彰显，美丽乡村建设走在前列，从“千村示范、万村整治”起步到全域创建美丽乡村，全面推进环境整治，全力发展美丽经济，美丽乡村建设成为湖州亮丽的名片。湖州出台《休闲农业和乡村旅游升级三年行动计划》，着力开展“六个一”行动，打造休闲农业和乡村旅游精品线路 10 余条。依托良好生态资源，湖州休闲农业和乡村旅游实现收入 85 亿元，培育了德清“洋家乐”、长兴“上海村”、安吉“亲子游”等一大批新业态，德清“裸心谷”一张床位的年税收达 12 万元，长兴顾渚村农家乐户均年营业额 80 万元、净收益 30 万元以上，已重点打造德清上渚山奇幻谷等特色美丽乡村夜经济路线 16 条、特色村庄 24 个，实现总收入 2.35 亿元，从业农民 8330 人。湖州休闲观光农业示范园区全面完成提升，休闲农业与乡村旅游受全国关注。安吉鲁家村“田园鲁家”入围全国首批15个国家田园综合体试点项目，吴兴区田园综合体项目被列入浙江省农业综合开发田园综合体试点。湖州已建成具有山水林田湖特色的休闲农业园区293个，“最美田园”数量居浙江省第一。美丽中国田园博览会固定会址落户湖州。湖州农业产业融合发展全面推进，德清县被认定为国家农业农村创新典型，安吉剑山村（剑山砂梨）被认定为“第六批全国一村一品示范村”，德清县五四村和安吉县横山坞村被推介为“2016中国美丽休闲乡村”，2018年长兴县获评浙江省第三批美丽乡村示范县，湖州已成功创建10个省级休闲农业与乡村旅游示范县。同时，湖州在全国率先制定出台《美丽乡村建设条例》，将美丽乡村建设纳入法治化轨道。2020年，市级美丽乡村精品村、美丽乡村示范带、新时代美丽乡村样板村累计投入资金18.23亿元。抓好美丽乡村升级，推动美丽乡村全域创建，实现省级美丽乡村示范县全覆盖，吴兴“滨湖六村”片区等10个片区作为首批创建对象，已初显成效。安吉白茶，一片叶子富了一方百姓，茶园面积41.37万亩①，茶产业占浙江省茶园面积的12%、茶叶产量占全省的7%，茶叶产值占全省的21%。② 目前安吉共有竹产业企业2400余家，以全国1.8%的立竹量，创造了全国22%的竹产值。2020年，消除173个年集体经营性收入50万元以下欠发达村，“三年任务”完成了80.8%，累计盘活低效资产资源1241处，增收4413万元。2020年，“莫干黄芽”获得地理标志认证，新获批无公害农产品287个，新认证绿色食品25个，新认定无公害农产品产地11.55万亩，新申报绿色食品产地监测面积1.32万亩，省级农产品质量抽检合格率达到99.5%。

湖州作为中国美丽乡村发源地，始终践行“绿水青山就是金山银山”理念，高质量推进现代农业发展，围绕“产业兴旺”的总体要求大力

① 1亩约等于666.67平方米。

② 中共湖州市委：《“绿水青山就是金山银山”的湖州实践》，《求是》2020年第17期。

推进乡村产业提升，深化农业“两区”建设，推动产业融合集聚，着力创设新载体推进产业与乡村融合，大力培育乡村夜间经济、疗休康养经济等，提高现代农业综合效益和竞争力，推动涉农主导产业提质增效。湖州统筹谋划、大胆实践、率先开展美丽乡村创建，率先实施市校合作共建新农村模式，率先制定出台美丽乡村建设地方标准，打造了以“美丽乡村”为品牌特色的新农村建设“湖州模式”，奠定了湖州乡村振兴持续领先的现实基础。

三、坚持农业科技创新，稳定粮农保质保量持续增长

湖州坚持“藏粮于地、藏粮于技”，通过现代农业带动乡村产业高质量稳步发展，推进农业“机器换人”，积极打出扩面、挖潜和政策激励等增粮“组合拳”，狠抓耕地抛荒整治，推动粮食稳产增产。同时，湖州深化“市校合作”“院地合作”，农业科技推广技术不断创新，加快发展智慧农业、渔光互补建设，深入推进省级农技研发与推广体制机制创新试点，不断完善独具湖州特色的农业技术推广联盟。湖州师范学院瞄准淡水养殖产业的主导品种及关键技术环节，与区县合作建立涉农技术转移中心，充分发挥湖州师范学院水产养殖等涉农技术成果、信息和高层次人才优势，根据区县农业产业特色和农林牧渔产业优势，提供技术转让、咨询、服务。湖州师范学院成立中华优秀传统文化（蚕丝绸）传承基地，传承创新、交流传播，推进蚕丝绸生态产品的价值实现。湖州通过建立浙江大学湖州休闲农业产业研究院、浙江省农科院湖州农业工程技术研究中心等机构推动涉农科研成果转化。湖州以“六化”为引领，丰富“菜篮子”“果盘子”，鼓励大型企业与中小养殖户建立利益联结机制，依托湖州农民学院，持续推进新型职业农民培育工作，培育类型由单一生产经营型向专业技能型、专业服务型协同铺开，制定《湖州市新型职业农民培育“六统一”实施办法》。湖州积极探索技术入股新模式，形成了风险共担、利益共享的紧密产业联盟合作

关系，大力发展现代种业，确定了十大种业工程、30个种子种苗基地。湖州深入实施渔业绿色发展、湖羊发展两个新一轮“三年计划”。2020年，制定实施新一轮渔业绿色发展三年行动计划，全力提升渔业产业首位度，着力打造水产种业强市，全域开展水产健康养殖示范创建，科学发展稻渔综合种养，有效提升现代渔业数字化、智能化发展水平，在全国率先发布渔业绿色发展地方标准，探索形成“‘湖’字号水产品国家地标集群”的区域公用品牌发展模式。2020年，湖州制定实施新一轮湖羊发展三年提升计划，争创湖羊优势特色产业集群建设项目，率先开展湖羊纯种基因检测分析。湖州坚持生猪产能提升和非洲猪瘟防控“两手抓”，确保生猪稳产保供，加快实现增养复养，全力推进新猪场建设。湖州全面推进主体融合，深入实施千家新型农业经营主体提升工程，摸清全市各村资产资源利用状况，盘活闲置低效资产资源。

2020年，湖州已全面完成4.4万亩粮食生产功能区提标改造和8.8万亩高标准农田建设；油料作物播种面积稳定在14.42万亩以上，产量保持在2.34万吨以上；蔬菜（含果用瓜）面积达到62万亩，产量达到100万吨；新发展精品果园3000亩，以绿色安全、优质高效为核心，增加“放心菜园”5个。2020年，粮食生产稳中有升，粮食生产面积、总产量、单产量全面实现“三增”。粮食播种面积118.7万亩，总产量52.5万吨，平均单产量442.3公斤，平均单产居浙江省第一。湖州主要农作物综合机械化水平达到90.11%，年均引进农作物新品种90个，推广新技术50项，新增1个国家农业产业强镇（长兴吕山），4个省级特色农业强镇（南浔石淙、德清莫干山、长兴泗安、德清禹越），1个省级现代农业园区（南浔西部），新划定省级特色农产品优势区30个。湖州渔业绿色发展居全国首位，加快特色品种示范推广，12家“育繁推一体化”种业企业通过湖州市星级评定，水产苗种外销率近90%，尤其是罗氏沼虾和鲌鱼苗种年产量占全国的60%以上。核发了浙江第一张水产苗种电子“动物检疫合格证”，在全国率先开展水产养殖尾水全域治理，在浙江省率先实现了省级以上水产健康养殖示范县、稻渔综合种养重点示范县创建全覆盖。湖州全面推进生态茶园建设和名优茶连续化加工，茶叶总产值、亩产值保持浙江省第一，第一、第二、第三产业产值达到80亿元，传承创新蚕桑产业，建立集约化、多元化发展示范基地3000亩。南浔区创新"五大举措"奋力打造粮食增产保供示范样板案例，获评浙江省争先创优"最佳实践"。截至2020年底，湖州特色优势产业产值占农业总产值80%以上。吴兴区现代农业产业园被列入国家现代农业产业园创建名单，德清县新市镇、安吉县溪龙乡被列入国家农业产业强镇创建名单。湖州已成功创建7个"国字头"和13个"省字号"园区，省级农业科技企业和企业研发中心已经分别超过200家、100家。湖州大力推广新型种养模式改造传统农业，推广应用"稻—鳖""稻—虾"等稻渔综合种养模式，面积100亩以上的稻渔综合种养基地达到35个，示范区亩均增效3000元以上。在特色水产养殖方面，大力推广"跑道鱼"养殖模式，特别是形成了以南浔"跑道鱼"模式为特色的产业片区，示范区亩均增效2000元以上，吴兴区成为首个农业农村部渔业健康养殖示范区。积极培育吕山、荃步、义皋等以湖羊为文化核心的休闲乡村产业带，力争培育、新建年出栏万头羊场3家。湖州2020年生猪存栏达32万头，出栏达52万头，生猪存栏数和能繁母猪数量实现"双增"，建成浙江省地方猪活体基因库1个。

湖州通过农业科技创新大力稳定粮食生产，大力推进生猪稳产保供，大力发展水产、茶叶、湖羊、果蔬等特色主导产业，全面落实粮食安全责任制，积极开展粮食绿色高产创建和优质高产示范竞赛活动，充分挖掘旱粮生产潜力，大力提升农业科技创新对粮食等主要农产品生产保障能力，筑稳农业农村发展底盘。

四、实施数字赋能战略，激活乡村全面振兴发展动能

湖州沿着"绿水青山就是金山银山"的发展路径，全面繁荣乡村数

字业态，推进数字兴农、绿色兴农、科技兴农、融合兴农，加快培育农业农村新动能。湖州以数字赋能农业生产，全面实施省级数字乡村示范市体系建设，打造“三农”协同应用平台，融合生产、生活、生态，推进多个应用场景，为实施乡村振兴战略注入了智慧因子。湖州以农业产业强镇、现代农业园区为平台，推动遥感、区块链、物联网、大数据等先进技术与农业生产深度融合，已成为全国唯一县域数字农业农村发展水平评价先进县全覆盖的地级市；德清县成为全省唯一全国数字农业试点创建县。湖州加快创建数字工厂，强化大数据、物联网、云计算、区块链等信息技术的应用，推进设施农业数字化技术装备运用。湖州大力实施“互联网＋”农产品出村进城工程，加快实施农村电商“一十百千万”工程，健全完善湖州市优农汇电商服务平台，扩大电子商务进农村覆盖面，提高农村电商发展水平。湖州积极推进长兴县、德清县的“互联网＋”农产品出村进城工程国家级、省级试点，建立健全适应湖州本地农产品网络销售的供应链体系、运营服务体系和支撑保障体系，促进农产品产销对接，确保优质优价。湖州推进数字赋能乡村治理，抓好数字乡村建设，打造乡村振兴“新引擎”，整建制推进数字乡村试点市建设，统筹推进现代数字技术与乡村生产、生活、生态的全面融合。以乡村治理数字化转型为方向，湖州大力推动现代数字技术与乡村经济发展、社区建设、公共服务和社会治理充分融合；以安吉县入选首批全国乡村治理体系建设试点县为契机，加快推进乡村整体“智治”工程，推行“县乡一体、条抓块统”高效协同治理模式，进一步丰富“余村经验”的内涵和外延；大力推广“积分制”管理，加强信息化手段在乡村治理中的有效运用。湖州加快“电商换市”步伐，积极培育农产品电商企业。湖州推动农村人居环境提升，积极推广农村生活垃圾分类处理智慧化管理系统，在农村生活垃圾分类处理的过程中推行实名制投放、智慧化收集、规范化运输、大数据监测等方式。

湖州大力建设数字乡村，浙江省农播示范（湖州）基地成功揭牌，长兴、德清被评为省级“互联网＋”农产品出村进城工程试点县，其中长兴被评为国家级试点县。2019 年，积极推广德清五四村“数字乡村一张图”模式，已建成乡村治理数字化村级平台 165 个，其中德清县率先完成 137 个建制村数字化平台全覆盖。基本建成数字化乡村治理模型，乡村治理数字化村级平台覆盖率达到 25%以上。湖州累计创建省级数字农业工厂 24 个，带动 111 个种养基地完成数字化改造，通过率及总数量均位居浙江省第一。湖州实施湖羊等 20 个以上三类数字工厂项目，培育智慧渔业园区 10 个，池塘循环水养鱼跑道达到 350 条以上。湖州星光农机、新田农业、弘鑫水产等数字农业工厂向外输出工厂化立体养鱼技术、大棚智能操控技术、“跑道鱼”养殖专业化农机装备，已示范带动 122 个种养基地完成数字化改造。

湖州始终高度重视数字乡村工作，以地理信息技术为基础，通过数字赋能乡村产业、乡村治理、乡村生活，深入推进省级数字乡村试点市建设，统筹推进现代数字技术与乡村生产、生活、生态深度融合，探索出了一条以数字赋能撬动乡村振兴的发展新路。

第四节　做兴三产，加快发展现代旅游业

2013 年 3 月 22 日，习近平总书记在俄罗斯“中国旅游年”开幕式上的致辞中指出：“旅游是传播文明、交流文化、增进友谊的桥梁，是人民生活水平提高的一个重要指标，出国旅游更为广大民众所向往。旅游业是综合性产业，是拉动经济发展的重要动力。旅游是修身养性之道，中华民族自古就把旅游和读书结合在一起，崇尚‘读万卷书，行万里路’。旅游是增强人们亲近感的最好方式。”[①]2005 年 1 月 27 日，习近平同志在湖州慰问调研时指出：“湖州旅游业有很多优势，‘太湖’的文章方兴未艾，‘来到太湖不见湖’不行，这是一个很宝贵的资源，要有

① 《在俄罗斯“中国旅游年”开幕式上的致辞》，《人民日报》2013 年 3 月 23 日。

一个好的规划。”[①]2005 年 8 月 15 日，习近平同志在安吉调研时得知余村关停矿山、靠发展旅游致富后，给予高度评价，“过去我们讲既要绿水青山，又要金山银山，其实绿水青山就是金山银山，本身，它有含金量”[②]。

一、大力发展乡村旅游，打造“乡村旅游第一市”

湖州“因村制宜”巧打“旅游＋”牌，畅通“绿水青山就是金山银山”转化通道，坚持将“绿水青山”的生态优势转化为乡村旅游发展的产业优势。一是“旅游＋生态”，发展乡村度假产业。在生态环境优越、区位交通便利、旅游资源丰富的村镇，开发高端度假旅游产品，如德清莫干山镇依托名山效应和 90％以上的森林覆盖率，打造高端度假民宿群，被《纽约时报》评选为全球最值得去的 45 个地方之一。二是“旅游＋农业”，发展休闲农业。针对地处低丘缓坡、山地植被与空气环境优、农业发展基础好的村庄，以“公司＋村＋农场”的开发模式，打造农旅一体的现代生态休闲农场。如安吉鲁家村以“绿水青山就是金山银山”重要思想为指引，建设全国首个家庭农场集聚区和示范区，全力发展休闲农业和乡村旅游。鲁家村集体经济年收入从 2011 年的 1.8 万元增至 2019 年的 572 万元，农民人均纯收入由 1.47 万元增至 4.71 万元。三是“旅游＋农户”，发展民宿客栈。针对景区景点附近的村庄，以景区景点为依托，发展兼具秀美风景、人文风情的乡村民宿产业。如长兴县小浦镇聚焦景区提升，大力发展乡村民宿产业，旅游兴村富民效应日益显著。四是“旅游＋体育”，发展运动休闲产业。依托湖州区域内独特的山地、竹林景观、绿道、登山步道、运动拓展基地以及度假设施，积极开展多类型的体育旅游运动赛事，大力推进体育休

① 习近平：《干在实处　走在前列——推进浙江新发展的思考与实践》，中共中央党校出版社 2006 年版，第 502 页。

② 本书编写组编著：《干在实处　勇立潮头——习近平浙江足迹》，浙江人民出版社，人民出版社 2022 年版，第 283 页。

闲产业发展。2006 年，湖州市仅有农家乐市级示范户 60 家、示范村 9 个。截至 2020 年 9 月，湖州市已有乡村民宿 2941 家、中国乡村旅游模范村 5 个、中国乡村旅游创客基地 2 家，6 个村入选全国乡村旅游重点村名录；省级乡村旅游产业集聚区 3 个、省级生态旅游（示范）区 11 个。成功举办三届世界乡村旅游大会，国际乡村旅游大会永久会址落户湖州。2014 年至 2020 年，湖州市乡村旅游接待游客从 2341.22 万人次到 4386.73 万人次，增长了 87.36%；乡村旅游经营总收入从 32.12 亿元到 117.28 亿元，增长了 265.13%。由此“乡村旅游第一市”的品牌全面打响。湖州在“绿水青山就是金山银山”理念指引下，充分发挥旅游业的拉动力、融合力，以旅促农、以城带乡，通过大力发展乡村旅游，推动了农民脱贫致富和文明素质提升，保护改善了乡村生态环境，推动了乡村经济社会进步，缩小了城乡居民之间的收入和公共服务差距。2021 年湖州农村居民人均可支配收入 41303 元，城乡收入比为 1.65∶1，是全国城乡差距较小地区，促进了城乡融合发展、协调发展。

二、全力打造滨湖旅游，建设“现代化生态型滨湖大城市”

湖州深入践行习近平同志“绿水青山就是金山银山”理念，牢记“使南太湖成为旅游业发展的一个重点”的殷切嘱托，倾力打造滨湖旅游之城。一是理顺体制优管理。《湖州市国民经济与社会发展第十二个五年规划纲要》提出了建设滨湖大城市的概念。2012 年，《湖州中心城市建设行动纲要（2013—2016）》，提出加快建设“富饶、秀美、宜居、乐活”的现代化生态型滨湖大城市。2018 年湖州市委第八届四次全会，明确提出要将湖州打造成为滨湖旅游之城。2019 年 6 月 2 日，在原湖州经济技术开发区、太湖旅游度假区的基础上整合、提升，组建成立了南太湖新区。二是整治环境打基础。作为滨湖旅游发展主体的太湖旅游度假区已先后投入超 50 亿元实施太湖岸线综合治理、污染源整治、渔民居住上岸、生态修复、基础配套建设五大工程，全力守护“绿水青山”。三是项目建设抓产品。坚持生态优先，大力发展精品酒店、主题湿地、水上旅游、体育旅游等旅游业态，加快提升黄金湖岸景区、菰城景区等建设发展水平，先后建设了南太湖新地标——月亮酒店、龙之梦乐园、湖州影视城、太湖国际健康城、“花漾年华”绿色小镇等一大批可以支撑引领滨湖旅游发展的大项目。四是区域合作促发展。2018 年 9 月 11 日，首届“中国·湖州国际滨湖旅游节暨中国·环太湖国际旅游节”在湖州开幕，并与苏州、无锡、常州共同发起成立了环太湖四城市旅游联盟，共同保护性开发和建设太湖，共同推出“环太湖十景”，建设环太湖一体化旅游共享品牌，共同打造“最具全球影响力的滨湖度假首选目的地”；湖州太湖、杭州西湖、宁波东钱湖、嘉兴南湖、绍兴东湖共同成立了“五湖旅游联盟”，共建最佳滨湖度假目的地。太湖旅游度假区是湖州滨湖大城市建设中以休闲度假为重点打造的滨湖新区，是国家 AAAA 级景区、国家级水利风景区；并于 2015 年 10 月，成功创建为首批国家级旅游度假区。2008 年至 2018 年，太湖旅游度假区人口规模从 2.3 万增长到近 15 万，财政收入、固定资产投入、旅游收入、旅游人次等指标连续多年保持 30%左右的高速增长。近年来，全国极限运动大赛、南太湖螃蟹（美食）节、长兴太湖图影湿地“稻草人嘉年华”、南太湖帆船赛、环太湖国际公路自行车赛等旅游营销节庆活动和赛事的成功举办，有力提升了南太湖滨湖旅游的知名度，拉动了住宿、餐饮、休闲、文化、体育等相关行业的快速发展。2018 年，湖州被亚太旅游协会授予国际度假大会永久会址，进一步提升了湖州滨湖度假在国际国内的影响力，全面打响“滨湖度假首选地”形象品牌。

三、转型提升度假旅游，推进度假旅游目的地品牌建设

“随着经济发展和人民群众生活水平不断提高，以观光为主的旅

游已不能满足人们的需求。‘求新、求奇、求知、求乐’的旅游愿望，要求我们不断推出更多更好的旅游产品。”[①]湖州市紧紧围绕“滨湖、乡村”两大度假主题，全面推进“湖光山色、度假之州”旅游目的地品牌建设。一是规划塑形，打造集群化度假聚落。高质量编制实施《全域旅游发展规划》等3个总体规划和《乡村旅游发展规划》等8个专项规划，在全省率先制定乡村旅游集聚示范区、示范村、乡村民宿等10项地方标准，以“3＋8＋10”引领度假旅游集群化、特色化发展；统筹做好太湖、名山、古镇、竹乡、湿地、古生态等文章，建设南太湖、浙北生态、大运河古镇三大度假旅游带，莫干山、黄浦江源等10个休闲旅游区。二是改革破难，建成多元化度假项目。创新政策破解旅游项目用地保障难题，探索实施“坡地村镇”“点状供地、垂直开发”等用地试点改革，推动德清“裸心谷”、安吉“帐篷客”、吴兴“慧心谷”等40个项目落地运营；创新建立文旅项目“数字地图”推进机制，引进探索极限主题公园等一批运动休闲项目。三是基因解码，差异化供给度假产品。深入实施文化基因解码工程，深度挖掘陆羽茶文化、世界丝绸之源文化、太湖溇港文化等文化内涵，提炼丝韵、笔韵、茶韵、水韵、古韵、红韵等文旅IP，累计引进喜来登、JW万豪等国际国内知名旅游品牌27个，品牌数量与质量均位居全省第一；创新山地骑行、竹海马拉松等运动休闲度假业态，新建国家体育服务综合体1个、省级运动休闲旅游示范基地5个。四是精准营销，打响特色化度假品牌。建立长三角国家级旅游度假区（推广）联盟，推进长三角地区国家级旅游度假区资源共享、优势互补、市场联动，共同打造极具影响力的长三角文旅品牌；近年来，大力发展网红经济、宅经济，实施小红书“网红城市计划”；与携程、支付宝等互联网头部企业达成战略合作，开通“湖州旅游总入口”携程旗舰店，建立支付宝“数字文旅矩阵”。五是智慧赋能，提升品质化度假服务。开展国家文旅公共服务融合综合性试点，打造“线上线下、主客共

---

① 习近平：《之江新语》，浙江人民出版社2007年版，第75页。

享”的城乡文旅驿站，建成6个文旅公共服务示范圈；优化“5G+智慧文旅平台”功能，湖州市28家重点旅游景区实现“在线预约、实时监管、远程引导”；完成“云游湖州”平台建设，整合36个景区和9个电影院推出“惠游卡”，面向市外游客推出24小时和48小时“转转卡”，实现“一卡在手，玩转湖州”。同时，出台《旅游新业态安全监督管理办法》，通过“智慧文旅大数据驾驶舱”，联动公安、市场监管、交通运输等部门对玻璃滑道、玻璃水滑梯、小火车、悬崖秋千等18类新业态项目进行多部门、全过程联合监管。湖州旅游发展实现了由量向质、从弱到强的深度转型，形成了“一镇一品、一村一味”文旅特色产品，培育乡村度假民宿2900余家（其中省级以上精品民宿97家，总数列全省第一；德清“洋家乐”、长兴“上海村”度假品牌引领全国）；拥有湖州太湖、安吉灵峰、德清莫干山国家级旅游度假区3家，数量占全省一半，总数居全国地级市第一。

四、坚持区域旅游合作，主动融入长三角一体化

2002年12月6日，习近平在湖州宣讲十六大精神时强调，要着眼于“主动接轨、全面融入、发挥优势、实现共赢”，以思想观念的融合为先导，实现市场相通、体制相融，资源共享、交通共连，人才互通、产业互补的全方位、多层次、宽领域的融通，以更加积极的姿态参与长江三角洲地区的经济合作与发展，不断提高对外开放水平。长三角地区以占全国二十六分之一的地域面积，创造了全国近四分之一的经济总量，是中国经济最为活跃的地区之一。湖州是连接长三角城市群南北两翼、贯通长三角与中西部地区的重要节点城市，是长三角的战略枢纽。多年来，湖州面向诸多长三角城市，不断加强区域旅游合作，加快接轨大上海、融入长三角区域旅游一体化进程。从2006年“长三角双休日旅游经济高峰论坛”到2019年“长三角一体化文旅峰会暨国际滨湖度假大会”，从2008年成立“沪苏皖三地旅游品质保障质检联盟”联

席会议组织到2019年成立“长三角国家级旅游度假区(推广)联盟”,湖州一直把区域旅游合作作为融入长三角一体化的重要手段。2019年,湖州共接待来自长三角地区的过夜游客4026万人次,如2019年安吉余村共接待游客90万人次,其中80%来自长三角地区;2020年长兴县顾渚村1300多户人家开了585家农家乐和民宿,村里通用着第二种“乡音”——上海话,吸引着众多上海游客来此休闲度假,因而被大家称为“上海村”。2020年10月15日,第三届长三角三省一市旅游协会联席会议在湖州举行,会上签署了“打造长三角文旅融合高质量发展旅游目的地”框架协议,就“共谋高质量发展机制、共创高质量文旅产品、共享一体化旅游市场、共建效益评价体系、共推文旅融合IP、共评特色旅游商品”达成共识。一直以来,湖州始终坚持“绿水青山就是金山银山”发展路径,坚持区域旅游合作,以良好的生态环境为基础,逐步探索实践一条从“农家乐”到“乡村旅游”,再到“乡村度假”并向“乡村生活”转型的乡村旅游发展之路,现已成为长三角地区著名的乡村旅游度假目的地。

五、加快推进全域旅游,促进绿水青山向“金山银山”转化

湖州历届市委、市政府坚定不移地贯彻落实习近平同志“绿水青山就是金山银山”“发展旅游、做大旅游大有可为”“使南太湖成为旅游业发展的一个重点”等重要指示,始终把旅游业作为重点培育的支柱产业之一,从主打“生态旅游”牌到向“休闲度假旅游”转型,从单一的景区景点旅游向全域旅游发展。2006年,湖州市接待国内游客1288万人次、入境游客13.91万人次,旅游总收入78.89亿元,旅游增加值33.4亿元。2017年,湖州旅游总收入达到1105亿元,从业人员超过20万人,旅游业增加值占湖州市生产总值比重达8.84%,以旅游业为主的第三产业占比首次超过第二产业。湖州先后被评为国家全域旅游示范区创建城市、国家旅游业改革创新先行区、全国旅游标准化示

范城市、中国文化休闲旅游城市和“中国旅游业最发达城市排行榜”30强等。湖州安吉县成功入选首批国家全域旅游示范区，安吉县、长兴县、德清县分列2020年全国县域旅游综合实力第一、第三和第八位。旅游业是典型的环境经济、生态经济、目的地经济，是绿水青山与“金山银山”之间的重要转换器。绿水青山既是自然财富、生态财富，又是社会财富、经济财富。湖州以全域旅游的发展模式，打通了绿水青山和“金山银山”的转化通道，将生态优势转化为了经济社会发展优势，走出一条生态美、产业兴、百姓富的可持续发展之路，成为“绿水青山就是金山银山”理念和全域旅游战略的生动实践和典型示范地。

第二章　推进湖州民主政治建设走向现代化

"我国社会主义民主是维护人民根本利益的最广泛、最真实、最管用的民主。发展社会主义民主政治就是要体现人民意志、保障人民权益、激发人民创造活力，用制度体系保证人民当家作主。人民当家作主是社会主义民主政治的本质特征。"①人民当家作主绝不是抽象的、空洞的，而是具体的、历史的、现实的，其本质在于让人民群众真正成为现代文明成果的创造者和享有者。以人民当家作主为本质特征的社会主义民主政治不仅仅在于保障人民的政治权利，更在于实现以人民为中心的发展、让人民全面享有现代文明成果。

习近平同志在浙江工作期间多次到湖州考察调研，就维护人民根本利益、为民办实事，加强机关效能建设、转变工作作风，推进法治浙江、加强基层民主建设，深化领导下访接待群众、健全完善信访制度等方面作出了重要指示，引领和推动了中国特色社会主义民主政治建设在湖州的深入实践。近年来，湖州深入贯彻落实习近平同志对湖州工作的重要讲话指示精神，坚定走中国特色社会主义政治发展道路，建立健全为民办实事长效机制、大力加强机关效能建设、全力推进法治湖州建设、加快促进基层民主制度建设、健全完善信访工作机制，建设最广泛、最真实、最管用的民主，切实维护和实现人民当家作主各项权

① 习近平：《决胜全面建成小康社会夺取新时代中国特色社会主义伟大胜利——在中国共产党第十九次全国代表大会上的报告》，人民出版社 2017 年版，第 35—36 页。

利，推进湖州民主政治建设走向现代化。

第一节　坚持执政为民，建立健全为民办实事长效机制

2004年6月3日，时任浙江省委书记的习近平同志在湖州调研“八八战略”贯彻落实情况时，针对“为民办实事长效机制”建设问题作了重要讲话。

一、自觉用最广大人民的根本利益来检验自己的工作

习近平同志曾在《心无百姓莫为“官”》一文中深刻分析了群众利益与从政为“官”的政治逻辑，“古往今来，许多有作为的‘官’都以关心百姓疾苦为己任。……我们是党的干部，是人民的公仆，一定要把群众的安危冷暖挂在心上，以‘天下大事必做于细’的态度，真心诚意地为人民群众办实事、做好事、解难事”①。党团结带领人民共同奋斗创造美好生活，就是为了维护好、实现好人民群众根本利益。因此，人民群众根本利益是衡量和检验党和政府所有工作的根本价值尺度。

“群众利益无小事”“天下大事必做于细”蕴含着“小事”与“大事”的辩证关系，群众的“小事”对于国家来说都是“大事”，国家的“大事”是由群众的“小事”构成和支撑着的，“群众的一桩桩‘小事’，是构成国家、集体‘大事’的‘细胞’，小的‘细胞’健康，大的‘肌体’才会充满生机与活力。对老百姓来说，他们身边每一件琐碎的小事，都是实实在在的大事，有的甚至还是急事、难事。如果这些‘小事’得不到及时有效的解决，就会影响他们的思想情绪，影响他们的生产生活”②。人民群众是历史的创造者，是从事社会生产、推进经济社会发展、创造美好生

① 习近平：《之江新语》，浙江人民出版社2007年版，第26页。
② 习近平：《之江新语》，浙江人民出版社2007年版，第26页。

活的主体性力量,“在任何时候任何情况下,都要始终坚持把最广大人民的根本利益放在首位,自觉用最广大人民的根本利益来检验自己的工作和政绩,做到凡是为民造福的事就一定要千方百计办好,凡是损害广大群众利益的事就坚决不办”[①]。广大党员干部“要抓实做细事关群众切身利益的每项工作,努力办实每件事,赢得万人心”[②]。坚持党的领导与人民当家作主有机统一,最直接的体现就是始终坚持把最广大人民的根本利益放在首位,自觉用最广大人民的根本利益来检验自己的工作和政绩。

领导干部应当树立怎样的政绩观,这与科学的发展观、正确的群众观紧密相关。习近平同志强调“共产党人的政绩,就是做得人心、暖人心、稳人心的事,就是解决群众最关心、最迫切需要解决的问题,就是全面建设小康社会,促进人的全面发展。树政绩的根本途径是将人民群众的眼前利益和长远利益结合起来,尊重客观规律,按客观规律办事,脚踏实地地工作;树政绩的根本目的是为人民谋利益。……科学的发展观引导正确的政绩观,正确的政绩观实践科学的发展观。一定要坚持以人为本,树立科学的发展观、正确的政绩观和群众观,努力在为民动真情、谋利出实招中,把‘立党为公、执政为民’的本质要求落到实处。”[③]“领导干部要有强烈的事业心和责任感。党和人民把我们放在这个岗位上,这是对我们的信任,是赋予我们的责任,是给我们为党分忧、为国效力、为民尽责的机会。……为‘官’一任,就要尽到造福一方的责任,要时时刻刻为百姓谋,不能为自己个人谋。”[④]“我们的领导干部要时刻牢记:党和人民把我们放在领导岗位上是为人民干事,而不是做‘官’的;人的生命最为宝贵,群众利益高于一切,领导责任重于泰山。‘乌纱帽’再大,也大不过人民的生命财产安全和群众的切身

---

① 习近平:《之江新语》,浙江人民出版社 2007 年版,第 33 页。
② 习近平:《之江新语》,浙江人民出版社 2007 年版,第 26 页。
③ 习近平:《之江新语》,浙江人民出版社 2007 年版,第 34 页。
④ 习近平:《之江新语》,浙江人民出版社 2007 年版,第 25 页。

利益。”[①]“当干部的，要真正在思想上解决‘入党为什么，当“官”做什么，身后留什么’的问题，牢记‘两个务必’，真正做到权为民所用、情为民所系、利为民所谋。”[②]

二、必须建立健全为民办实事长效机制

“中国共产党人的初心和使命，就是为中国人民谋幸福，为中华民族谋复兴。这个初心和使命是激励中国共产党人不断前进的根本动力。全党同志一定要永远与人民同呼吸、共命运、心连心，永远把人民对美好生活的向往作为奋斗目标”[③]，实现人民幸福、民族复兴的初心和使命，决定了党和政府所有工作的人民性、人民立场。人民性、人民立场是马克思主义政党最鲜明的品格，是马克思主义政党区别于其他政党的最显著特征。满足人民日益增长的美好生活需要，让人民群众过上美好生活，是我们党坚守和彰显人民立场、实现以人民为中心的发展的根本体现。

与人民一起共创美好生活，就是要运用中国特色社会主义制度优势为人民群众生产生活创造更好的条件，为人民群众办实事、做好事、解难事。美好生活的现实基础和实现条件蕴含于人民群众生产生活的具体事项中，全心全意为人民服务是我们党的根本宗旨，千方百计为人民谋利益是我们党一切工作的出发点和落脚点。从这个意义上说，党和政府的所有工作都属于为民办实事范畴。围绕人民群众最现实、最关心、最直接的利益办实事，就是要办好一批与群众切身利益直接相关的具体事项，群众要求党和政府解决的事项，群众能看到实效、得到实惠的事项。“为民服务解难题，重点是教育引导广大党员干部坚守人民立场，树立以人民为中心的发展理念，增进同人民群众的感

① 习近平：《之江新语》，浙江人民出版社2007年版，第50—51页。

② 习近平：《之江新语》，浙江人民出版社2007年版，第3页。

③ 《习近平谈治国理政》（第三卷），外文出版社2020年版，第1—2页。

情，自觉同人民想在一起、干在一起，着力解决群众的操心事、烦心事，以为民谋利、为民尽责的实际成效取信于民。”①

习近平同志历次到湖州调研都特别关心群众生产生活上的具体问题，深入基层一线了解群众生产生活中的实际困难。为民办实事必须落实到关心群众生产生活的实际工作中去，带着深厚的感情帮助群众解决具体问题和实际困难，使广大群众真正成为现代文明成果的创造者和享有者。习近平同志强调，“一定要把群众的安危冷暖挂在心上……真心诚意地为人民群众办实事、做好事、解难事”②。“我们每一个领导干部都要以‘只争朝夕’的精神，倍加珍惜在位的时间，充分利用这有限的时间，多为群众办实事、办好事……把岗位看做是为党的事业奉献的机会，当作为人民服务的机会，倍加珍惜在位时，尽职尽责，有所建树，真正做到‘为官一任，造福一方’”③。实现好、维护好、发展好人民利益不是抽象的，而是具体的、历史的。群众利益需求的具体性、历史性表现在具体事项、具体问题、实际困难之中，具有明显的阶段性特征，与国家和区域发展的历史阶段、实际情况紧密关联，因此要把握好其新变化、新特点，作为为民办实事的主要依据，不断拓展实事领域、丰富实事内容、细化实事项目，努力提高为民办实事的针对性和有效性。“坚持立党为公、执政为民，说到底，就在于求真务实，狠抓落实。必须把贯彻立党为公、执政为民的本质要求，作为一切工作的根本出发点和最终落脚点，使之落实到制定和实施各项方针政策的工作中去，落实到各级领导干部的思想和行动中去，落实到关心群众生产生活的工作中去……做到凡是为民造福的事就一定要千方百计办好，凡是损害广大群众利益的事就坚决不办。”④

2004 年 6 月，习近平同志到湖州调研时指出，“制度是带有根本性

---

① 习近平：《在“不忘初心、牢记使命”主题教育工作会议上的讲话》，《求是》2019 年第 13 期。

② 习近平：《之江新语》，浙江人民出版社 2007 年版，第 26 页。

③ 习近平：《之江新语》，浙江人民出版社 2007 年版，第 28 页。

④ 习近平：《之江新语》，浙江人民出版社 2007 年版，第 33 页。

的。要使为民办实事工作长期坚持下去并不断深化提高，关键在于把制度建设贯穿到实事项目选择、决策、实施和督查考核等各个环节，形成一整套比较完善的工作运行机制”[①]。习近平同志“提出并亲自组织实施了建立健全为民办实事长效机制的探索实践，着力解决群众最关心最直接最现实的民生问题，把为民办实事纳入规范化、制度化、经常化轨道”[②]。为了推进为民办实事长效机制建设，2004 年 10 月，“在习近平同志的提议和推动下，浙江省委、省政府在全国率先出台《关于建立健全为民办实事长效机制的若干意见》（以下简称《意见》）明确当前和今后一个时期为民办实事的重点领域为就业再就业、社会保障、医疗卫生、基础设施、城乡住房、生态环境、扶贫开发、科教文化、权益保障、社会稳定 10 个方面。这 10 个方面集中了群众最关心的问题，反映了群众最直接的呼声，代表了群众最现实的利益。《意见》同时就建立健全民情反应机制、民主决策机制、责任落实机制、投入保障机制、督查考评机制作出了制度安排”[③]。

此外，习近平同志还特别关注困难群众的帮扶工作，强调要把帮扶困难群众放到更突出的位置，做好帮扶工作同样要“靠制度”。习近平同志强调：“浙江经济社会发展到现阶段，按照全面建设小康社会的要求，我们应该把帮助群众解决实际困难，特别是帮扶城乡困难群众放到更为突出的位置。坚持执政为民，全心全意为人民服务，是人民公仆的天职。我们要把帮扶工作看做是分内的事。”[④]做好帮扶工作，要“用心”“有情”“靠制度”。“用心”，即各级领导的心中要时刻装着群众，时刻装着群众的困难，时刻为群众的急事、难事着想；“有情”，即各

---

① 《一项具有深远意义的创举——浙江建立健全为民办实事长效机制 15 周年特别报道之一》，《浙江日报》2019 年 10 月 25 日。

② 《一项具有深远意义的创举——浙江建立健全为民办实事长效机制 15 周年特别报道之一》，《浙江日报》2019 年 10 月 25 日。

③ 《一项具有深远意义的创举——浙江建立健全为民办实事长效机制 15 周年特别报道之一》，《浙江日报》2019 年 10 月 25 日。

④ 习近平：《之江新语》，浙江人民出版社 2007 年版，第 4 页。

级领导对群众要有深厚感情，要舍得投入和帮扶，充满关怀之情；“靠制度”，即“帮助群众特别是困难群众解决各类实际问题，除了要不断完善面向全社会的各类社会保障制度外，还要建立面对困难群体的长效帮扶机制。在财政支出上，各地一定要突出重点，优先保证农村教师工资、城乡居民最低生活保障、农民大病统筹、‘五保’对象集中供养、困难家庭子女就学救助等与群众利益密切相关的支出”[①]。把帮扶困难群众放到更加突出的位置，靠制度保障帮扶工作，充分体现了党和政府心系百姓、为百姓排忧解难，使广大群众真正成为现代文明成果的创造者和享有者的执政理念和根本目的。

三、建立健全为民办实事长效机制的湖州做法

湖州通过“转变作风年和调查研究年”“立党为公、执政为民”等系列教育活动，在全社会营造为民办实事的良好氛围，不断完善为民办实事项目的计划形成程序，开通市长热线电话和网上受理系统，完善领导联系制度，建立领导干部下访制度，畅通信访渠道。把为民办实事情况纳入年度考核内容，健全考核评价机制。建立健全人大代表、政协委员联系群众制度，充分发挥新闻媒体和社会各界的监督作用，把为民办实事的实施全过程置于有效透明监督之下。湖州推出以“闻风而动，事不过夜”为特征的全媒体栏目《看见》，以媒体监督“小杠杆”撬动社会治理大效能。

湖州探索创新了“十大民生实事项目”的形成机制，突出民生项目选择、民主决策过程的科学化、程序化、规范化、合理化，体现了人民群众最关心的事由人民群众自主决定，推动党和政府转变职能作风、优化资源配置、提升服务质量。湖州市委市政府于每年元旦过后的第一个工作日举行公众听证会，由群众代表以无记名投票方式，选出当年

① 习近平：《之江新语》，浙江人民出版社2007年版，第4页。

市委、市政府要办的10件民生实事。此工作机制主要由4个环节和步骤构成：第一步，于上一年11月、12月期间，通过广泛征集、梳理对接、研究审议，按照民生急需、普遍受益、量力而行、当年办结的原则，明确10项以上民生实事项目；第二步，当年元旦新年过后第一个工作日，市委、市政府举行公众听证会，邀请街道社区居民代表、基层党代表、人大代表、政协委员、离退休老同志等，做客市行政会议中心101厅，由市委书记主持听证会，市长介绍本年度民生实事项目的征集过程和建议方案；第三步，参会代表围绕建议方案发言并提出意见建议；第四步，参会代表无记名投票，当场唱票，产生"当年十大民生实事项目"。"十大民生实事项目"的产生过程充分体现了群众自主性和协商民主、群策群力的作用机制。群众代表提出的建设性意见建议有助于市委、市政府更好地把脉社情民意；市委、市政府则根据群众所需、政府所能、财力所及统筹考虑、精准安排实事项目。"高票当选"的实事项目必须在当年办好办实。这种做法真正体现了为民办实事必须问需于民、问计于民。只有把民生实事的知情权、选择权、决策权交给群众，才会更得民心、更顺民意。湖州市为民办实事"十大民生实事项目"的形成机制与做法正是深入贯彻党的群众路线，将群众最关心的具体事项、群众的困难摆在更加突出的位置，予以优先解决的生动实践。

四、建立健全为民办实事长效机制的湖州经验

维护人民群众切身利益是中国特色社会主义民主政治建设的出发点和落脚点。"坚持人民至上。党的根基在人民、血脉在人民、力量在人民，人民是党执政兴国的最大底气。民心是最大的政治，正义是最强的力量。"[①]人民性是马克思主义政党最鲜明的品格，坚守人民立场是社会主义民主政治建设的首要原则。

---

① 《中共中央关于党的百年奋斗重大成就和历史经验的决议》,《人民日报》2021年11月17日。

维护人民群众切身利益是人民当家作主的必然要求和直接体现，是中国特色社会主义民主政治建设的出发点和落脚点，也是党和政府一切工作的着力点和突破点。“群众利益无小事”“天下大事必做于细”，对于广大党员干部特别是领导干部来说，就是必须牢固树立科学的发展观、正确的政绩观和群众观，坚持以人为本的执政理念，时刻把群众的安危冷暖挂在心上，始终把群众利益作为想问题、做决策、办事情的依据；就是要坚持从群众中来、到群众中去的群众工作路线，为群众诚心诚意办实事、尽心竭力解难事、坚持不懈做好事。

维护人民群众切身利益必须把帮扶困难群众摆在突出位置，以此作为推进共同富裕的前提基础。湖州市加强党群服务中心标准化规范化建设，改进联系群众、服务群众方式方法，提高工作质量，为民办实事、解难事；加大帮扶困难群众工作力度，深入推进对口帮扶协作，提升实现共同富裕的格局境界，为打赢脱贫攻坚战、高质量全面建成小康社会提供示范经验，也必将在高质量发展建设共同富裕示范区的先行市上贡献新力量。

第二节　打造服务型政府，加强机关效能建设

一、机关效能建设是深入实施“八八战略”的重要举措

各级机关承担着有效管理社会、促进经济社会发展的重任，广大机关干部的德才素质、工作效率和精神状态，直接关系“八八战略”的贯彻落实。机关效能建设是关系“八八战略”能否落实到位、能否执行有力的关键环节，关系浙江能否始终保持和循序提升有利于推进新发展的环境优势。机关效能建设是推进政府职能转变、切实改进工作作风、提升办事效率质量的关键环节和重要抓手，是为民办实事、做好

事、解难事进而保障人民当家作主的逻辑前提和根本要求。

加强机关效能建设的突破点在于各级领导干部要重视调查研究、保持求真务实的作风。“努力在求深、求实、求细、求准、求效上下工夫。‘深’，就是要深入群众，深入基层，善于与工人、农民、知识分子和社会各界人士交朋友，到田间、厂矿、群众和社会各层面中去解决问题。‘实’，就是作风要实，做到轻车简从，简化公务接待，真正做到听实话、摸实情、办实事。‘细’，就是要认真听取各方面的意见，深入分析问题，掌握全面情况。‘准’，就是不仅要全面深入细致地了解实际情况，更要善于分析矛盾、发现问题，透过现象看本质，把握规律性的东西。‘效’，就是提出解决问题的办法要切实可行，制定的政策措施要有较强操作性，做到出实招，见实效。”①

机关效能建设重点在于打造服务型政府，提升政府治理能力和水平。全面深化经济体制改革、完善中国特色社会主义市场经济体制的核心问题是处理好政府与市场的关系，让市场在资源配置中起决定性作用。这必然涉及政府职能定位及其达成度这一关键问题。要更好地发挥政府作用，必须推进政府管理创新，转变政府职能，更好地发挥其在宏观调控、市场监管、公共服务、社会建设等领域的作用；深化行政审批制度改革，创造有利于经济社会发展的软环境，增强环境竞争力；切实转变作风，提高办事效率质量，提升公信力。

二、加强机关效能建设的湖州做法

湖州高度重视机关效能建设，形成了“一把手”亲自抓、负总责的工作推进机制，建立领导小组和办事机构，坚持高标准、严要求，分层次、抓重点，明责任、破难点，动真格、抓落实的工作方法论。推行六条“禁令”，实行公开承诺，建立市、区（县）机关效能监察投诉中心，聘请

① 习近平：《之江新语》，浙江人民出版社2007年版，第1页。

151 名同志担任监督员，强化督查，确保落实。围绕解决突出问题，抓实创建学习型机关，打造服务型机关，努力提高领导干部执政能力、转变机关作风，围绕“在湖州看见美丽中国”实干争先主题实践，开展区县比贡献、部门比服务、街镇比实绩、企业比发展、干部比担当、群众比风尚的“六比竞赛”。近年来，湖州大力加强机关效能建设，依托湖州市“12345 政府阳光热线”（以下简称“阳光热线”）创新平台，有效打通收集社情民意的“最后一公里”和解决民意诉求的“最后一公里”，打响“12345 有事找政府”的品牌，深入推进政府职能转变，在转变机关作风、打造“服务型政府”、提升政府治理效能上取得了显著成效，成为机关效能建设的典型样板。其主要做法成效如下。

一是整合优化市域热线资源，搭建了统一的热线服务平台。“阳光热线”是在整合市区范围 150 多条热线基础上建立起来的集中、统一的热线服务平台，2012 年 12 月启动建设，2013 年 7 月 1 日正式运行。2022 年，“12345 热线”开通 20 周年，累计接听来电 900 多万个，问题办理绩效和群众满意度居浙江省前列，先后被评为“全国民生示范工程”，被授予“全国政务热线骏马奖”和全国政务热线服务创新优秀单位，形成了一大批标志性成果。“阳光热线”在湖州市作风建设领导小组办公室和“阳光热线”工作领导小组办公室的领导下开展工作，平台内部分热线管理中心、受理大厅、督办中心三大区域。热线管理中心主要负责“阳光热线”工作的组织、协调、管理和监督。受理大厅设有 40 个人工接听座席，主要负责接听、受理、交办、回访等工作，全天候、不间断开展服务。督办中心工作人员队伍由十多位常驻平台的市重点网络单位业务骨干组成，主要审核部门反馈到“阳光热线”平台的不满意工单，对一些重点、难点投诉件进行督查、督办。

二是设置四大服务功能，提升了热线服务质量。“阳光热线”坚持“转变作风、提高效能、解决问题、满意群众”的工作要求和“便民、利民、务实、高效”的服务理念，经过不断探索、逐步完善、稳步提高，具有四大功能。

服务决策的信息分析功能。“阳光热线”办公室每天召开晨会，对热线受理、办理的海量数据进行分析挖掘，提炼出有价值的重点信息。建立每月“专报信息”、每周“本周关注”和重点信息“一事一报”等信息报送机制，为市委、市政府及时掌握社情民意、作出科学决策和部门深化服务工作提供信息参考。

解决矛盾的实际处理功能。通过建立规范的受理、交办、反馈、回访、督办等工作机制，保证群众各种诉求能够得到及时、有效的处理。与此同时，“阳光热线”办公室积极发挥专题协调、难题会商、现场督办、见面回访、督查通报等综合协调功能，较好地处理因部门职责不清，导致推诿扯皮等现象，一批群众关心关注的热点、难点问题得到了较好解决。

衡量作风建设的监测评价功能。通过设置及时响应率、按时办结率、及时反馈率、群众满意率 4 个考核指标，将对人民群众的服务态度、办事效率、工作质量、公正度、满意度作为衡量机关作风建设的主要标准。同时，探索建立“阳光湖州服务指数”测评体系，每季通过《湖州日报》向全社会发布，形成了工作落实“倒逼”机制，市级各有关部门依法办事、为民服务的意识有了明显提高。

联系群众的信息沟通功能。在畅通“阳光热线”电话受理的基础上，创新短信、传真、网上投诉渠道，并开通微信、易信公众互动平台和“阳光热线”政务微博，使市民群众十分方便地与政府及相关部门沟通联系。同时，“阳光热线”与市各新闻媒体进行广泛的互动，及时宣传报道“阳光热线”有关办理、督办情况，使市民群众及时了解民生政策，监督政府工作，有序参与政府的行政决策和社会管理。

三是以人民满意度为导向，彰显了热线服务特色。“阳光热线”着力解决人民群众的急难愁盼问题，以人民满意度为导向促进政府机关作风转变，服务特色鲜明，主要成效体现在四个方面。

极大地方便了群众咨询、投诉和反映问题。“阳光热线”的建设运行，进一步畅通了群众诉求渠道，成为政府部门与广大群众有效沟通联系的纽带。老百姓只要记住“12345”一个号码，就可以通过多种途径，提出有关政务及公共服务的诉求，方便了来电群众，减少了过去“热线虽多、难找对路”的麻烦。

进一步拉近了市委、市政府与市民群众的距离。热线资源整合、建立统一受理平台之后，不仅服务方式有了较大的改进和提高，而且在原来市长热线期间，深受群众欢迎的每月一次“市长接听日”活动、每月一次市级有关部门“局长（主任）接听日”活动照常开展。各级领导亲自领办、督办热线重点投诉事项，各部门各单位闻风而动，想方设法为群众办实事、解难事，让老百姓时刻感受到政府就在自己身边。

有力推动了政府职能和机关作风转变。老百姓通过“阳光热线”反映的问题，不少是急事、难事，但大多数属于“小事”、琐碎事。这些看似很简单的“小事”，对来电群众来说就是实实在在的“大事”。“阳光热线”通过细化、量化办理规则，促使市各有关部门调整机构设置、改进工作方式及方法，按照规定时限和要求办理好热线交办事项。同时，通过创设回访督办、跟踪督察、观察评审、效能约谈、社会公示、追究问责等制度机制，层层传导压力，较好解决了联系服务群众“最后一公里”的问题。

有效促进了经济发展和社会和谐稳定。“阳光热线”来电内容反映的大都是群众生产生活中碰到的实际问题，有的尖锐复杂，有的纯粹是发牢骚、泄怨气。“阳光热线”平台充分发挥民情民声传感器、社会矛盾减压阀的独特优势，积极回应群众诉求，协调解决群众之忧，有利于把矛盾和问题化解在萌芽状态，从而助推全市经济发展和社会和谐稳定。

三、加强机关效能建设的湖州经验

转变政府职能和工作作风是民主政治建设的关键环节。实现国家治理现代化必须深入推进政府职能转变、切实改进工作作风。政府治理现代化是国家治理现代化的重要组成部分。实现有效的政府治理，“必须切实转变政府职能，深化行政体制改革，创新行政管理方式，增强政府公信力和执行力，建设法治政府和服务型政府”①。国家治理现代化首先要求党的执政能力、水平和政府行政能力的现代化，体现为更好地处理好政府与市场、国家与社会、党的领导与民主法治的关系，落实到具体实践中，就是要保障和改善民生、加强社会建设、促进人民幸福。所有这些改革发展的要求都涉及一个关键问题，就是转变政府职能定位，即由管理型政府转变为服务型政府。

践行党的群众路线必须深入推进政府职能转变、切实改进工作作风。群众路线是党和政府工作的生命线，其实质在于进一步转变政府职能，从管理向服务延伸，根本目的在于服务群众，为群众生产生活提供全面细致的服务，为群众共创共享美好生活创造条件。主要涉及两个关键问题，一是提供哪些服务，二是如何提供服务。前者关系到明确政府职能领域问题，后者关系到规范权力运行、职能部门作风效能建设等相关问题。政府职能转向宏观调控、市场监管、公共服务、社会治理、民生建设和环境保护等领域，决定了人民赋予政府的各项权力运行使用的重点方向，以及以怎样的工作状态和工作方式确保服务的质量和效率。

人民当家作主、让广大人民群众真正成为现代文明的创造者和享有者，必须不断深化政府职能转变，切实改变工作作风，提升机关效能建设，深化行政部门“最多跑一次”“一次也不跑”改革，高质量地推进为民办实事长效机制建设，打造新时代服务型政府，维护好、实现好、发展好人民群众根本利益。

---

① 党的十八届三中全会审议通过的《中共中央关于全面深化改革若干重大问题的决定》中明确指出“科学的宏观调控，有效的政府治理，是发挥社会主义市场经济体制优势的内在要求。必须切实转变政府职能，深化行政体制改革，创新行政管理方式，增强政府公信力和执行力，建设法治政府和服务型政府。要健全宏观调控体系，全面正确履行政府职能，优化政府组织结构，提高科学管理水平”。

第三节　构建和谐社会，全力推进法治湖州建设

为了推进“法治浙江”建设，2005 年 8 月 15 日，习近平同志赴安吉专门围绕人与人的和谐这一主题调研“法治浙江”建设。[①] 习近平在浙江工作期间，曾于 2003 年、2005 年两次到访安吉调研，“从安吉的名字，我想到了人与自然的和谐、人与人的和谐、人与经济发展的和谐”。“习近平同志第二次来安吉，讲话一开头就引用了《诗经》中的一句话：安且吉兮。他称赞安吉是个好名字，在安吉能感受到一种和谐的氛围。”[②]安吉意蕴“和谐”，呈现为人与自然的和谐、人与人的和谐、人与经济发展的和谐。人与自然的和谐就是生态立县，走绿水青山就是金山银山之路；人与人的和谐就是运用法治思维，建设“法治湖州”，突出的是法治方式和路径；人与经济发展的和谐就是以人为本、实现以人民为中心的发展。2006 年 4 月，浙江省委第十一届十次全会围绕发展社会主义政治文明，进一步完善“四位一体”总体布局，作出了建设“法治浙江”的决策部署。

一、法治问题是一个战略性工程

依法治国、建设法治中国就是要达到人与人的和谐。从中国特色社会主义民主政治发展的内在逻辑看，依法治国是党领导人民治理国家的基本方式、基本方略，党的领导、人民当家作主、依法治国三者的

---

① 该次专题调研主要是了解司法方面的工作，从一个角度、一个方面切入，为 2006 年上半年省委十一届十次全会作出“法治浙江”建设的决策部署做准备。时任浙江省委书记的习近平同志先后到三个点调研，在安吉县法律援助中心，了解中心怎样帮助弱势群体打官司，怎样能让他们打得起官司，为他们提供一个公平打官司的平台。在递铺镇（现为递铺街道）司法所和天荒坪镇余村村了解基层民主法治建设情况。

② 《习近平叮嘱我们护好绿水青山》，《人民日报》2018 年 9 月 16 日。

有机统一，党的领导是保证，人民当家作主是本质特征。从“八八战略”“平安浙江”“文化大省”“法治浙江”“加强党的执政能力建设”的浙江实践看，“平安浙江”是和谐的前提，能造福一方和保一方平安；“加强党的执政能力建设”是保证；“文化大省”建设增强文化软实力，是和谐的精神基础；“法治浙江”是实现和谐的重要途径。因此，围绕和谐的浙江实践本身就是一个整体，充分彰显了我国民主政治发展道路及其内在逻辑，也充分体现了法治建设对于促进和谐的重要战略意义。

二、全力推进法治湖州建设的做法

近年来，浙江省大力推进法治浙江建设，探索了一条经济先发地区法治先行的道路，形成了法治建设的先行优势。“努力建设展示发展社会主义民主政治、走中国特色社会主义法治道路的重要窗口”成为浙江省委第十四届七次全会部署的“十个重要窗口”之一。湖州市委第八届九次全会提出要“努力成为社会主义民主法治建设的示范样本”。

湖州深入贯彻落实法治浙江建设精神，全力推进法治湖州建设，努力打造“重要窗口”法治城市示范样本，为湖州高质量赶超发展提供了强有力的法治保障。“十三五”时期，湖州的法治体系更加健全，成为全国法治政府建设示范市。2020 年，法治政府考核位列全省第一。湖州在浙江省域内率先建立依法行政第三方评估机制，与浙江省社会科学院合作开展县（区、市）政府和市级政府部门评估试点。中共湖州市委办公室、湖州市人民政府办公室印发全省首个设区市《关于全面加强和改进基层法治建设的意见》，乡镇（街道）合法性审查全覆盖。湖州出台全省首个《公共法律服务平台规范化建设实施方案》，并举办长三角公共法律服务创新论坛；召开司法行政系统暨律师行业党建工作推进会，出台《关于依法保障律师调查取证权实施细则》，加大律师队伍人才培养奖励扶持力度；制定《湖州市司法局内设机构细化工作职责》，县（区、市）委依法治市办秘书处全部单设；首次实现市局和各区县局干部政治轮训全覆盖。

2021年，湖州市以推进法治中国示范区先行区建设为目标，在推进权力运行法治化上争当“模范生”，重在优化政府职责体系，厘清政府与市场、政府与社会的关系；深化“最多跑一次”“最多跑一地”改革，加强事中事后监管，争创国家社会信用体系建设示范城市；加快推进《湖州市预防和化解矛盾纠纷条例》等重点领域立法，培育一批法治政府建设标志性项目和县乡最佳实践典型；深入推进重大行政决策规范化、标准化建设，加强决策评估监督，促进决策法治化；优化行政执法体制，深化“大综合、一体化”综合行政执法改革，打造严格、规范、公正、文明执法的示范样本；推动行政主要负责人出庭应诉全覆盖，强化各级单位依法行政意识。在推进营商环境法治化上争当“领头雁”，重在持续推进市场主体法律顾问服务网格化全覆盖，研发“菜单式”“应急式”法律服务项目，法治赋能助推企业发展；推进市级行政争议调解中心建设，健全政府法律顾问和公职律师作用发挥机制，完善涉企矛盾纠纷化解体系，不断提升群众法治满意度；以数字赋能为突破口，探索推进“法润两山直通车”智能公共法律服务平台建设，让群众享有掌上“一站式”法律服务；加强公共法律服务均衡化标准化建设，整合法律服务资源，探索建立与湖州城市大脑相协同的数字化、智能化公共法律服务模式；构建公共法律服务评价指标体系。

三、全力推进法治湖州建设的经验

运用战略性工程和系统思维推进法治建设。民主政治建设是一个有机整体，为民办实事长效机制建设、机关效能建设、法治建设、基层民主建设、依法信访处访等民主政治实践在本质上是一致的，是一个相互促进、协同推进、共同提升的完善发展过程。法治建设是推动民主政治规范化、制度化、体系化建设的重点领域和重要举措，能够为民办实事长效机制、提升机关效能、促进基层民主、依法信访、处访等民主政治建设提供强有力的法治保障。

法治政府建设是法治湖州建设的切入点和关键点。湖州市率先推进法治政府建设，以法治政府建设带动和促进法治乡村、法治社会建设，全面提升了法治化水平，强有力地保障和支撑了机关效能建设、工作作风转变、基层民主建设、领导下访依法信访等工作，有效助推了为民办实事长效机制的探索创新，提升了联系和服务群众的能力水平，打造了人民满意的服务型政府。领导下访接待群众、服务群众制度则进一步促进政府职能转变、改进工作作风，促进机关效能建设的同时拓展了为民办实事的渠道，提升了为民办实事的质量，密切了党群干群关系。

第四节　促进基层自治，加强村级民主建设

村一级的民主建设是关系国家民主化进程的基层基础工作，国家民主化进程要从基层开始，从农村开始。

一、村一级的民主建设很重要

村一级的民主建设很重要，农村基层民主建设对于中国特色社会主义民主政治建设以及全面推进现代化进程具有重要意义，必须深入研究剖析农村基层推进民主化建设的关键因素条件和基层民主政治架构的内在逻辑，加快促进基层群众自治制度建设。村级民主政治建设对于乡村全面振兴、加快推进农业农村现代化进程意义深远。村一级的民主制度及其运行是基层党组织引领与自治、法治、德治的相互支撑、相互促进、有机统一。党建引领下“三治”相结合成为基层民主发展、推进新时代乡村治理体系创新的重要路径和方式方法。

习近平同志强调，“扩大基层民主，实行居民自治，是社会主义政治文明建设的重要内容，也是社区建设的基本原则”[①]。金华武义“村民监督委员会”的做法和经验值得推广应用。村民监督委员会超脱于“两委”，对村民代表大会负责，监督村委会。“村级民主政治建设的方向十分明确，就是积极推行‘民主选举、民主决策、民主管理、民主监督’”[②]，2005 年安吉的村“两委”换届，人数大大减少，“消肿”提高了效率，增强了文化素质，党员明显增多，真正做到了民主选举、民主决策、民主管理、民主监督。

二、加强基层民主建设的湖州做法

湖州市安吉县余村探索创新了以“八个村”[③]为标志的“余村经验”，成为村级民主法治建设的典范。余村作为“绿水青山就是金山银山”理念的诞生地，深入推进绿色发展与民主法治建设协同共进，先后获得安吉县首批民主法治村、湖州市首批民主法治村、浙江省民主法治村、全国民主法治示范村称号。近年来，余村全面践行“绿水青山就是金山银山”理念，将其融入美丽乡村建设经营各领域、各环节，特别是在乡村治理的改革创新探索上，推进自治、法治、德治“三治融合”，形成了以“八个村”为标志的现代乡村治理体系。这一现代乡村治理体系的形成与发展是以余村村级民主法治建设的坚实基础为前提的，改革开放后的前 20 余年，余村通过矿山经济从贫困村变身为安吉首富村。在集体经济壮大、村民富起来的同时，极大地促进了村级民主法治建设。1998 年太湖治理专项行动、2001 年安吉“生态立县”战略，

---

① 习近平：《干在实处　走在前列——推进浙江新发展的思考与实践》，中共中央党校出版社 2006 年版，第 381 页。

② 习近平：《干在实处　走在前列——推进浙江新发展的思考与实践》，中共中央党校出版社 2006 年版，第 382 页。

③ “八个村”即支部带村、发展强村、民主管村、依法治村、道德润村、生态美村、平安护村、清廉正村。

推动余村于 2003 年至 2005 年关停全部矿山、水泥厂，在“绿水青山就是金山银山”理念引领下走上了发展生态经济、促进可持续发展的道路。在这一转型发展的历程中，村级民主法治建设成为促进其转型发展的重要保障性力量。

“余村经验”是践行“绿水青山就是金山银山”理念、加强基层党组织建设、推进基层民主法治建设、德治引领乡风文明建设、促进经济发展方式绿色转型、维护乡村和谐稳定等多重要素融会贯通、协同作用与全面发展的体现，是党建＋“五位一体”总体布局在农村基层发展的生动呈现，是坚持党的领导、人民当家作主、依法治国有机统一的农村微观样本。湖州市推广应用“余村经验”促进基层民主法治建设的主要做法成效体现在以下方面。

一是坚持党建引领，全力实施“支部带村”。坚持把抓基层、打基础摆在乡村治理重要位置，深入实施“领头雁工程”，着力配齐配强村（社区）党组织书记，全市 1020 个建制村（社区）实现“第一书记”派驻全覆盖。实施新一轮“百村示范、千村晋位”专项行动，累计培育示范乡镇（街道）党（工）委 17 个、先锋示范村党组织 191 个。

二是坚持自治为基，全力实施“民主管村”。积极培育引导社会组织参与基层社会治理，打造了“家园卫士”“德清嫂”等一批有影响力的社会组织品牌。积极推广安吉县“五个所有”①、德清县“乡贤参事会”、长兴县“户主大会”等特色做法。目前，全市已培育乡贤参事会 359 个，覆盖 80％以上的村（社区），实现基层自治与政府治理、社会调节良性互动。

---

① 安吉县天子湖镇高禹村结合村情，以村级事务管理为抓手创新乡村治理模式，形成了“五个所有”的做法经验：一是“所有决策村民定”，村党委领导下村级事务村民定，提升村民自我调解、自主解决问题能力。二是“所有决定都签字”，一事一议，签字为证，信守承诺。三是“所有讨论可参与”，协商民主，众人的事众人商量。四是“所有干部不碰钱”。实行支票制或网银支付，不能代领代收，防止村干部出现廉政问题，用制度管干部。五是“所有财务都公开”，每周一集体审批，周五集中支付，并及时通过电视等平台向村民公开财务收支情况，真正让村民信任放心，此项“所有”现已上升为“所有村务都公开”。

三是坚持法治为本，全力实施“依法治村”。全面实施全国首个民主法治村创建市级地方标准《美丽乡村民主法治建设规范》，累计建成全国民主法治示范村（社区）12个、省级以上民主法治村（社区）156个、市级以上民主法治村（社区）1013个，打响“美丽乡村，无法不美”品牌。持续推进公共法律服务体系建设，全市73个乡镇（街道）、1020个建制村（社区）实现公共法律服务站点、“一村一法律顾问”制度、村级法律服务微信群等“三个全覆盖”，百姓不出户就能解决法律问题。

四是坚持标本兼治，全力实施“清廉正村”。大力推进“清廉乡村”建设，在全省率先制定出台《关于建设清廉乡村的实施办法》，全面落实“五议两公开”决策程序，全域推进“村务卡”结算制度，把权力关进制度的笼子里。制定出台《关于全面推行村级事务精细化管理　做细做实清廉乡村建设的实施方案》等文件，推动权力和服务事项清单化、流程化。

三、加强基层民主建设的湖州经验

马克思主义关于人民民主的思想强调人民群众是民主政治建设的社会基础，只有充分调动人民群众的积极性、主动性、创造性才能形成强大的内生动力。“国家机关必须由社会主人变为社会公仆，接受人民监督。我们要坚定不移走中国特色社会主义政治发展道路，在坚持党的领导、人民当家作主、依法治国有机统一中推进社会主义民主政治建设，不断加强人民当家作主的制度保障，加快推进国家治理体系和治理能力现代化，充分调动人民的积极性、主动性、创造性，更加切实、更有成效地实施人民民主。”[①]“积极发展全过程人民民主，健全全面、广泛、有机衔接的人民当家作主制度体系，构建多样、畅通、有序的民主渠道，丰富民主形式，从各层次各领域扩大人民有序政治参与，

---

① 习近平：《在纪念马克思诞辰200周年大会上的讲话》，人民出版社2018年版，第19页。

使各方面制度和国家治理更好体现人民意志、保障人民权益、激发人民创造”[①]。

人民群众是历史的创造者，是改革发展的价值主体，依靠人民群众的实践智慧和创新能力才能形成社会主义民主政治建设的动力机制。湖州实践的最重要经验就是发挥基层党建引领作用，充分调动基层群众积极参与，赢得广大群众广泛支持，激发人民群众实践创造力。湖州市依靠人民群众创造了乡村治理“余村经验”、镇域治理“织里经验”等，体现了人民当家作主参与经济社会事务的管理、共创美好生活的强大内在动力。在基层党组织引领带动下发挥基层群众参与改革创新的积极性、主动性、创造性是湖州推进基层民主建设不断取得成功的秘诀所在。2020 年 3 月 30 日习近平总书记“再访余村”，希望余村“要在推动乡村全面振兴上下更大功夫，推动乡村经济、乡村法治、乡村文化、乡村治理、乡村生态、乡村党建全面强起来”[②]。乡村振兴的基层经验是人民群众的创造，新时代推进乡村“六个全面强起来”仍然需要人民群众的创造，两者之间的逻辑关联及实践路径需要我们进一步地深入思考和研究。2022 年 8 月，湖州市围绕组织引领力、发展推动力、社会管控力、党群服务力、满意评价，争创创优六个维度，建立“强村富民指数”评价体系，依托“强村富民指数”，推动村社干部实干争先，持续提升履职能力。

---

① 《中共中央关于党的百年奋斗重大成就和历史经验的决议》，《人民日报》2021 年 11 月 17 日。

② 《习近平在浙江考察时强调统筹推进疫情防控和经济社会发展工作 奋力实现今年经济社会发展目标任务》，《人民日报》2020 年 4 月 2 日。

第五节 重视群众工作，健全完善信访制度

一、深化领导下访促进依法信访

浙江省自2003年起实施领导下访制度。这项制度“是面对面做好群众工作的有效方法……有利于进一步畅通与基层群众交流沟通的渠道，有利于面对面地检查督促基层信访工作，有利于发现倾向性问题，深化规律性认识”[①]。

领导下访对于做好群众工作具有多重实践效应：一是能够从源头上减少信访问题的产生。领导下访接待群众，能够帮助群众解惑释疑，减少了因不熟悉、不理解政策而引发的信访问题；能够广泛听取群众意见和建议，及时掌握民情民意，最大限度地集中民智，更好推进决策的民主化和科学化，从决策上把好社会矛盾的产生关。二是能够进一步密切党群干群关系。领导下访促使领导干部转变作风、提升工作效能，深入基层面对面开展群众工作，实打实解决信访问题，拉近了干部与群众的距离，畅达了干部与群众的交流，增进了干部对群众的感情，也使群众更加信任干部。三是能够有效维护群众切身利益。领导下访能够及时协调、会同有关部门解决群众反映的突出问题，更加全面准确地了解掌握基层贯彻落实上级工作部署的情况，及时给予指导帮助和督促纠正，改进工作中存在的不足，更好维护群众切身利益。

领导下访绝不是一时一事的短期行为，而是一项从源头上化解各类矛盾、促进社会和谐稳定的重要举措。深化领导下访必须建立健全领导下访长效工作机制，促进领导下访制度化、规范化。

---

① 习近平：《之江新语》，浙江人民出版社2007年版，第54页。

2005 年的浙江与全国一样，改革发展处于关键期、攻坚期。经济结构加速调整，社会结构加快转型，利益关系日趋复杂，一些深层次问题不断显现，依法信访、依法处访成为加强和改进信访工作的迫切需要。

二、健全完善信访制度的湖州做法

自 2005 年以来，湖州市深入学习贯彻国务院《信访条例》，以“解决问题”为立足点，围绕“提高初访的满意率、重复访的息访率和疑难访的办结率”，不断落实信访工作责任制，探索信访工作长效机制，认真抓好信访突出问题的解决，深化完善领导下访制度，努力提高信访工作的能力和水平，信访工作取得了明显成效，为全市经济社会发展作出了积极贡献。全市各级领导干部特别是党政主要负责同志认真履行第一责任，大力开展接访下访活动，身体力行、带头履职、示范带动，坚持阅批群众来信、接待群众来访、分析信访形势、包案解决问题、协调重大问题，推进重大信访矛盾化解，解决了一批群众反映强烈的热点难点问题和疑难信访问题，在预防和化解社会矛盾、维护群众合法权益、构建良好信访生态等方面取得了实实在在的效果。同时在改进各级领导干部工作作风、密切党群干群关系、增强党员干部宗旨意识等方面取得了显著的成效。2020 年，全市进京赴省来市到区县的四级走访总量批次、人次同比分别下降 23.7％、37.6％，区县领导干部接访占比达到 51.7％，“无信访村社”创建覆盖率达到 65.0％，积案化解率达到 91.6％。2019 年、2020 年连续两年实现“无信访积案区县”满堂红。

一是领导干部接访接听成“必修课”。全市各级各部门将领导干部下访接待工作作为各级领导干部提升群众工作能力的实践平台和“赶考”的必修课，实现市、区（县、市）、乡镇街道、村（社区）四级领导干部全到位。每年以市、区（县、市）“两办”名义制定下发《全市领导干部大接访活动实施方案》，落实领导干部阅批群众来信和网上信访、接听群众来电、定期接待群众来访、包案督导等工作。每季度至少安排一次市领导接访，每月固定日安排区（县、市）领导干部下访接待群众，每日安排区（县、市）领导干部到“信访超市”值守。乡镇街道负责人每日坐班分中心，每周至少一次走村进社区开展下访活动。村（社区）书记、主任一肩挑、坐大堂，每日在服务窗口接待群众。领导干部到指定场所下访接待群众提前在媒体上“五公开”，即“公开接访时间、地点、领导姓名、职务、分管工作及联系部门、乡镇（街道）”，接受各方监督。区（县、市），以及市级事权部门“一把手”接听已形成常态。南浔区建立“四长”（区长、镇长、局长、村主任）联动接访机制，切实增强领导接访的实效性。德清县建立“周一领导会商日”“周四领导接访日”，县委、县政府领导到县信访局坐堂会商信访问题或接待信访群众。突出重点时期、重点对象和重点问题的接访（接听）力度和密度，着力将问题化解在当地。长兴县早在 2011 年就专门出台了《关于进一步强化县四套班子成员信访工作领导责任的意见》，在全省率先实行四套班子成员轮流信访值周，负责一周信访问题处理落实及处置越级集体上访。

二是领导干部大走访强“基本功”。全市各级领导干部每年赴联系区（县、市）或企业接访约访、走访慰问。根据领导分工，选择具有典型性、代表性的信访事项或某一方面信访问题进行调研，并对去省进京上访、重复集体上访、信访积案等重大疑难复杂信访问题进行专案督导，协调化解。2012 年，结合“‘进村入企’大走访、全面深化‘三个年’活动”，开展党政领导干部大接访活动，有效化解了一批积案，解决了一批群众反映强烈的热点难点问题，有力改进了工作作风，密切了党群干群关系。2019 年，结合“服务基层、服务群众、服务企业”三服务活动，深入开展全市领导干部大走访活动。各级领导干部利用春节等传统节日，深入基层走访重点信访人，寻找契机助推信访事项有效解决。基层领导干部更是把走访下访和社会风险隐患排查、纠纷化解工作规范结合，对有苗头性、倾向性的问题，要求联户干部、网格员、党员和承包组长按照“源头排查，一线处置”的原则，实现大事化小、小事化了。

三是领导干部主动包案督导显“真本事”。制定领导干部包案督导制度，每年市领导率先垂范，狠抓信访突出问题的处理和化解工作。每年开展积案攻坚战，重点案件实行领导包案。各级信访部门大力开展社情民意“直通车”工作，从群众反映的热点难点问题中定期梳理推送信访件和工作建议，提交各级领导牵头督导检查。如 2018 年长兴县电梯问题突出，群众陆续通过信访渠道反映。在收到县信访局的工作专报后，长兴县委、县政府高度重视，县委书记第一时间批示，并全程督促指导。全县迅速成立专班调研工作小组，研究制定解决方案。长兴县电梯问题得到系统性破解，有效消除了电梯安全隐患，有力保障了人民群众正常生产、生活。该成果入选第三方评估机构主办的全国 12345 优秀案例，并受邀在 2019 年 9 月第三届全国 12345 政府服务热线高质量发展研讨会上作了题为“用心听民声以情察民意实招破难题”的案例交流发言，获得 2019 年全国唯一县域 12345 政府服务热线案例“治理实践奖”。

四是联席会议领导坐堂做“压轴题”。2004 年，湖州市建立了处理信访突出问题及群体性事件联席会议制度（后更名为“信访联席会议制度”），并在工作中不断完善。2006 年，出台《关于组织律师参与市领导接待群众来访及信访工作的通知》，组织律师参与市领导接待群众工作。2017 年，湖州将 12345 政府阳光热线工作纳入联席会议；2018 年，进一步健全了湖州市信访工作联席会议例会制度，明确工作任务、程序和要求，及时妥善解决重大、复杂、疑难信访事项。各区（县）也响应建立并常态化运行信访工作联席会议制度。“信访超市”建成以后，德清县每周由县信访联席会议召集人，县委副书记、县政法委书记牵头，定期召集相关单位分析研判信访形势和疑难信访问题的化解稳控工作。2020 年以来，共召开信访联席会议 37 次、研究商量疑难复杂信访问题 115 件。南浔区制定出台《南浔区信访工作联席会议工作规则》，明确由区信访工作联席会议召集区法制办、相关职能部门及属地政府参与会商研究，督促事权单位及时做好信访问题化解。

三、健全完善信访制度的湖州经验

“党的十八大以来，习近平总书记就加强和改进人民信访工作作出系列重要指示和重要论述，系统回答了信访工作是什么、信访形势怎么看、信访工作怎么干等重大理论和实践问题，充分体现了马克思主义人民观、辩证唯物主义方法论，为做好新时代信访工作提供了根本遵循。”①

加强党对信访工作的全面领导，深刻认识做好信访工作的重大意义。信访的本质在于人民群众相信党和政府能够立党为公、执政为民，遇到矛盾和问题能够真正为民作主。“信访工作是党的群众工作的重要组成部分，是了解社情民意的重要窗口。……信访工作的首义，在于时刻把自己看成人民中的一员，把心贴近人民。习近平总书记强调：‘信访是送上门来的群众工作，要通过信访渠道摸清群众愿望和诉求，找到工作差距和不足，举一反三，加以改进，更好为群众服务。’必须深刻认识到，信访工作是党和政府了解民情、集中民智、维护民利、凝聚民心的一项重要工作，是各级机关、单位及其领导干部、工作人员接受群众监督、改进工作作风的重要途径。”②解决信访问题的过程，就是增强党的宗旨认识、践行党的群众路线、做好群众工作的过程。

推动领导下访与新时代“枫桥经验”相结合，形成“把工作做在基层”的合力。习近平同志强调，“变群众上访为领导下访，不是信访工作的唯一形式，也不是越俎代庖，取代基层工作，而是一种思想观念的

① 《新时代信访工作的基本遵循》，《人民日报》2022 年 4 月 8 日。

② 《新时代信访工作的基本遵循》，《人民日报》2022 年 4 月 8 日。

转变，一种工作思路的创新，一种行之有效的机制，一种发扬民主、体察民情、联系群众的重要渠道”[①]。领导下访、面对面做好群众工作是信访工作形式的改革创新，拉近了党政部门、领导干部与人民群众的距离，深刻体现了心中有民、心中为民的执政情怀，生动诠释了把工作做在老百姓家门口的服务意识。减少信访重要的是加强源头治理。这就需要坚持和发展好新时代“枫桥经验”，发挥好基层基础作用，努力把矛盾和问题“化解在早、化解在小、化解在基层”。领导下访和新时代“枫桥经验”共同体现了“把工作做在基层”的思路和方法，切实维护好人民群众的合法权益和根本利益，就能赢得人心，不断夯实党执政的群众基础。

提升信访工作规范化法治化制度化水平，促进信访工作成效多维转化。2022年发布施行的《信访工作条例》适应我国社会主要矛盾转化的新情况新问题新变化，“是新时代信访工作的基本遵循”，“是坚持和加强党对信访工作领导的重要制度安排”，“是坚持人民至上、保持党和政府同人民群众血肉联系的重要举措”，“为加强和改进新时代信访工作提供有力制度保障”。[②] 新时代做好信访工作，必须牢记为民解难、为党分忧的政治责任，以推动信访工作高质量发展为契机和动力，加快改进工作作风，更好联系群众、服务群众，打造服务型政府；认真落实信访工作责任，扎实推进各级党委政府机关效能建设；坚持人民至上，切实依法及时就地解决群众合理诉求，为群众排忧解难，维护群众合法权益，提高领导干部做好群众工作的能力和水平；坚持底线思维、法治思维，提升依法按政策解决问题的能力和素质，依法维护群众利益，规范信访秩序，营造办事依法、遇事找法、解决问题用法、化解矛盾靠法的良好环境。

---

① 习近平：《之江新语》，浙江人民出版社2007年版，第54页。

② 《为加强和改进新时代信访工作提供有力制度保障》，新华网，http://m.news.cn/2022-04/08/c_1128544017.htm，2022年4月8日。

第三章　持续深入推进湖州走好生态文明新路

湖州是“绿水青山就是金山银山”理念的诞生地。2003 年 4 月 9 日，习近平第一次到安吉调研时，就嘱咐当地干部：“生态建设是一项长期的任务，不可能一蹴而就。我们要一任接着一任干，一年接着一年抓，决不能松懈，更不能反复。”[①]2005 年 8 月 15 日，习近平同志到湖州市安吉县余村调研，对安吉生态立县的做法、对余村的做法都给予充分肯定，首次提出了“绿水青山就是金山银山”理念。[②] 9 天后，习近平同志用笔名“哲欣”在《浙江日报》发表《绿水青山也是金山银山》，深刻阐述了既要金山银山，也要绿水青山。[③] 2006 年 3 月 23 日，习近平同志在《浙江日报》发表《从“两座山”看生态环境》，阐述对金山银山和绿水青山“两座山”之间关系认识的三个阶段。[④] 2006 年 9 月 15 日，习近平同志在《浙江日报》发表《破解经济发展和环境保护的“两难”悖论》，阐明经济发展和环境保护是传统发展模式中的一对“两难”矛盾，是相互依存、对立统一的关系。[⑤] 至此，“绿水青山就是金山银山”理念在浙江得到丰富与发展。2017 年，“绿水青山就是金山银山”

---

① 《习近平总书记在浙江的探索与实践・绿色篇：绿水青山就是金山银山》，《浙江日报》，2017 年 10 月 8 日。

② 中央党校采访实录编辑室：《习近平在浙江》（下），中共中央党校出版社 2021 年版，第 213 页。

③ 《绿水青山也是金山银山》，《浙江日报》2005 年 8 月 24 日。

④ 《从“两座山”看生态环境》，《浙江日报》2006 年 3 月 23 日。

⑤ 《破解经济发展和环境保护的“两难”悖论》，《浙江日报》2006 年 9 月15 日。

理念被写入党的十九大报告，同时大会同意把增强“绿水青山就是金山银山”的意识写入党章。“绿水青山就是金山银山”理念从湖州出发走向全国，展现出持久的理论生命力和强大的实践引领力，上升为全党意志和国家战略。

湖州在“绿水青山就是金山银山”理念的指引下，坚持生态优先，统筹山水林田湖草系统治理，联动打好治水、治气、治矿、治土、治废组合拳，坚定不移举生态旗、打生态牌、走生态路，奋力当好践行“绿水青山就是金山银山”理念的样板地、模范生，不懈探索高质量赶超发展之路。以“在湖州看见美丽中国”实干争先主题实践为载体，力争到2035年，实现生态环境质量、经济发展质量、人民生活水平达到发达国家水平，高质量建成生态文明典范城市。以“湖州生态＋”思维首创协同治理、源头治理、系统治理的环境治理新思路，探索实践“绿水青山就是金山银山”理念的有效转化路径；以“湖州生态＋”理念发展生态产业集群新经济，形成了竹、茶、旅游等生态产业群，由治带转推动产业生态化凤凰涅槃；以“湖州生态＋”原则构建制度制胜生态文明建设新机制，实现了“五水共治”七夺“大禹鼎”和美丽浙江考核“九连优”，湖州市相继成为全国首个地市级生态文明先行示范区、首个国家级生态区县全覆盖的国家生态市、首批国家生态文明建设示范市和全国“绿水青山就是金山银山”实践创新基地，被国务院同意批复为以"绿色创新引领生态资源富集型地区可持续发展为主题建设国家可持续发展议程创新示范区，被联合国《生物多样性公约》第十五次缔约方大会(COP15)认定为全球唯一的生态文明国际合作示范区等。

第一节　护美绿水青山，持续改善生态环境质量

2003年4月9日，习近平同志在安吉调研，认为安吉的生态经济

建设情况，对生态浙江下一步的建设是一个很重要的参考。[①] 2005 年 8 月 15 日，习近平在安吉考察时强调，生态资源是最宝贵的资源，不要以牺牲环境为代价来推动经济增长，这样的经济增长不是发展。[②] 2006 年 8 月 2 日，习近平同志在调研南太湖开发时强调，治理南太湖，加强水资源保护。这是建设环境友好型社会、资源节约型社会，加强科学发展的重要任务，也是树立正确政绩观的重要体现。[③] 2013 年 9 月 7 日，习近平总书记在哈萨克斯坦纳扎尔巴耶夫大学演讲及答问时强调"宁要绿水青山，不要金山银山"，进一步丰富发展了"绿水青山就是金山银山"理念的内容和内涵，强有力地表达了保护生态环境的决心。[④] 2015 年 2 月 11 日，习近平总书记在接见参加全国军民新春茶话会的与会代表时，叮嘱湖州要继续"照着'绿水青山就是金山银山'这条路子走下去"。2016 年 7 月 29 日，习近平总书记在全国双拥模范城表彰大会接见与会代表时，叮嘱湖州"一定要把南太湖建设好"[⑤]。2016 年联合国环境规划署发布《绿水青山就是金山银山：中国生态文明战略与行动》报告，折射出国际社会对中国生态文明实践的认可，也印证了绿色发展理念正在成为全球共识。[⑥] 2019 年 6 月 5 日，习近平总书记为世界环境日全球主场活动致贺信，强调中国高度重视生态环境保护，秉持绿水青山就是金山银山的重要理念，倡导人与自然和谐共生，把生态文明建设纳入国家发展总体布局，努力建设美丽中国，取得显著进步。[⑦] 2019 年 6 月 7 日，习近平总书记在第 23 届圣彼得堡国

---

① 中央党校采访实录编辑室：《习近平在浙江》（下），中共中央党校出版社 2021 年版，第 219 页。

② 《湖州坚持以绿水青山就是金山银山理念引领高质量发展》，《人民日报》2020 年 8 月 15 日。

③ 《绿水青山就是金山银山——习近平总书记在浙江的探索与实践·绿色篇》，《浙江日报》2017 年 10 月 8 日。

④ 中共中央文献研究室编：《习近平关于社会主义生态文明建设论述摘编》，中央文献出版社 2017 年版，第 20—21 页。

⑤ 浙江省湖州市委理论学习中心组：《在这里，看见美丽中国》，《光明日报》2020 年 8 月 15 日。

⑥ 《联合国环境规划署发布〈绿水青山就是金山银山〉报告——中国生态文明理念走向世界》，《人民日报》2016 年 5 月 28 日。

⑦ 《习近平向 2019 年世界环境日全球主场活动致贺信》，《人民日报》2019 年 6 月 6 日。

际经济论坛全会上做《坚持可持续发展 共创繁荣美好世界》的致辞，强调要坚持绿色发展，致力构建人与自然和谐共处的美丽家园。[①] 2020 年 3 月，习近平总书记再次考察余村，指出了“再接再厉、顺势而为、乘胜前进”，“路子选对了就要坚持走下去”的新期望新要求。[②]

生态是湖州最大的特色，绿色是湖州最亮的底色。“当生产与生活发生矛盾时，优先服从于生活；当项目与环境发生矛盾时，优先服从于环境；当开发与保护发生矛盾时，优先服从于保护。”[③]湖州的这一做事哲学来自对“绿水青山就是金山银山”的深刻理解。从市、区（县）到乡镇、村，各级干部的认识不断提升，老百姓从一个个收到实效的政府决策中逐渐凝聚起生态优先、绿色发展的共识。多年来，湖州在“绿水青山就是金山银山”理念的指引下，始终把改善生态环境放在首位，持续打出水环境治理、大气环境治理、矿山治理与生态修复、固废垃圾治理等一系列生态环境治理的组合拳，“在湖州看见美丽中国”成为现实。

一、全面治水，让水更清

由于早期的“粗放奔跑”模式，湖州的青山变成矿山，工业废水流入太湖，太湖蓝藻暴发。湖州彼时对于南太湖是否要关停工厂搞旅游业，举棋不定。2006 年 8 月 2 日，习近平同志调研南太湖保护开发时指出，既要保护好生态，又要追求经济发展，实现保护与开发的双赢。[④]湖州坚持系统治理、综合施策，先后投资 400 多亿元推进水环境治理，大力推进治污水、防洪水、排涝水、保供水、抓节水“五水共治”，实行

① 《习近平出席第二十三届圣彼得堡国际经济论坛全会并致辞》，《人民日报》2019 年 6 月 8 日。

② 《时隔 15 年，习近平再到安吉县余村考察》，《人民日报》2020 年 3 月 31 日。

③ 《走向我们的小康生活：江南生态美 绿意最动人》，《人民日报》2020 年 8 月15 日。

④ 《“向绿而生”蓬勃发展——浙江湖州市治理建设南太湖调查》，《经济日报》2021 年 11 月 1 日。

7373 条、9380 公里河道四级“河长”全覆盖；完成 245 公里垃圾河、259 公里黑臭河治理任务；在浙江全省率先消除市控断面Ⅴ类水质，全面完成 1752 个挂号小微水体的整治销号，湖州全域消灭了劣Ⅴ类水体；完成河道综合整治 300 公里，累计清淤 1200 万立方米，创建生态河道 748 条。湖州市控以上Ⅱ—Ⅲ类水质断面比例达 100%。2014—2020 年，湖州市连续七年获得浙江省“五水共治”优秀市“大禹鼎”金鼎，以治污为重点，以水岸同治和工程项目建设为载体，扎实推进了各项治水工作，切实提升了水质。[①] 湖州在不断探索实践治水的基础上，也进行了自下而上的河长制制度创新。长兴首创的“五水共治”，为后来中共中央办公厅、国务院办公厅《关于全面推行河长制的意见》和《浙江省河长制规定》的立法，提供了地方经验。

（一）全面实施清淤治污攻坚行动

湖州快速推进清淤泥治污泥工作。按照“全面启动、村村覆盖、无害处置、创新模式”的原则，启动实施河湖全域清淤，完成太嘉河工程、环湖河道整治工程清淤，启动 445 个建制村的河道清淤，完成河湖清淤 900 公里 1800 万立方米以上。实施重点航道综合整治工程，京杭运河（湖州段）三级航道整治工程开工建设，有序推进思练线支线、埭菱线东林段、千善线、双善线等航道的养护工程，完成航道疏浚 30 公里 54 万立方米。全面落实内河运输船舶生活垃圾、船舶污水上岸工作。开展城市排水管网清淤，完成管道清淤 1000 公里。推进水土流失治理，造林更新 9300 亩、平原绿化 1.38 万亩，林业生态修复 1 万亩，平原林木覆盖率达到 29%，恢复湿地植被 2 万亩，治理湿地面积 10 万亩。培育推广污（淤）泥规范化处置试点，建成淤泥循环利用堆场 4 个、机械化循环利用企业 1 家、淤泥固化技术应用试点 1 个和污（淤）泥资源化利用示范企业 1 家，建设完成污泥

---

① 《湖州首捧“五水共治”大禹鼎金鼎》，《浙江日报》2021 年 6 月 4 日。

规范化处置项目3个。

湖州持续推进“清三河”巩固深化。切实抓好“清三河”达标县区创建及复评工作，加快推动吴兴区、南浔区争创省级“清三河”达标区，新增省级“清三河”达标县（区）1家；切实巩固创建成果，确保三县通过“清三河”达标县复评。完善“清三河”长效管理机制，推广“4＋N”河道保洁体系（以市场化保洁、专业队伍保洁、城乡一体化和纳入美丽乡村保洁4种保洁模式为主导，“以养代管”等富有区域特色的保洁模式为补充的长效保洁体系），实现河道保洁责任、保洁方式、资金保障和日常监管全覆盖。

湖州全面实施清淤治污工作的关键在于制度设计。制定了“河长制”10条工作措施，进一步细化工作职责、固化工作制度，明确各级“河长”及牵头部门工作责任和具体要求。提升“河长”履职能力，建立常态化的基层“河长”业务培训机制，健全基层治水网络建设和动态化的信息公开机制。强化“河长制”工作的督查考核和问责追责，探索创新“河长”述职、问政“河长”等责任落实机制，切实推动各级“河长”治、管、护职责的落实。建立健全跨区域治水联动协作、协调机制，形成上下游、左右岸协同共治的格局。

（二）加快推进污水处理提升行动

湖州目前已全面完成农村生活污水治理。深入实施农村生活污水治理“三年行动计划”，明确湖州各县（区）主体责任，落实治理点位和受益农户，严控标准，强化监管，抓实验收，新开展治理184个村，新增受益农户49438户，实现农村生活污水治理规划保留自然村全覆盖，农户受益率达到75%以上。抓好已投用农村生活污水治理设施的长效管护，建立县、镇、村、农户、第三方机构职责明确的“五位一体”的农村生活污水治理设施运维管理体系。

湖州加快提升城镇污水处理设施“三率”。以提高污水处理率、运行负荷率、达标排放率等“三率”为目标，扩建污水处理厂5座，新增污水处理能力 2 万吨/日；同步推进配套污水管网建设，新增污水管网 185 公里以上，县以上城市污水处理率和污水处理厂运行负荷率较 2015 年有明显提高，城市污水处理率提高 3 个百分点。全面推行污水处理厂第三方运行，切实加强污水处理厂运行考核管理。污水处理厂污泥无害化处置实现全覆盖。全面完成污染物减排年度任务。

湖州全面发动全民参与治水。百姓自发担任的“民间河长”也成了治水的中坚力量，全市农村“家庭护水公约”实现全覆盖，护水成为老百姓的自觉行为。抓住“世界水日”“世界湿地日”“浙江生态日”“湖州生态文明日(8 月 15 日)”等时间节点，联合相关职能部门开展系列宣传纪念活动。调动妇联、团委等群团组织设立治水特色项目，设计一批全民参与载体；深入挖掘先进典型人物事迹，开展“巾帼护水队”“十佳‘河长’”评选等活动，发挥典型示范带动作用；坚持以文治水，与传统民俗节庆相结合，通过水文景观、水文艺精品、护水公约等激发群众护水内生力，壮大民间护水力量。在安吉县有一支西苕溪护水队，队员都曾是矿产企业的职工，主要负责当地运砂船的收费工作。采砂作业全面停止后，他们自发组织起了这支民间志愿队伍，主要查找西苕溪沿岸企业偷排等污染行为。德清县钟管镇启动“民间河长”竞聘，规范“民间河长”职责，新增了一股有能力、带头示范的社会力量加入治水队伍，主要负责河道的日常巡查监督、水质污染源调查、宣传教育引导等，与责任“河长”共同治水。目前湖州市共有各类“民间河长”、河道志愿者 2.52 万名。

(三)深入开展工业治污提质行动

湖州不断深化重污染、高耗能行业整治。巩固提升铅蓄电池、电镀、制革、印染、造纸、化工六大重污染行业整治成果，建立长效监管机制。编制十大重点行业清洁化改造方案，推动造纸行业实施低污染制浆技术、印染行业实施低排水染整工艺改造，制革行业实施铬减量化和封闭循环利用技术改造，创建 2 家以上领跑示范企业。加大被列入国家、省淘汰目录的落后产能淘汰力度，通过资源要素差别化管理和行政执法举措，坚决关闭规模小、能耗高、污染重、治理无望的企业和生产线，完成危重企业消减工程1个，整治提升企业43家，腾出10万吨以上标准煤的用能空间。

深入推进"低小散"行业区域性污染整治。推动长兴县喷水织机、德清县小化工、吴兴区小砂洗小印花、南浔区小木业等"低小散"行业整治，坚持"改造提升一批、整合入园一批、合力转移一批、关停淘汰一批"，综合运用市场、经济、法律、行政等多种手段，倒逼、激励、服务措施相融合，不断提升块状行业发展水平。淘汰提升"低小散"企业1000家以上，吴兴区印花砂洗专业园区投入使用。

加强工业园区污染集中治理。强化工业集聚区污水集中处理设施建设及改造，完成安吉梅溪、长兴李家巷等污水处理设施建设，全市工业集聚区污水集中处理设施建成率达到100%。加快对企业废水处理设施的提升改造，对纳管企业总氮、盐分、重金属和其他有毒有害污染物进行全过程管控，继续推行造纸、印染、制革等重点行业的废水输送明管化，杜绝废水输送过程造成新污染。

（四）大力实施农业治污规范行动

严格控制农业用水。按照农艺、设施、品种、管理多点节水的工作思路，湖州大力推广节水灌溉技术，实施"双百万"节水灌溉，全市新增改善灌溉面积4万亩，建成高效节水灌溉面积1.45万亩。大力推广节水型饲养技术，减少养殖废水产生总量。提倡畜禽集中供水与综合利用；推进封闭控温式的水禽平地旱养或半封闭式网片离地旱养等水禽旱养技术，对存栏1500羽以上的548家规模水禽场进行治理，建设标准化水禽场10个。

集中力量推动"水岸同治"。污染在水里，根源在岸上。湖州市把重点放在转变农业生产方式、转变工业发展方式、转变城乡居民生活方式上，集中力量推动"水岸同治"。作为浙江最大的淡水养殖县，德清在全国率先探索养殖尾水全域治理模式，通过尾水治理，水产品品质大大提升，养殖户收益大幅提高。

减少化肥农药使用。推广统防统治、绿色防控和商品有机肥的使用，普及测土配方施肥和推广水肥一体化技术，着力实现农药、化肥减量增效。加快构建农企合作推广配方肥机制。推广测土配方施肥面积 308 万亩，推广商品有机肥 6.34 万吨，推广应用配方肥 2.48 万吨，化肥减量 2220 吨。实施农药减量控害工程，加强病虫害监测预警。推广病虫害统防统治 57.4 万亩，推广农药减量技术应用面积 135 万亩，农药减量 145 吨。

全面推进"四基本"工作。按照资源化、无害化、减量化的工作思路，基本实现畜禽粪便及病死动物、秸秆、废弃农膜等资源化利用和无害化处理。开展 50 头以下猪场排泄物治理工作。南浔区、德清县率先建立线上智能化监控网络，新建成畜禽粪便收集处理中心 4 个。注重农牧结合、种养配套。新建成生态循环农业示范区 5 个、示范主体 50 个，新增生态消纳地 10 万亩，沼液消纳利用量 108 万吨。继续加大温室龟鳖养殖整治力度，拆除温室龟鳖养殖大棚 148 万平方米。其中，吴兴区、德清县实现温室龟鳖养殖"清零"，南浔区拆除面积 70 万平方米以上。全面推行农业投入品废弃包装物回收和处置工作。

创新科技治水手段。探索推广石淙河长工作站、安吉河道视频等管护模式，加大视频监控、GPS 定位等信息化技术在长效管理中的运用，实现人技双网监管。开发运用"河长工作站"手机 App，建立市、县两级"河长"信息化管理平台并投入使用，提升日常管理实效。推进"河长制"管理信息化平台建设，已经初步建成集水质查询、污染源分布、巡查日志、信访举报处理、应急指挥、统计报表等功能于一体的数据库。

形成一批可推广的体制机制成果。湖州市合力打造"河长制"升级版，创新建立了河湖水域保护、长效保洁、综合执法等一批具有湖州特色的河湖管护体制机制，打造了一大批"水清、流畅、岸绿、景美"的生态示范河道，被水利部列入全国首批河湖管护体制机制创新市。

二、综合治气，让天更蓝

湖州市在全省率先开展治霾“318”攻坚行动[①]，聚焦治扬尘、治废烟、治排气排放物三大方面18项重点任务。2019年湖州市PM2.5改善幅度全省第一，首次达到国家二级标准。天然气锅炉低氮改造等多项治气工作全省领先，水泥、玻璃、地板等重点行业治理稳步推进，湖州全域“复蓝”，攻坚治气让天更蓝。

2013年1月，湖州市编制了《湖州大气复合污染防治实施方案》和《湖州市2013年大气复合污染防治行动计划》等专项规划，明确目标任务，细化责任分工，强化保障措施，重点开展了建筑、道路扬尘治理，矿山粉尘治理，重点行业大气粉尘治理，有机废气治理等一批重点工程。2014年起，湖州市出台《湖州市大气污染防治（治霾“318”）攻坚行动实施方案》，实施大气污染防治三年0行动计划，开展治霾“318”攻坚行动，重拳出击“治扬尘、治废烟、治排气排放物”。在废烟治理方面：持续推进工业挥发性有机物治理，高污染燃料小锅炉淘汰，热电、水泥、平板玻璃等重点行业企业清洁化排放改造，黄标车淘汰，船舶污染治理和运输拖拉机整治等18项重点任务。2018年，淘汰黄标车28014辆，淘汰燃煤小锅炉6641台，全市实现“清零”；实现秸秆禁烧，农作物秸秆综合利用率达96.33%；所有水泥熟料生产线脱硝、除尘改造实现全覆盖；施工工地“7个100%”全面落实；餐饮企业油烟净化装置安装率达100%。

湖州2018年开展打赢“蓝天保卫战”三年行动计划，先后出台《湖州市打赢蓝天保卫战三年行动计划（2018—2020）》《湖州市大气环境质量限期达标规划》《湖州市大气污染防治规定》等文件，将治气任务

① 治扬尘、治废烟、治排气排放物三大攻坚战，18项具体攻坚任务。

纳入污染防治攻坚重点任务清单高标准推进。全面推进能源、产业、运输和用地四大结构调整优化，积极开展 PM2.5 和臭氧“双控双减”，2020 年底两项指标改善幅度均居浙江省第一，“蓝天保卫战”三年行动告捷。

（一）多管齐下推进 VOCs 源头治理

湖州在全省率先全面推广低挥发性有机物（VOCs）原料源头替代，出台《关于助力我市高质量绿色发展 支持引导使用低挥发性有机物含量原料的十条意见》，支持企业开展源头治理。2020 年已完成市级 175 家源头替代任务，源头削减挥发性有机物 3145 吨。中国银行、华夏银行等金融机构推出低 VOCs 源头替代绿色信贷，累计发放绿色信贷 4.87 亿元，惠及 27 家企业。如巨人通力全部进行静电塑粉喷涂，基本实现 VOCs 零排放。未完成源头替代企业分类施策，重点企业推进配套 VOCs 高效处理设施，全市共有 93 家完成建设。其他企业推进活性炭吸附脱附统一运维更换，安吉县、南浔区已基本完成配套企业建设工作，如强大环保科技有限公司利用原有技术优势，实现技术优化，助推整个面上 VOCs 治理工作，大幅减少危险废弃物的产生，降低环境风险。相关工作获得央视《焦点访谈》的关注认可。全面推广共享喷涂中心，打击不合格汽修企业，建设了南浔力创汽修钣喷、洛舍钢琴喷涂等共享中心 8 个，发挥示范效应。严格涉气排污单位排污许可总量管理，将大气整改要求纳入排污许可证管理。

多维度优化机制，领导重视抓落实。一是高规格组建机构，高位攻坚推动，成立了由市委书记、市长任双组长的市污染防治攻坚工作领导小组，下设治气办，由市委组织部抽调优秀年轻干部实体化运作。二是全方位谋篇布局，明确目标责任，年初提早谋划、明确目标，以“年度方案”和“考核办法”为抓手，推进治气各项工作有效落实。三是精细化追责问责，倒逼履职尽责，出台《湖州市大气污染防治工作量化问责暂行规定》，从 2019 年 1 月开始坚持每半月对乡镇街道空气质量进行统计排名通报，并对排名后三位的乡镇进行点名，确保治气工作有序推进。

（二）稳步实施开展炉窑治理

2020 年湖州市完成 395 台 1 蒸吨以上天然气锅炉低氮改造，低氮改造治理进度全省领先。水泥行业深度脱硝示范工程在槐坎南方和长兴南方试点成功，氮氧化物分别控制在 100 毫克/立方米和 50 毫克/立方米以下；白岘南方水泥有限公司深度脱硝施工在全省率先试点成功，相关经验在全省推广实施。建成南方物流码头全电物流输送通道，年运输水泥熟料可达 1050 万吨，项目入选交通运输部绿色示范项目和全省打赢“蓝天保卫战”示范项目。湖州全市 18 家建材企业除 1 家关闭外，已完成 16 家提标改造和在线设施安装，完成率 94.4%。永兴特钢和盛特隆等两家短流程钢铁企业已按照计划任务完成有组织和无组织排放改造、监控监测设施建设等工作。

多举措精准发力，严控增量削存量。一是提高门槛严把准入，将溶剂型涂料年用量 10 吨及以上新建项目的审批权限上收到市局，严格控制项目准入。二是依托许可整治提升，以排污许可清理整顿和发证登记为契机，制定《湖州市排污许可证核发　加快涉气重点企业环境治理提升专项工作方案》，严格涉气排污单位排污许可总量管理。三是明确任务增加动力，将各区县源头替代任务列入全市污染防治攻坚战的任务清单，每月调度进展情况，并在全市污染防治攻坚例会上进行通报。

（三）协同联动加强尾气治理

移动源污染防治是打赢“蓝天保卫战”的难点和重点之一。从 2020 年起，湖州逐步建立完善移动源污染防治工作机制，开启生态环境、公安、交通等部门联合执法模式，常态化开展柴油货车路检路查，全年开展路检路查、入户抽查 135 次，现场检查车辆 2530 辆。经监督抽测，对 146 辆排放超标的柴油货车全部下发限期维修告知，现场处罚 63 例，6 月实现 6063 处罚代码正式开通后全省首罚。对 146 辆逾期未维修复检的车辆在生态环境、公安、交通部门网站上予以联合公开曝光；截至 2020 年，已淘汰国三及以下营运柴油货车 1855 辆，提前超额完成 2 年既定任务；移动源信息化监管能力建设已初见成效，黑烟遥感检测设备检测超标柴油车 10348 辆，捕捉明显冒黑烟车辆 75 辆，全部由湖州市生态环境局联合公安推送限期维修短消息；I/M 制度落地实施，从 2020 年 10 月 1 日起，全市柴油车排放检验不合格即实行强制维修；加大自备油库油品尿素、加油站油气回收联合监管力度。推进非道路移动机械污防工作，安吉、长兴、德清三县两区（吴兴区、南浔区）全部划定非道高排禁用区，为全省首个非道禁用区全覆盖地市，累计完成编码登记 15000 余台，累计完成非道使用中抽测 788 余台，在全省率先实现区（县）高排放非道路移动机械禁用区全覆盖。工程车“三化”管理中也把尾气监测超标列为扣分项，强化了管理实效。

多渠道政策引导，正面激励增效应。一是政策引导，形成牛鼻子效应。2020 年 2 月，湖州市五部门联合印发《关于助力我市高质量绿色发展　支持引导使用低挥发性有机物含量原料的十条意见》，中国银行、华夏银行等多家金融机构纷纷出台绿色信贷产品，支持企业绿色发展。二是样板示范，形成羊群效应。培育了吴兴区世仓智能仓储设备、德清华杨科技、安吉森木窗饰等一批不同类型的源头控制示范样板企业。三是强化服务，形成蚂蚁效应。通过发挥行业协会作用，组织召开研讨会，促进企业群体协作。

人民代表大会监督落实压力传导。2020 年 4 月，《湖州市大气污染防治规定》（以下简称《规定》）经省人大常委会审查同意并颁布实施。由湖州市生态环境局积极牵头开展《规定》宣传贯彻工作，使用各种宣传载体，切实增强全社会、各领域的大气治理意识和社会责任意识。在抓好工业企业污染物排放的同时，会同建设、交通、公安、综合执法等部门加大对建设（道路）扬尘、餐饮油烟、秸秆禁烧等方面的执法监管力度。

(四)坚持统筹与监督相结合

湖州充分发挥市县(区)各级大气污染防治工作领导小组办公室的统筹协调作用,加强对全市大气污染防治工作的帮扶指导,湖州市治气办分三组每天对安吉、德清、长兴三县,吴兴、南浔、南太湖三区治气情况开展督查。2020年市治气办共计出动检查1536人次,检查点位2472余个,下发交办单226个,涉及347个问题。2020年4月以来,湖州市治气办、综合执法队、大气处联合开展治气定点帮扶,对空气质量排名靠后乡镇进行指导帮扶,共派出帮扶工作组36个,对16个乡镇的755家企业(点位)开展帮扶指导,共发现445家企业(点位)的918个问题。所有问题即查即改,形成闭环。对空气质量明显落后、问题整改不及时的单位和个人,依据《湖州市大气污染防治量化问责暂行规定》实施问责,通过强有力的责任落实,形成长震慑、长警醒的态势,确保治气工作有序开展推进。

(五)数字化转型、协同化管理

湖州在全省率先启动大气污染防治数字化转型工作,开展大气协同管理平台系统建设,积极探索从现阶段预测预警到辅助决策的智能转变,实现全天候、全过程智慧化监管和精准治污,加强对数据的运用,绘制全市空气质量“五色图”和“污染图”,为大气污染防治决策提供新支持。2020年全市74个乡镇街道全部安装空气自动监测站,实现乡镇PM2.5和臭氧指标监测全覆盖;445家涉挥发性有机物重点企业安装用电监管设施,实现对企业工况监管的全覆盖;建成36套黑烟抓拍系统和1套遥感监测系统,实现重点道路全覆盖;5000平方米以上的建筑工地安装颗粒物在线监测设施,并实现联网;通过采用VOCs走航、激光雷达、无人机等对全市大气污染排放情况进行动态观测。

三、系统治矿，让山更绿

在绿色矿山发展探索实践中，湖州坚定践行“绿水青山就是金山银山”理念，率先编制实施矿产资源规划，全力推进矿山企业综合整治，全面实行矿产资源有偿使用、绿色矿山建设、废弃矿山生态修复和矿产资源综合利用，成功地实现了矿业转型、转业，为全国矿产资源保护和开发利用提供可复制、可移植、可推广的湖州模式。“浙江经验，湖州模式”已经成为矿产资源开发利用与生态环境和谐的样板。

2003 年，湖州市被省国土厅批准列入省矿山生态环境保护与治理工作试点市。2004 年湖州出台了《湖州市矿山生态环境保护与治理试点工作实施方案》《湖州市废弃矿山生态环境治理专项规划》《湖州市人民政府关于加强矿山自然生态环境建设工作的通知》《湖州市进一步加强矿山生态环境建设实施意见》《湖州市矿山自然生态环境治理备用金收缴办法》《关于鼓励复垦废弃工矿用地的试行意见》等一系列矿山生态环境保护与治理法规，治理废弃矿山的工作全面开展，湖州仁皇山、堂子山等一批废弃矿山自然生态环境治理重点示范工程建设稳步推进。采取“四控双停”措施，扎实推进减点、控量、治污，统筹推进矿山综合治理。全市矿山企业由 612 家减少到 56 家，减幅达 90.8%；建筑石料开采量由 1.64 亿吨削减到 0.48 亿吨，削减了 70.7%，并将逐步减量至“零开采”。在产矿山企业全部达到绿色矿产标准，其中国家级、省级绿色矿山占全市矿山总数的 57%，实现了矿产中水回用和尾水零排放。

2014 年，湖州被列为全国工矿废弃地复垦利用试点。湖州市编制了《湖州市工矿废弃地复垦利用工程实施方案》等一批规划和方案，确定德清县、长兴县和吴兴区为工矿废弃地复垦利用试点实施区，试点期内计划实施复垦利用试点项目 191 个，预计形成土地 8.57 万亩，一批工矿废弃地复垦项目启动实施。

湖州坚持因地制宜，宜林则林、宜耕则耕、宜工则工、宜景则景，分类实施废弃矿山的环境修复和生态涵养，累计完成废弃矿山治理 311 个、治理复绿 1.6 万余亩、复垦耕地 2.4 万余亩，释放了环境与经济的“双重效益”。作为全国绿色矿业发展示范区建设试点，湖州市全域推进绿色矿山建设，2020 年，矿区绿色覆盖率达到可绿化面积的 100%。按照“近期减点控量、远期全面关停”的总体要求，全市矿山总数控制在 42 个，年开采总量控制在 6800 万吨以内。

（一）标准领跑，全域推进

湖州积极探索矿山生态建设新路径，全域推进绿色矿山建设。在绿色矿山建设过程中严格执行湖州地方标准，充分发挥标准的领跑作用。首先提出了资源利用集约化、开采方式科学化、生产工艺环保化、企业管理规范化、闭坑矿区生态化的“五化”标准。其次提出了矿山绿化洁化美化标准，明确矿山“办公区、开采区、生产区、运料道路（系统）、码头区、生活区、企业环境”7 个方面的 22 项洁化、14 项绿化、17 项美化标准。尤其是发布了全国首个绿色矿山建设地方标准——《绿色矿山建设规范》，为全国绿色矿山创建提供了“湖州标准”。

（二）部门合力，健全机制

绿色矿山创建工作涉及国土资源、环保、水利、林业、财政、安监等部门。只有发挥各自部门的优势和职能，形成合力，共同推进，才能推进矿山企业的创建工作。湖州统筹各方力量，加强政策研究，出台行之有效的政策措施，建立针对绿色矿山建设的激励和约束政策组合，形成针对性、系统性、操作性更强的政策措施，使矿业发展更健康、更可持续，筑起绿色矿山建设长效发展保障机制。

（三）生态修复，产业重构

在全面推进老旧、废弃矿山的治理过程中，湖州市因地制宜，根据废弃矿山的特点，进行环境修复和生态涵养。矿山治理既解决当下的紧迫性问题，更考虑产业植入和循环的可持续性。通过生态复绿、景观再造、土地开发、复垦耕地、矿地村庄、搭建平台 6 种模式，在资源输出后对废弃矿山进行环境治理和生态涵养。因开采塌陷的仁皇山矿坑被改造成了与景观亭阁相配套的清水池塘，乔木、灌木、优质花草相结合的绿化结构成了湖州市民休闲健身的场所。

（四）科技创新，强化“生态＋”发展

为了协调资源开发和环境保护，湖州市在矿产资源开发、综合利用、治理复绿、智能生产、智慧管理等方面实施科技创新，提升矿产资源开发水平，强化“生态＋”发展，打造生产智能化、管理智慧化的现代数字化矿山。

四、精细治废，居所更美

2020 年是湖州市打造生活垃圾分类全国示范市的攻坚年，湖州市在“零填埋、负增长、全分类、全处置”基础上，围绕“一个大脑”打造智慧管理、“两网融合”创新回收体系、“三股力量”强化分类督导、“四项制度”落实监督管理、“五方发力”共推“二定四分”“六个标杆”，全面深化推广等 6 条线，全力做好垃圾分类的样板地、示范生，擦亮“在湖州看见美丽中国”金名片。同时湖州市也制定出台了《湖州市农村生活垃圾分类处理标杆村创建三年行动计划（2020—2022 年）》，推进了垃圾分类智慧化监管。农村垃圾分类处理建制村覆盖率达 93％，高标准建成农村生活垃圾分类处理省级示范村 35 个、市级标杆村 401 个，安吉、长兴、德清被评为全国农村生活垃圾分类和资源化利用示范县。

（一）大力度推进垃圾分类工作

湖州从领导重视、法制完善、制度健全“三位一体”角度推进垃圾分类做实做深。一是市四套班子高度重视。市委书记部署生活垃圾分类工作，专门成立生活垃圾分类工作协调组，建立常态化督查机制，定期召开工作组会议，开展调研及检查活动。二是法律保障不断完善。湖州市先后将垃圾分类列入《湖州市生态文明先行示范区建设条例》《湖州市市容和环境卫生管理条例》《湖州市美丽乡村建设条例》3部地方性法规，予以刚性约束。2020年推进《物业管理条例》立法工作，强化物业管理在垃圾分类工作上的主体责任。加大执法监管力度，2020年累计执法处罚4.06万起，处罚金额约73万元。三是制度体系不断健全。在“1＋4＋10”制度体系的基础上，先后出台《关于加强中心城市农贸市场垃圾分类设施建设管理的指导意见》《湖州市农村生活垃圾分类工作月度通报指标实地检查核查办法》等配套制度，同时与浙江省环境科学院合作，开展第三方评估，积极推动湖州市地方标准《生活垃圾分类评价规范》制定，为浙江省乃至全国首创。

湖州因地制宜，形成各具特色的地方治废模式。湖州全域深入践行“绿水青山就是金山银山”理念，认真贯彻落实浙江省关于垃圾分类工作的部署要求，根据城区、安吉、长兴、德清各县区的实际情况，全面推进城镇、农村生活垃圾分类工作，积极推行分类投放、分类收集、分类运输、分类处理的垃圾分类治理体系，形成政府推动、全民参与、城乡统筹、因地制宜的农村生活垃圾治理格局，形成了各具特色的地方垃圾处理模式。市区围绕“六步走”①，安吉“二级四分”②、长兴“四定一线一平台”③、德清“一把扫帚扫到底”模式等，全力做好垃圾分类的样板地、示范生。

（二）多维度打造智能监管网络

湖州是浙江省首个垃圾分类智慧化建设试点城市。湖州创新建立“设备通用、数据通畅、反应通敏”的“智慧监管网”。一是数据互通。全面整合政府管理部门、末端处置企业、第三方服务单位等智慧管理资源，在安吉、长兴、德清县均建设有智慧管理子平台的基础上，打造

① “六步走”：“一个大脑”“两网融合”“三股力量”“四项制度”“五方发力”“六个标杆”。

② 安吉县通过居民粗分、企业细分的“二级”实现对生活垃圾“分为四类”进行分类处置，从而达到垃圾分类减量化、资源化、无害化。

③ “四定”，面向住宅小区实施定时、定点投放、定人、定桶管理的模式；“一线”，面向沿街商铺实施无桶化定时、定点音乐线收运；“一平台”，就是长兴建立的垃圾分类智慧管理平台。

湖州市统一分类"智慧大脑",将分类投放、分类运输、分类处置三大环节紧密相连,做到溯源到户、追踪到车、末端实时监控的全生命周期管理。其中,德清县依托中国北斗增强系统"一张网",建立了覆盖全县域城乡生活垃圾分类五级智能管理体系。二是强化智能分析。通过对车载称重系统、智能投放设备、智慧回收系统的健全完善,数据实时自动采集进入数据库,通过智能分析对比,锁定工作薄弱环节,科学研判、精准施策。长兴县通过扫码溯源,精准锁定垃圾分类参与少的"沉默户"及分类质量不达标的"易错者",从人海中"挖"出来作为重点对象,使宣传教育更具针对性。三是提升市民体验感。打破垃圾分类积分壁垒,全面整合市区居民家庭信息,纳入"湖州掌上通"App,实现积分规则统一、查询平台统一,丰富兑换渠道,采用"线上＋线下"的模式,兑换"惠游卡"、停车券、洗衣皂等各类物品;上线"湖垃圈"微信小程序,市民可上传垃圾分类方面的问题及建议,切实提升市民垃圾分类智能体验感。

湖州加强垃圾分类宣传,动员全民参与。按照全域覆盖、全媒体展示、全角度宣传的思路,充分利用海报、微信、电视、报纸、网络等各类载体,以"面对面"个别传导为主,媒体面上宣教为辅,通过大走访、大讲堂、大规劝等方式改变人们的垃圾处理价值导向。通过公益宣传片,入村、入社区、入户培训,进校园讲座,建立分类扫码录入的信息化管理系统,发挥老党员、妇女干部带动作用等方式引导教育、持续作用形成习惯。通过研发小程序、组建多线参与的分类辅导交叉推进模式等技术手段,加强全员互动。

(三)有温度健全回收利用体系

加强政企合作,建立"小区回收点(流动回收车)—集中式回收站—分拣中心—集散市场(产业园区)"的再生资源回收市场。一是优化回收网络布局。在全省率先实现将分类投放驿站建设纳入新建设住宅小区的土地出让规划条件中;盘活闲置资源,改造为低附加值可回收物打包中心；建设多功能资源化综合利用中心（吴兴 1 个、南浔 3 个、南太湖新区 1 个），扩大资源化利用产业集聚效应。二是培育龙头骨干企业。坚持政府引导、社会投入的原则，培育了浙江欣能、德清伏泰、长兴华源及安吉虎哥等 6 家有实力的再生资源回收龙头骨干企业，建成投运 9 个分拣中心。三是加强回收人员保障。通过为收编的"铛铛师傅"购置保险，为困难工人提供固定住所，切实加强回收从业人员的安全保障及生活保障；溢价收购（高于一般市场价 10%）环卫工人收集的可回收物，提升环卫工人收入水平；成立再生资源"公益基金"，帮助"铛铛师傅"、环卫工人中的困难家庭解决患病治疗、子女教育支出等方面的难题，为垃圾分类新时尚注入更多"人情味"。

同时联手第三方企业专业回收生活垃圾，有害垃圾、可回收物、园林垃圾、大件垃圾及建筑装修垃圾等均可纳入第三方企业回收范畴，解决以往大量中低价值可回收物"没人要、没处去"的问题。第三方企业将可回收物细分为废金属、废塑料、废玻璃、废旧纺织物、废泡沫等，将有害垃圾细分为废灯管、废油漆、过期药等，园林垃圾、大件垃圾、建筑装修垃圾等全部予以精细化分拣，增加细分品类种类，提高回收利用率，变废为宝，使资源变资产。

（四）高韧度实施定时定点投放

多方联动、协同作战，打通定时定点分类投放落地"最后一公里"。一是依托基层网格化治理。以创建红色物业为契机，结合"双联系双报到"制度，社区组织党员干部参与志愿者服务，以"敲开门、见到人、讲明白"为目标，分别组织"三次上门"，针对分类投放驿站选址建设、投放时间段等问题，了解居民需求、征求居民意见、消除居民顾虑，提升居民满意度。为解决安置小区垃圾分类难题，南太湖新区巧用"村委牵头制、志愿长效制、房东责任制"，稳步推进垃圾定时定点分类投放。二是推进驿站标准化建设。出台《湖州市分类驿站设计指导手册》，以"序化、洁化、美化、绿化"为基本原则，针对不同面积小区，对驿站建设形式、大小及配置内容分别设置不同要求，高标准建设集投放区、清洗区、休息区及体验区等多功能于一体的投放驿站，增强居民体验感，提升分类参与率。三是提升管理精细化水平。加大环卫清运力量，增加清运频次，对小区垃圾实施“二次清运”，减少垃圾在小区内滞留时间，确保在非投放时间段驿站内垃圾桶内无垃圾；同时加大驿站保洁力度，将小区打造成“干净无异味、方便又智能、人人都欢迎”的风景点。

（五）加速度提升单位分类质量

强化“管行业就要管分类”责任落实，进一步推进单位生活垃圾强制分类提质增效。一是建立市领导督导机制。以“补短板、促平衡、提质量、抓进度”为目标导向，严抓 9 个行业主管部门，建立市领导联系行业的分类督导机制，定期开展行业调研检查活动，推进行业生活垃圾分类的标准、制度、体系建设。二是压实行业管理职责。要求每个行业必须制定富有行业特色的生活垃圾分类标准、设施配置标准，建立健全考核评价体系，加大宣传教育力度；每个行业必须培育两家以上设施配置齐全、宣传氛围浓厚、制度管理完善的分类示范标杆，形成可复制、可推广的经验，以点带面纵深推进全行业生活垃圾分类提质增效。三是强化督查考核力度。建立“媒体晾晒”“限期整改”“组织约谈”“完善机制”4 项制度，强化“单位自查、行业检查、市分类办抽查”的督查考核机制，每月将检查结果以“红黑榜”的形式在“湖州发布”《湖州日报》等主流媒体上进行晾晒比拼，并形成通报上报给市四套班子。单位分类若连续 2 个月在行业排名中靠后，由行业主管部门约谈单位分管领导；连续 3 个月在行业排名中靠后，执法部门对该单位进行执法处罚。

第二节　做大“金山银山”，拓展绿水青山向“金山银山”转化的路径

2005 年 1 月 17 日的浙江省农村工作会议上，习近平同志提出要大力发展高效生态农业，强调“以绿色消费需求为导向，以农业工业化和经济生态化理念为指导，以提高农业市场竞争力和可持续发展能力为核心，深入推进农业结构的战略性调整，大力发展高效生态农业”[①]。2005 年 8 月 24 日习近平同志在《浙江日报》“之江新语”专栏发表评论，指出“生态环境优势转化为生态农业、生态工业、生态旅游等生态经济的优势，那么绿水青山也就变成了金山银山”[②]。2006 年 1 月的浙江省农村工作会议上，习近平提出，把传统农业改造建设成为具有持久市场竞争力，能持续致富农民的高效生态农业。[③] 2007 年 3 月 21 日习近平同志在《人民日报》发表署名文章《走高效生态的新型农业现代化道路》，文章提出：“走经济高效、产品安全、资源节约、环境友好、技术密集、凸显人力资源优势的新型农业现代化道路。”[④]

湖州坚持把绿色作为高质量发展的底色，底色之上，绿色先行，核心在护美绿水青山，做大金山银山。湖州坚持以“生态＋”理念引领产业发展，努力把产业结构调“优”、经济形态调“绿”、发展质量调“高”，制定实施了推进“生态＋”行动的实施意见，探索实践了“绿水青山就是金山银山”的转化基本路径，打开了“绿水青山就是金山银山”转化的通道，构筑“生态＋农业”“生态＋工业”“生态＋服务业”的生态产业

---

① 习近平：《之江新语》，浙江人民出版社 2007 年版，第 125 页。

② 《绿水青山也是金山银山》，《浙江日报》2005 年 8 月 24 日。

③ 中央党校采访实录编辑室：《习近平在浙江》（下），中共中央党校出版社，2021 年版，第 373 页。

④ 《走高效生态的新型农业现代化道路》，《人民日报》2007 年 3 月 21 日。

集群，发挥了“生态环境优势转化为生态农业、生态工业、生态旅游等生态经济”发展优势，走出了一条生态产业化与产业生态化深度融合、互动发展的新路子。

一、“生态+农业”，推进湖州现代农业高质量发展

（一）持续创新现代生态循环农业发展

2015年1月6日，农业部、浙江省宣传部共同推进浙江现代生态循环农业试点省建设，湖州市被列为整建制推进现代生态循环农业发展试点市。以此为契机，近年来湖州市一直以绿色发展理念为引领，围绕“一控二减四基本”的总体要求，以“一十百千”工程为载体，以畜禽养殖排泄物利用、农业废弃物综合利用、化肥减量增效、农药减量增效、农业节水、智能化等六大系统为抓手，大力发展生态循环农业，不断提高农业发展质量和效益，走出了一条生态、高效、清洁、安全的现代生态循环发展之路。

以“一十百千”为龙头，形成生态循环农业示范带动体系。根据“一十百千”工程要求，大力推进生态循环示范区、示范主体和示范点的创建。按照现代生态循环农业发展规划，以挂图作战的方式分别在每个县区创建1～3个现代生态循环农业示范区。其中在吴兴区设置八里店现代生态循环农业样板示范区，在南浔区设置莫干山现代生态循环农业样板示范区，在安吉县实施区域性现代生态循环农业项目，推动区域生态循环农业发展。为服务现代生态循环农业建设，每个乡镇抓好一两个对面上有示范作用的生态循环农业示范主体。按照村村有示范的要求，在全市规划创建1000个以上示范点，串点成线、连线成面，已基本形成“主体小循环、园区中循环、县域大循环”的发展格局。

建立畜禽养殖污染长效防控机制，形成了县（区）、乡镇、村三级网格化巡查网络，落实网格化巡查人员911人，实现全市规模猪场巡查

全覆盖。落实好河长制，推进水环境整治。认真贯彻浙江省委省政府、湖州市委市政府关于进一步落实“河长制”、完善“清三河”长效机制的若干意见，梳理九大河农业源污染治理工作任务，并进行月度进展统计，加强督促指导，确保河长制工作农业任务按期完成。

安吉白茶产业从无到有、从有到优，多年来已经成为安吉的支柱产业。2015 年 8 月，安吉白茶正式登录华东林权交易所大宗农产品现货电子交易平台，标志着华东林交所安吉白茶正式上市。2020 年 4 月 15 日，浙江大学 CARD 中国农业品牌研究中心发布的中国茶叶区域公用品牌价值评估结果显示，安吉白茶品牌价值达 41.64 亿元，连续 9 年跻身“品牌价值十强”，成为最具品牌溢价力、最具品牌传播力的中国茶类区域公用品牌。[①] 同时，白茶也给当地农民释放了“生态红利”，单白茶一项就为安吉县农民创造了人均 7000 余元的收入。

(二)全力打造现代渔业绿色发展标杆市

湖州渔业资源丰富，淡水鱼产量和产值分别占浙江省的三分之一，是全国著名的淡水鱼重点产区。湖州坚持以“绿水青山就是金山银山”为引领，深化农业供给侧结构性改革，围绕“提质增效、减量增收、绿色发展、富裕渔民”目标，大力推进现代渔业绿色高质量发展，大力实施乡村振兴战略。2020 年全力打造全国渔业绿色发展标杆市，在全国率先开展水产养殖尾水全域治理，在全省率先实现省级以上水产健康养殖示范县、稻渔综合种养重点示范县创建全覆盖。大力推进水产种业强市建设，水产苗种外销率近 90%，尤其是罗氏沼虾和鲌鱼苗种年产量占全国的 60%以上。大力发展稻渔综合种养，推广面积 12.6 万亩。有序发展池塘循环水跑道养鱼，示范区亩均增收 2000 元以上。积极推进水产苗种产地检疫工作，核发全省第一张水产苗种电子“动物检疫合格证”。

---

① 《2020 中国茶叶区域公用品牌价值评估报告》，《中国茶叶》2021 年第 5 期。

聚力制度供给，构筑渔业绿色发展战略高地。注重谋划、优化政策及跟踪推进。2018 年，湖州出台《湖州市现代渔业绿色发展“2222”行动计划》，明确到 2020 年，建成 2 个渔业科技综合服务平台、20 个现代渔业示范园区、200 个美丽示范渔场、2000 个渔业科技示范户；出台《关于支持渔业绿色发展的十条意见》，成立总规模达 4 亿元的强农基金和乡村振兴基金，安排 200 亩建设用地指标，重点保障渔业绿色发展；将渔业绿色发展工作纳入市政府年度重大事项和乡村振兴考核评价体系，对区县和重点乡镇进行考核排名。

聚力平台优化，促进渔业绿色发展集聚集约。坚持“集聚、集约、集成”，全面调优区域布局、产业结构和要素配置。在全省率先完成县域《养殖水域滩涂规划》，建成“国家罗氏沼虾遗传育种中心”“农业农村部淡水渔业健康养殖重点实验室”等渔业科技平台，总投资 5 亿元的中国水产种业“硅谷”项目——浙江省水产种业公司落户德清。全面实施平台建设、尾水治理、种业科技、品牌建设等工程，实现水产品总产值突破 100 亿元，渔业示范区养殖效益亩均增加 1000 元。市财政 3 年安排专项资金 8600 万元用于市本级渔业绿色发展，各县(区)出台相应的扶持和奖励政策，为渔业产业绿色发展和养殖尾水治理落实经费保障。

聚力生态倒逼，提升渔业治理体系能力水平。始终坚持“治水倒逼促转型、生态优先兴渔业”，改善渔业水域环境。一是全域划定禁养限养区域。全市共划定禁养区 31.65 万亩，限养区 17.57 万亩，养殖区 59.04 万亩，明确了不同水域渔业的发展模式，提出了水产养殖污染防控的具体措施。二是强化尾水治理。自我加压提标杆，制定《淡水池塘养殖尾水排放要求》等政策，提出比农业农村部更严的排放标准，形成“三池两坝一渠一湿地”等高效治理模式。全域开展养殖尾水综合治理，2017 年完成尾水治理 16.8 万亩，完成生态塘改造 11.4 万亩，敏感地区治理目标高于《淡水池塘养殖水排放要求》(SC/T9101)一级排放标准要求。三是全力推行生态化养殖。发展标准化生态高效养殖模式，推进渔业增效增收。主要包括稻渔综合养、生态跑道养、物联智慧养和产业融合养。南浔“跑道养鱼”（产品实行订单销售，售价高于市场价格 20％）、吴兴“一块地百里之外千人管”、长兴“万亩太湖蟹”是湖州“生态＋”渔业的典型。德清县成为全国稻田综合种养观摩交流会现场参观点，“千斤粮、万元钱”的种养模式得到首届全国稻渔综合种养产业发展论坛认可。南浔区大力推广应用“池塘内循环流水养殖”技术和“配合饲料替代冰鲜鱼”，从源头上降低养殖污染。

聚力模式创新，推动渔业绿色发展提质增效。实施美丽渔场打造工程，按照“点上出彩、线上美丽、面上洁净”要求，全面启动渔业生产管理用房整治提升，全年整治提升 7000 余座渔场，清除商品温室龟鳖大棚 702 万平方米，全域实现清零。

（三）加快形成湖羊产业高质量发展新优势

湖羊是湖州市特产，我国一级保护地方畜禽品种，也是世界著名的多胎绵羊品种，2006 年被农业部列入《国家畜禽遗传资源保护目录》，2015 年 2 月获国家农产品地理标志登记保护。湖羊具有性成熟早、四季发情、终年繁殖、两年三胎、每胎多羔、泌乳性能好、生长发育快、耐高温高湿等优良性状，是规模化养殖的首选品种。2019 年湖州市已建立吴兴东林、八里店，南浔练市，长兴吕山 4 个湖羊保护区，吴兴区被认定为国家级湖羊保护区之一。全市已培育种羊场 19 家，其中原种场 1 家、一级种羊场 5 家，形成了具有一定规模（年供种近 4 万只）、体系较为完善的湖羊种羊繁育基地。湖州种羊享誉省内外，销往全国各地。

湖羊产业是湖州创建畜牧业绿色发展的重要抓手，也是推进畜牧业供给侧结构性改革、推动乡村振兴的有力载体。近年来，湖州围绕本地特色优势产业，突出优质、特色、绿色，深入推进湖羊产业兴旺发展。2019 年，湖羊年供种量达到 4 万只以上，湖羊种羊供应能力继续保持全省首位；存栏 500 只以上湖羊养殖规模化比重达到 55%，全市湖羊饲养量确保达到 80 万只，力争达到 90 万只。湖羊总产值达到 6 亿元，同比增长 10%，争创了全省特色产业振兴湖州样板，巩固了湖州作为全国湖羊发源地和国家级湖羊保护区的地位。湖州湖羊产业也已经从一产向二、三产业延伸，逐步形成了产销融合、休闲观光的新业态。2020 年，湖州市吴兴区湖羊特色农产品优势区、南浔区湖羊特色农产品优势区、长兴县湖羊特色农产品优势区，被认定为 2020 年浙江省特色农产品优势区。

吴兴区湖羊特色农产品优势区初步形成了种质资源保护、良种繁育供种、肉羊标准化生产及生态循环农业四大基地。2011 年被农业部认定为浙江省唯一的国家级湖羊保护区。全区存栏 100 头以上规模养殖场共 31 家，湖羊存栏 4.91 万头。其中，存栏万头以上养殖场 2 家，规模化养殖比例超 85%。拥有“咩咩羊”“怡辉”“明锋”等湖羊品牌 4 个。开发了真空包装红烧羊肉、羊油护手霜等多种产品。

南浔区湖羊特色农产品优势区吸引了新疆、甘肃、四川等全国各地的众多客商来南浔引进种羊。湖羊产业集约化程度进一步提高，规模养殖场占比逐年提升，规模化比例已达到 70%以上。完成创建 13 家省级美丽牧场，位列全市第一。2020 年南浔全区存栏湖羊约 14 万头，年出栏湖羊约 17 万头，综合年产值达 3 亿元，已陆续培育出湖羊种羊场 11 家，拥有现代化规模养殖场 132 家。南浔区湖羊从传统的“湖羊生产大区”向“湖羊生态产区、湖羊产业强区、湖羊文化名区”方向迈进。

长兴县湖羊特色农产品优势区实现了湖羊产业规模化、标准化、智能化、生态化、产业化发展，让湖羊成为乡村振兴、产业发展的“领头羊”。2019 年，长兴全县湖羊饲养量达到 21.3 万头，全产业链产值超 5 亿元，培育存栏能力万头以上规模羊场 4 家，创建国家肉羊核心育种场 1 家、省级畜禽遗传资源保种场 1 家，并通过对口协作，3 年内向甘肃、新疆等地共输送湖羊 8 万多头。

为破解规模羊场粗饲料瓶颈制约，充分利用芦笋秸秆资源，长兴县不断探索和研究芦笋秸秆青贮技术，大力推广"芦笋秸秆—湖羊—肥"生态循环利用模式，将新鲜的芦笋秸秆粉碎、青贮，制成储存期长、适口性好、消化率高的优质青贮饲料。饲喂湖羊后产生的羊粪经收集发酵，运输至芦笋基地可用作优质有机肥。2020 年长兴全县湖羊饲养量 22.7 万只，累计培育千头以上规模羊场 18 家，年利用芦笋秸秆 1.6 万吨；过腹还田，为芦笋基地提供优质有机肥 0.85 万吨。

湖州正以提高湖羊产业质量效益和竞争力为重点，加快构建现代养殖体系，完善疫病防控体系，提升加工流通水平，做大产业、做强种业、做优品牌，加快形成湖羊产业高质量发展新优势。根据《湖州湖羊产业高质量发展三年提升计划(2021—2023 年)》，湖州全面推动实施"353"计划，全力打响"湖州湖羊"区域品牌。即围绕全国湖羊种质资源发源地、湖羊产业集聚地、湖羊体系创新地三大定位，采取一个规范化湖羊种源供应基地、一条特色化湖羊产业全产业链、一套系统化地标产品监管体系、一个专业化科技创新服务平台和一个市场化羊业区域公共品牌 5 项举措，实现湖羊生产能力、供种能力及总产值翻一番(到 2023 年底，湖羊供种能力达到 10 万只，增长 113%；湖羊存栏量达到 80 万只，增长 104.8%；湖羊总产值达到 50 亿元，增长 108%)。

二、"生态＋工业"，促进湖州工业全面转型升级

湖州发挥独特的"底色"优势，转型发展"绿色"为先，始终坚持践行"绿水青山就是金山银山"理念，引领推动高质量发展。多年来，湖州聚焦绿色转型发展，积极培育绿色发展动能，探索出具有湖州特色的绿色发展模式。"十三五"期间湖州市全力推进四大主导产业，积极改造传统优势产业，深入推进节能减排和循环经济行动，重拳推进印染、造纸、制革、化工等行业整治提升，通过实施工业循环经济"92123"工程，推进清洁生产，促进区域工业生态化发展。2019 年湖州在全国

支撑绿色发展型城市评价中排名第一位，是全国唯一以“绿色智造”为特色的“中国智造 2025”试点示范城市，初步构建了具有湖州特色的“市、区县、园区、企业、产品”五位一体绿色智造标准体系，也是全国唯一的绿色产品认证试点城市。湖州所辖的三个县都在加快发展生态工业，促进工业转型升级。

（一）安吉竹产业生态转型实现高质量发展

2003 年 4 月 9 日，时任浙江省委书记的习近平同志在安吉调研时表示：竹子产业大有可为，竹子春夏秋冬四季常青，生态效益非常好。习近平同志强调，“竹子既能发挥生态作用，又能作为工业的原材料，希望安吉在这方面能够做得更好，将竹子利用做成一篇大文章，在全国起一个示范作用”[①]。湖州是中国竹乡，湖州安吉的竹子立竹量、商品竹年产量、竹业年产值、竹制品年出口额、竹业经济综合实力 5 个指标名列中国前茅。安吉围绕竹还开发了一大批如竹笋膳食片、竹叶饮料、竹建筑、竹活性炭等副产品，着力发展生态工业、打造绿色产业。如今，安吉竹产业实现了从卖原竹到进原竹、从用竹竿到用全竹、从物理利用到生化利用、从单纯加工到链式经营的 4 次跨越，以占全国不到 2%的立竹量创造了全国近 20%的竹产值。安吉县也先后获得“中国竹地板之都”“中国竹材装饰装修示范基地”“中国竹凉席之都”“中国竹纤维产业名城”“全国林业科技示范县”等荣誉称号。

安吉县竹产业从几家台资竹材加工企业起步，已经发展成全国知名的竹材加工产业集群。现有竹材加工企业 1300 余家，形成竹质结构材料、竹装饰材料、竹日用品等八大系列共 3000 多个品种的产品体系，总产值达 200 亿元。[②] 安吉竹产业的发展以不破坏生态环境为前提，从单纯利用“竹竿”到 100%全竹利用，把一支翠竹“吃干榨尽”，竹

---

① 中央党校采访实录编辑室：《习近平在浙江》（下），中共中央党校出版社 2021 年版，第 215 页。

② 《推进安吉竹产业高质量发展的思考》，《中国质量报》2020 年 5 月 14 日。

根做根雕、竹竿做地板、竹叶做饮料、竹屑做装饰板，实现了全竹高效循环利用。安吉竹产业的代表性企业、上市公司浙江永裕竹业股份有限公司引入“全竹家居”概念，凭借椅竹融合、重组竹等新技术，实现了“以竹代木、以竹代钢”。

（二）南浔木业绿色转型引领地板行业高标准发展

南浔区位于长三角城市群的中心腹地，是中国木业产业的重要聚集地之一。近年来，南浔区认真落实质量强省战略部署，深入实施全省百个特色产业质量提升行动，探索木业产业高质量发展道路，取得了明显成效。

针对南浔木业产业龙头企业少，高尖端力量薄弱，大多数企业还未建立健全管理制度和管理方法的现状，南浔区以“样板企业带动”的方式，集中力量培育一批管理制度先进、质量体系完善、高端领域占一席的企业，引导全区木业企业开展质量提升行动，推动质量管理模式创新。2018 年，南浔率先通过国家木地板质量提升示范区验收，成为浙江省唯一的国家级木地板产品质量提升示范区。2020 年，南浔木业产业又获批全省百个特色产业质量提升项目。南浔木业已有 1 家企业获得省政府质量奖，2 家企业获得市政府质量奖。浙江世友木业作为南浔区重点扶持企业，先后获得“亚洲质量卓越奖”“全国质量标杆”等多项荣誉。

南浔区将工业经济“品字标浙江制造”品牌列为“水晶晶南浔”城市品牌唯一区域公共子品牌，引导企业积极申报“品字标浙江制造”、注册商标。2020 年南浔区已成功培育“品字标”企业 17 家、放心工厂 118 家，拥有 4 件“中国驰名商标”。与此同时，该区始终坚持绿色发展道路，支持企业争创绿色产品。浙江世友木业有限公司和久盛地板有限公司两家企业均为国家级绿色工厂、国家绿色供应链管理示范企业、国家绿色产品认证“三绿”企业。此外，企业十分重视绿色标准编制，主动作为，抢占绿色地板行业话语权，浙江世友木业有限公司、久盛地板有限公司共参与《绿色产品评价人造板和木质地板》等5项绿色国家标准编制。接下来南浔将持续围绕打造“木业之都”的目标，聚焦提升产业创新力、核心竞争力、品牌影响力，在木业产业全面实施质量标准品牌战略，创新高质量发展模式，形成以“标准化、科技化、品牌化”为主基调的质量提升新路径，加快建设好南浔“木业之都”产业集聚区。

（三）长兴蓄电池产业“凤凰涅槃”实现华丽转身

铅蓄电池产业是湖州市长兴县的支柱产业之一。长兴蓄电池品牌占据了全国动力电池的半壁江山。国内电动助力车蓄电池65%的极板企业、75%的组装企业出自长兴。

改革开放初期，与长三角大部分地区一样，长兴县也是“村村点火，户户冒烟”，发展起了民营经济。铅蓄电池行业就是在此时以家庭作坊的形式发展起来的。与机电、纺织、建材等产业共同构成长兴县的核心产业，拉动当地经济高速发展。20世纪90年代，长兴县生产总值、财政收入长期保持了10%以上的增长速度。同时，污染随之而来。以手工劳作为主的铅蓄电池作坊，技术能力薄弱，能耗居高不下，生产中也易产生铅烟、酸液等污染物，粗放式的发展让长兴背上了高耗能、高污染的包袱。有的企业处理铅酸废水的方法就是，将其倒在两个坑里，简单中和酸水、沉淀铅块后，直接排放。

2005年，长兴县决定按照“淘汰一批、规范一批、提升一批”的总体思路，开始整治。全县175家铅蓄电池生产企业，仅有一家符合环保标准，其余的均须停产整治，达到标准后才能正常生产。通过“停产关闭有奖励、搬迁入园有支持、企业员工安置有补贴”等政策，长兴县以产业整治为契机，促进产业优化集聚，在税收、土地、规费、设备投入等方面扶持和鼓励保留企业原地提升或搬迁入园、关停淘汰企业转产转行，共涉及政府资金近2亿元（其中，直接用于关闭企业奖励资金3598万元、整治企业专项贷款周转金3000万元、员工分流安置补助资金 426 万元）。2005 年，175 家铅蓄电池企业减少到 50 家。2011 年，长兴县以全国重金属污染防治专项行动为契机，又进行了第二轮整治。50 家企业通过兼并、重组，减少到 16 家，并全部集中到新能源高新园区，做到了布局园区化、企业规模化、工艺自动化、厂区生态化、产品多样化、用途多元化，实现了第二次转型升级。

长兴县以装备改造为重点，倒逼行业提升技术工艺。一是严格要求装备准入。二是鼓励研发生产装备。要求所有园区企业淘汰落后工艺装备，改用能减少排放的机械化、自动化装备，并实施废气、废水治理设施改造，提升铅蓄电池的回收能力。转变经济发展方式，提高经济发展质量。2017 年，铅蓄电池行业的产值达 246.32 亿元，贡献税收 7.8 亿元，占全县工业税收的 20%。经过产业集聚、提质增效，长兴县将 175 家铅蓄电池企业重组为 16 家现代化千亿级企业，全部企业都集聚到 2 个新能源园区，产值增长了 11.7 倍，税收增长了 7.8 倍。其中，天能、超威两家企业已经成长为国内铅酸电池行业的冠亚军企业，2 家企业的产品市场占有率之和已经超过 70%。长兴通过研发新型动力电池前沿技术，加快开发电池生产新工艺，提高生产智能化、绿色化水平；同时，以产品升级为重点，促进铅蓄电池行业向新能源电池领域转型升级，并强化企业间的协调配套，推动集群化发展。

目前，长兴蓄电池行业已形成涵盖废旧蓄电池回收、原辅料加工、生产、销售和设计研发的完整产业链。长兴铅蓄电池产业基地被评定为国家级新型工业化产业示范基地，拥有中国绿色动力能源中心、中国产业集群品牌 50 强等荣誉称号。

三、“生态＋旅游业”，进一步将环境优势转化为经济优势

湖州坚定不移走生态路，倾心护美绿水青山，倾力做大“金山银山”，以“乡村旅游”为突破口，大力推进生态旅游发展，促进旅游产业做大、做强，带动农民增收致富，探索出了一条生态美、产业兴、百姓富

的生态旅游可持续发展之路。湖州先后创办了“绿水青山就是金山银山”主题城市书房，举办“书怀绿水青山”“印画绿水青山”等美术书法系列展示活动，开展长三角文旅联合等，巧破“三难”，赋予乡村旅游新动能；“因村制宜”巧做“生态＋”文章，植入文化基因，坚持创新释能，畅通“绿水青山就是金山银山”转化通道，绘就湖州旅游的绿色画卷。

湖州巧破自然资源转化为生态旅游产业之难，重点发展乡村度假产业，做好绿水青山文章。以乡村生态环境为基础，开创“全域旅游＋景区＋社区＋郊区”融合的非经典旅游先河。创建一大批具有鲜明地域特色的乡村旅游集聚区，促进各种新兴的乡村旅游业态诞生。引导乡村旅游个性发展、差异竞争、特色生存，乡村旅游已形成了“四大模式”和“乡村十景”（十大乡村旅游集聚示范区）的发展大格局。湖州坚持生态引领，巧破传统观念转化为生态旅游动能之难。树立生态理念，将生态意识转化为常态化的生态旅游文化。充分认识生态旅游的意义，培育景区经营者和管理人员树立长远的发展意识及现代经营管理理念。加快推进“城、镇、村”景区化创建步伐。2020 年 AAA 级以上景区镇达 8 个，A 级景区村庄达 549 个，其中 AAA 级景区村庄 107 个，景区村庄覆盖率达到 80.2%。优化发展环境，强化政策支撑体系建设。先后出台《湖州市人民政府关于推进乡村旅游提升发展的指导意见》《湖州市人民政府关于加快建设国际生态休闲度假城市的实施意见》等政策文件，以乡村旅游提升发展专项改革试点为契机，在用地许可、业态引导、金融投资、管理创新等方面先行先试。

湖州“因村制宜”巧做“生态＋”文章，植入文化基因，坚持创新释能，畅通绿水青山向“金山银山”转化的通道，绘就湖州旅游的绿色画卷。“生态＋生活”发展乡村度假产业。针对生态环境优越、区位交通便利、旅游资源丰富的村庄，突出“原生态养生、国际化休闲”高端度假主题，重点发展、集聚以“洋家乐”为代表的高端旅游产品，成功打造“裸心谷”“慧心谷”等一批民宿 IP。全市有省级精品民宿 69 家、乡村旅游产业集聚区 3 个，均位居全省第一。“生态＋农场”发展休闲农业。针对地处低丘缓坡、山地植被与空气环境优、农业发展基础好的村庄，以“公司＋村＋农场”为开发模式，打造农旅一体的现代生态休闲农场。目前，湖州 3 个县均被评为全国休闲农业与乡村旅游示范县，5 家园区被评为全国休闲农业与乡村旅游示范点，21 家乡村旅游企业被评为全国休闲农业与乡村旅游星级企业。针对景区景点附近的村庄，以景区景点为依托，推动旅游景区与农民创收协同发展。

2020 年湖州市旅游总收入 1284.6 亿元，收入恢复率 84.0％。全年过夜游客 4431 万人次，人次恢复率 92.2％，恢复率居全省第一。南浔的“古镇游”、吴兴的“南太湖游”、长兴的“上海村”、德清的“洋家乐”、安吉的“美丽乡村游”，融休闲、娱乐、观光、度假、研学、养生、养老、养心为一体，在长三角区域的旅游市场具有较高知名度和一定影响力。

（一）大力发展乡村旅游

湖州依托乡村自然资源优势，探索形成了“生态＋文化”“洋式＋中式”“景区＋农家”“农庄＋游购”四大乡村旅游发展模式，走出了一条由“农家乐”到“乡村游”，从“乡村度假”再到“乡村生活”的乡村旅游发展之路。

一是以美丽乡村为载体，把农村生态资源和农村特色文化融入乡村旅游，做好多元经营文章，促进乡村旅游拓展内涵、彰显特色、提升品质。这种模式以安吉县为最典型。安吉县以大景区理念建设美丽乡村，充分发挥田园、竹海、溪流、山野等生态资源优势和乡村地域文化优势，推动旅游、文化和生态建设融合式发展。该县根据乡村旅游产品均衡分布情况和基础先决条件，先后启动了横山坞、尚书圩、大溪、高家堂等 11 个示范村建设，打造了畲族风情文化特色村郎村、少儿农业科普文化基地尚书垓村等美丽乡村经营试点，建成了 18 个地域文化展示馆和一批生态型主题农庄，实现了山地生态旅游和多元文化体验的深度契合，推动了以生态和文化为特色的乡村旅游繁荣发展。《全国县域旅游研究报告2020》显示，安吉位于2020年全国县域旅游综合实力百强县首位，长兴第三，德清第九。

二是以优势资源为吸引，鼓励旅游发展公司、国际友人、文化创意人士投资生态（乡村）旅游业，融合当地民俗与西方文化、传统理念与现代文明，开发新兴旅游产品，促进乡村旅游发展的市场化、品牌化、国际化、产品化。德清县发挥莫干山品牌优势，积极发展融本地特色和国外文化于一体的“洋家乐”新兴业态。目前，由英、法等10多个国家外籍人士投资建成并开业的“洋家乐”有40余家，还有30多家正在建设中。这一系列新兴旅游产品深受国内外高端客户的青睐。2020年，莫干山镇以精品民宿为代表的200余家高端乡村旅游项目接待游客超272万人次，其中包括70多个国家的游客，实现直接营业收入25.8亿元。莫干山镇也被《纽约时报》评为“全球最值得去的45个地方之一”，并入选“世界十大乡村度假胜地”。

三是以景区景点为依托，鼓励周边农民包装农家庭院建筑，发展休闲观光农业，开发农事体验项目，参与旅游接待服务，形成景区与农家互促共荣的乡村旅游发展格局，促进乡村旅游由传统观光向现代休闲转型发展。长兴县突出景区风光和农家情趣主题，已培育农家乐经营户500多家，累计投入建设资金30余亿元，建成城山沟桃源山庄等休闲农业观光园30余个，每年举办梅花节、樱桃节、银杏节等农事节庆活动10余场次。“农家乐、农业观光园、农事节庆活动”三位一体的发展新模式带动了景区的发展，“古生态奇观”“茶文化胜地”等旅游品牌正日益在长三角乃至全国叫响。

四是以城乡互动为抓手，着力整合城乡资源优势，积极培育乡村休闲大农庄；在发展休闲观光旅游的同时，积极建设旅游购物平台，开发旅游特色商品，打造集休闲、观光、购物等于一体的游购式乡村旅游模式，促进城乡旅游互动，提高乡村旅游发展效益。这种模式以吴兴区、南浔区和市郊为典型。2020年湖州市区已初步形成滨湖休闲乡村旅游带、浔练乡村旅游带、妙西生态乡村旅游区、获港古村渔庄乡村旅游区“二带二区”发展新格局，以荻港渔庄、移沿山生态农庄等市郊十大示范农庄为主体的四大乡村旅游集聚示范区建设扎实推进。

（二）文旅融合助力生态旅游

依托“绿水青山”的生态优势和世界丝绸文化发源地、茶文化发祥地、湖笔诞生地的厚重历史文化底蕴，深入挖掘所在地的特色文化资源，重点打造丝之源、瓷之源、笔之源、茶之源和太湖溇港、桑基鱼塘等生态文化旅游品牌；在发展生态旅游过程中不断融入文化元素，为更多更好的生态旅游产品注入文化品牌价值。同时，注重挖掘湖州历史文化遗产，弘扬当地文化遗产蕴含的传统美德、家风故事、礼仪文化、乡贤文化等优秀传统文化，融入“文化长廊”“乡村博物馆”等展陈载体，展现文化遗产魅力；发掘当地非遗项目、传统手工技艺、历史文化村落和文物建筑蕴含的优秀历史文化资源，开展富有地域特色、隆重喜庆、文明科学的礼仪传习文化旅游活动，提升乡村旅游特色村的文化品位及内涵。

大力推动农村“文化礼堂·幸福八有（有文化礼堂、有展览展示、有文体团队、有文化走亲、有礼仪传习、有素质培训、有村规民约、有长效机制）”建设。截至2018年底，全市共建有581个幸福文化礼堂。鼓励开办农家书屋、民宿书吧等文化场所，开展办“村晚”、闹民俗、唱村歌、跳排舞、文化节等群众喜闻乐见的乡村旅游活动，吸引城市市民走进乡村、年轻村民回归乡村、技艺匠人扎根乡村，通过乡村文化的复兴助力做好乡村旅游经济文章。

（三）助力景区全域化

湖州坚定不移践行“绿水青山就是金山银山”理念，坚持文化铸“魂”、规划塑“形”、产业强“骨”、山水美“颜”、富民固“本”，全市域推进“城、镇、村”景区化建设，奋力在全省率先实现宜创景区村庄全覆盖，高水平创建国家全域旅游示范市。以规划为引领，持续推动“全域美”，努力形成“一户一处景、一村一幅画、一镇一天地、一城一风光”的全域大景区；以绿色为底色，持续彰显“品质优”，把湖州整座城市湖光山色、清水绿岸、鸟语花香的生态特质充分彰显出来，使绿色成为湖州旅游的“鲜明标识”；以产业为支撑，持续展现“实力强”，把抓项目、育产业、强基础作为重中之重来抓，让湖州的旅游发展在全省全国赢得更多“话语权”；以创新为动能，持续促进“机制活”，坚持不懈用改革的思路、创新的办法，推进旅游业提质增效。

四、“生态＋电力”，优化湖州能源结构

2003 年 4 月 9 日，习近平同志在安吉视察天荒坪抽水蓄能电站时指出，天荒坪抽水蓄能电站的建成，对当地乃至华东地区的用电是一件非常有价值的事情，同时又是一个非常生态的，几乎没有任何污染的项目。习近平同志强调了发展清洁能源的重要性，指出首先从社会效益角度看，水电站在平衡电网、减少电能浪费和保护生态方面能发挥很重要的作用，而且水电站建成后能产生很好的经济效益。这样的项目要鼓励，天荒坪抽水蓄能电站二期省里要支持。他在视察过程中强调：“水电站是重要的清洁能源生产方式，但在建设中一定要注意做好环境保护工作。”①

在“绿水青山就是金山银山”理念的指引下，“生态＋电力”是将电力发展与生态文明建设深度融合的重要举措。国家电网湖州供电公司主动融入全市生态文明建设总体规划，立足全市生态优势，积极响应湖州市“生态＋”产业发展规划，以“生态＋电力”为路径，将电力工业发展与城市生态文明深度融合，助力加速构建清洁低碳、安全高效的能源体系，积极推进能源生产和消费革命，全方位赋能绿色生产生活，深度打造赋能美丽中国的湖州样本。

---

① 中央党校采访实录编辑室：《习近平在浙江》（下），中共中央党校出版社，2021 年版，第 216 页。

（一）政企协同做大“生态＋电力”发展格局

经济发展，电力先行，要全面推动生态文明建设，电力也要在生态文明建设中先行作为。一直以来，国家电网湖州供电公司积极践行“绿水青山就是金山银山”理念，大力推进电能替代工程，在产业发展、港口建设、全域旅游、绿色出行等能源应用领域推行清洁电能替代产品，提升全社会综合能效水平。

湖州全市电能替代电量累计 20.94 亿千瓦时，相当于减少煤炭使用量 84.60 万吨，减少二氧化碳排放 208.77 万吨。安吉黄杜村国家级万亩茶园有了茶农双电源、“白茶专用”配变等“电法宝”的加持，白茶年产值突破了 4 亿元。2021 年，电力在湖州市终端能源消费中的占比不低于 40％，新增电能替代量 7 亿千瓦时，在能源供给、电网发展、能源消费、生产生活等方面进一步实现低碳环保、智能高效，并形成一批可推广复制的“生态＋电力”湖州模式。

2017 年 11 月，湖州市人民政府正式印发《湖州市构建“生态＋电力”助推生态文明建设实施方案的通知》，成立了以分管副市长为组长，22 个市政府直属单位和部门为成员的“生态＋电力”工作领导小组，形成了政府主导、电力主推的责任体系，为全领域推进生产清洁用能、社会绿色消费奠定了坚实基础和制度保障。

随着“生态＋电力”推进，更多百姓也享受到了红利，省心电、省钱电、绿色电应用于更多领域，为城乡绿色发展、百姓美好生活“充电”。2017 年，湖州成为全国首个明确新建住宅小区充电桩 100％配套标准的城市。2018 年，湖州城市、城乡所有公交车辆实现零排放，成为全国首个实现本级城市和农村公交 100％电动化的地级市。

2020 年 6 月湖州市启动“生态＋电力”示范城市低碳发展机制，打造绿色城市生态圈。为深入践行“绿水青山就是金山银山”理念，湖州持续深化“生态＋电力”示范城市建设，倡导绿色低碳的生产生活方式和消费观念，实现绿色低碳循环发展。

(二)绿色电能保障成为地方发展的澎湃动力

可靠的绿色能源保障背后是强有力的智能电网。多年来,国家电网湖州供电公司准确把握经济社会发展态势和生态优势,以科学的电网发展规划为指导,按照适度超前的原则优化电网布局,加大电网投资,加快电网建设步伐,推进高压骨干网架建设,带领湖州在全省率先步入特高压时代。①

作为全国少有的各电压等级齐全、电网分布密集的电力输送核心,在宽度不超过600米的空间内,湖州形成了特高压输电通道“湖州廊道”。“湖州廊道”额定输送容量2980万千瓦,是西电东送、三峡电力外送、皖电东送的主要走廊和华东电网东西连接的主要汇集点。目前,国家电网湖州供电公司率先在特高压密集输电通道布局建设5G网络工程,实现了无人机巡检高清图像零延时回传,“湖州廊道”智能运检水平再次提档升级。此外,为加大绿色能源供应,湖州大力推进±800千伏从白鹤滩至浙江特高压直流工程和长龙山抽水蓄能500千伏配套工程,有效提高了清洁能源比例。

国家电网湖州供电公司创新建立新能源集中管控平台,推进“光伏云网”试点,实现了新能源“可视、可监、可管”。按照“最短停电时间、最有利作业方式、最优质供电服务”的要求,加强太阳能、风能等新能源发电项目的配套电网送出工程建设,实现新能源全接入、全消纳。

(三)绿色用能打造升级产业生态圈

自2012年起,国家电网湖州供电公司着手推进电能替代工程。织里镇“煤改电”历时3年,累计完成替代电量10286.13万千瓦时,节约标煤5.5万吨,减少排放烟尘0.2万吨、二氧化碳22.1万吨、二氧化硫0.1万吨,节能减排化为织里童装产业转型升级的助推器。

湖州长兴小浦22千米的全电动输送带可将水泥熟料运送至水运

---

① 《生态电力赋能美丽中国的湖州样本》,人民网,http://zj.people.com.cn/n2/2020/0814/c186327-34228074.html,2020年8月14日。

岸电码头，是全国首个“全电运输、全电仓储、全电装卸、全电泊船”的全电物流。年运输量可达1050万吨，全年可节约燃油2026吨，减少尾气排放14278吨，有效减轻了扬尘、噪声、尾气污染。2020年，该项目成功入选浙江省首批治气典型案例。

绿色是生态实践的底色，能源互联是优化产业结构和布局、培育城市发展新动能的新引擎。国家电网湖州供电公司积极打造绿色用能产业生态圈，推动能源数据共享，联合发改、经信、环保等部门成立湖州市能源大数据中心领导小组，建立监测平台，汇集煤、油、气、电等能源数据，开展企业能耗和能效监测分析，推动产业升级与能源变革。德清莫干山上星星点点的民宿群落基于“绿聚能”产业联盟，以智慧用能采集监测系统实施精准能效管理服务，加速推进能源综合利用，正是能源互联在民宿产业的落地应用。

（四）生态赋能照亮全面小康新图景

2017年，国家电网湖州供电公司开始积极推进港口绿色岸电工程，已率先在京杭运河湖州段实现岸电全覆盖。2019年，湖州岸电设施接入岸电云网服务平台试点成功，在全省率先实现“车船一体化”运营，实现了电动汽车充电桩与内河港口岸电设备一体化运营。2020年，湖州市内河船舶使用岸电工程成功入选2020长三角一体化创新成果展。岸电已从湖州起航，在全国推广。从新能源汽车充电桩到电动公交充电场站建设，再到湖州境内高速公路电动汽车充电服务网络建设，国家电网湖州供电公司依托智慧车联网，努力推进“新基建”充电桩建设，打造充电服务生态圈，推动城乡绿色发展，为美好生活“充电”。

基于“互联网＋供电服务”，国家电网湖州供电公司主动落实“最多跑一次”改革，加强政企数据共享应用，探索水、电、气、网联动报装，实现“网上国网”“浙里办”线上“一网通办”，让办电“一次都不跑、都在网上跑”。积极拓展综合能源服务，搭建电、冷、热行业协作平台，开展供电、供热综合能效分析，推广应用多能联供等综合能源服务新技术，提升终端能源消费综合能效水平。乡村无人供电营业厅、电力服务亭、乡村微电窗口，让乡村办电“小事不出村”“大事不出镇”。

第三节　优化制度体系，建立健全生态文明新机制

2016 年 11 月，习近平总书记在《关于做好生态文明建设工作的批示》中强调，要深化生态文明体制改革，尽快把生态文明制度的“四梁八柱”建立起来，把生态文明建设纳入制度化、法治化轨道。[①] 多年来，湖州始终坚持“生态立市”发展战略不动摇，坚持一张蓝图绘到底，不断推进治理创新，构建了以制度制胜的生态文明建设的内生机制，为完善生态文明建设提供了制度保障。

一、地方标准，固化生态文明建设成果

“湖州标准”体系建设紧紧围绕“两高”总体要求，把标准化战略作为高质量赶超发展的重要支撑，出台《湖州市全面实施标准化战略行动计划（2017—2020 年）》，成立由市长任组长的全面实施标准化战略领导小组，建立健全“统一管理、分工负责”的协调工作机制，标准体系建设取得明显成效，标准化水平保持全省领先。

（一）编制《美丽乡村建设指南》国家标准

湖州明确把“生态立市”作为首位战略，创建全国第一个地市级生态文明先行示范区，发布全国首个由地方编制的生态文明标准体系编制标准，并以湖州安吉为实践依据的美丽乡村建设指南，为全国各地开展美丽乡村建设提供了框架性技术指导。

① 中共中央文献研究室编：《习近平关于社会主义生态文明建设论述摘编》，中央文献出版社 2017 年版，第 109 页。

2010 年，安吉县率先引入标准化手段推进“美丽乡村”建设，开展全国首个“美丽乡村标准化示范县”创建，明确了 36 项考核指标，制定了美丽乡村建设的标准体系，并取得显著成效，走出了一条三产联动、城乡融合、农民富裕、生态和谐的符合地方特色的科学发展道路；为将美丽乡村建设的经验、成果进行标准转化和推广，探索了新农村建设的新模式。2015 年，安吉县人民政府、浙江省标准化研究院、福建省标准化研究院、中国标准化研究院等 6 家单位共同编制了《美丽乡村建设指南》。

《美丽乡村建设指南》对乡村个性化发展预留了自由发挥的空间，鼓励各地根据乡村资源禀赋，因地制宜、创新发展；作为推荐性国家标准，为开展美丽乡村建设提供了框架性、方向性技术指导，使美丽乡村建设有标可依，使乡村资源配置和公共服务有章可循，使美丽乡村建设有据可考。①

（二）制定系列生态文明示范区建设地方标准

近年来，湖州市积极创建首个国家生态文明标准化示范区，全面建立湖州市生态文明标准体系，完成制定（修订）市级以上生态文明领域标准 16 项，发布全国首个《生态文明标准体系编制指南》市级地方标准规范。新成立湖州市标准化研究院，完成湖州市农业标准化技术委员会、旅游标准化技术委员会等专业技术委员会筹建，标准化工作基础进一步夯实。2018 年，湖州市质量技术监督局、湖州市标准化研究院、中国标准化研究院和浙江省标准化研究院共同起草的《生态文明示范区建设指南》地方标准正式发布。这是全国首个生态文明示范区建设标准，有利于指导当地生态文明先行示范区建设，也有利于总结有效做法。在全国推广湖州模式，更有利于完善政策机制，提高生

① 《〈美丽乡村建设指南〉国家标准将于 6 月 1 日实施》，新华网，http://www.xinhuanet.com/politics/2015-05/27/c-115429380.htm，2015 年 5 月 27 日。

态文明建设水平。[①]

二、地方立法，强化生态文明建设法律保障

湖州以法律的形式建立生态文明建设的权威性规则体系，有利于更好地用法治方式来调整利益格局、规范行为秩序、解决实际问题，为湖州市守护绿水青山、发挥生态优势、实现绿色发展提供了制度依据和法律保障。

（一）制定《湖州市生态文明先行示范区建设条例》

2016年4月，湖州市七届人大常委会第二十九次会议审议通过湖州第一部实体性地方性法规《湖州市生态文明先行示范区建设条例》。这是全国首个生态文明地方法。《湖州市生态文明先行示范区建设条例》是贯彻“绿水青山就是金山银山”重要思想、促进生态文明建设的有力举措。2015年，中央专门出台《关于加快推进生态文明建设的意见》，强调要健全生态文明法律法规。加强地方立法，把这些理论、实践和制度成果上升为地方性法规，既突出了立法的管用要求，又体现了立法的地方特色，有利于湖州市生态文明先行示范区建设在法治层面的先行先试，为全省乃至全国提供可复制、可推广的“湖州样板”。

《湖州市生态文明先行示范区建设条例》（以下简称《条例》）分为总则、规划建设、制度保障、监督检查、公众参与、法律责任和附则7章，共59条。《条例》确定了每年8月15日为全市生态文明日；确立了生态文明先行示范区建设的指标和标准化体系，坚持了生态文明先行示范区建设规划先行，加强并提高了生态环境保护治理标准和要求，完善了自然资源资产产权制度，健全了资源环境保护市场化机制，突出和加强了生态文明先行示范区建设的绿色考核，加大了生态保护领域司法执法力度，拓展了公众参与生态文明建设的方式和途径，并

① 《全国首个！湖州发布〈生态文明示范区建设指南〉地方标准》，《浙江日报》2018年7月21日。

设定了违反条例规定的法律责任。《条例》主要内容包括六个方面。第一，明确立法目的、责任对象。首先《条例》明确了立法目的。其次，明确了政府、各有关部门以及社会公众的责任。第二，立法目标和内容。《条例》规定了生态文明先行示范区建设的目标措施，一是明确生态文明建设定量目标；二是要求科学规划生态空间，组织实施环境功能区划，建立生态红线严格保护制度；三是对生态文明建设主要任务分别做了规定和要求。第三，制度保障体系。《条例》从 3 个方面规定了生态文明建设的制度保障体系。一是建立自然资源资产产权制度，并落实领导干部自然资源资产离任审计和生态环境损害责任终身追究制；二是建立市场化机制，包括生态补偿制度以及排污权、水权、碳排放权、林业碳汇交易等制度；三是完善经济政策，如财政支持保障、引导绿色金融发展、多元投资制度等。第四，监督检查。《条例》规定了生态文明建设的监督检查内容，体现在三个方面：一是各级人大及其常委会对生态文明先行示范区建设的监督义务和权利；二是对政府部门绿色考核做了规定；三是对生态文明建设的执法、司法以及公益诉讼等方面做了规定。第五，公众参与和生态文化建设。《条例》就公众参与作了规定：一是对信息公开的范围和方式进行了说明；二是就社会监督制度作出了规定；三是明确要求将生态文明建设知识纳入国民教育体系和公务员教育培训体系；四是提出全社会遵守生态文明公约。第六，法律责任。《条例》从五个方面就有关法律责任进行规定：一是指出上位法优先原则；二是明确了生态建设有关的行政主管部门及其工作人员的法律责任；三是规定了破坏自然生态红线区和太湖溇港的法律责任；四是规定了土壤污染修复责任人、控制责任人未开展土壤污染修复或者控制的相关责任；五是根据新环保法中对地方性法规的授权，对水、固体废物、土壤、噪声等污染行为可作按日连续处罚。

（二）制定《湖州市美丽乡村建设条例》

2019 年 3 月 28 日，《湖州市美丽乡村建设条例》经浙江省十三届人大常委会第十一次会议表决通过。浙江省人大常委会法工委主任任亦秋表示，这是国内首部地方性美丽乡村建设法规，不仅让湖州的美丽乡村建设正式步入有法可循的轨道，也为全省乃至全国各地的美丽乡村建设提供更多湖州经验。

在《湖州市美丽乡村建设条例》立法过程中，始终贯彻“绿水青山就是金山银山”理念，充分体现湖州特色，把农村人居环境提升和产业发展促进作为立法重点，充分体现了湖州市美丽乡村建设在全国范围内的影响力和引领性。《湖州市美丽乡村建设条例》以立法形式固化湖州市十多年来美丽乡村建设管理经验，努力为全国美丽乡村建设提供更多的湖州经验、制度方案。《湖州市美丽乡村建设条例》创设了很多具有地方特色的制度规定，为行政执法、农村自治管理提供了法律依据。《湖州市美丽乡村建设条例》的出台和实施，对于推进湖州市农村人居环境提升、推动美丽乡村由建设向经营跨越、引领美丽环境转化为美丽经济、实施乡村振兴战略具有重要意义。

《湖州市美丽乡村建设条例》明确了市、区县人民政府的领导责任以及乡（镇）人民政府、街道办事处的组织实施责任，对村委会以及村民的权利和义务做了规定，以突出村委会的自治管理和村民的主体作用，提高村民参与度。《湖州市美丽乡村建设条例》规定了县域美丽乡村建设规划、村庄设计、农房设计以及公共服务设施、道路、生活垃圾处理设施、卫生厕所等建设，市、县（区）人民政府应当加强政府性投入资源的统筹，避免重复和不符合实际的建设。提倡多村共建、共享公共服务设施，节约集约利用土地、资金等资源。为提升人居环境，《湖州市美丽乡村建设条例》明确了生活垃圾分类、建筑垃圾处理、农业废弃物处理、家禽家畜饲养、农村生活污水处理、管线架设、公共空间治理、村庄美化等要求。《湖州市美丽乡村建设条例》规定了产业布局规划、生态高效农业、小微企业转型升级、特色产业发展以及政务服务、土地金融人才支撑、壮大集体经济等内容，针对实践中美丽乡村建好后转化路径不畅、成效不高、后续资金短缺等问题，明确要求县（区）人民政府制定符合实际的产业发展政策，鼓励有条件的村庄编制产业发展规划，加强产业发展的布局和引导；根据现有农村产业布局，对一、二、三产业发展分别作出规定，并强调产业融合发展；明确通过引导工商资本到农村投资、预留用地空间和指标、培育新型职业农民等途径，破解资金、土地、人才等要素瓶颈。为加强保障和引导，《湖州市美丽乡村建设条例》规定了工作考核、资金保障、联合执法、村民自治、道德培育、村务公开、示范创建、宣传教育等内容，突出了道德培育、村规民约自治与行政执法相结合的"三治融合"治理方式。

《湖州市美丽乡村建设条例》采取教育与惩罚相结合的原则，只对4种违法行为规定了法律责任，包括：擅自关闭、拆除农村生活垃圾分类、污水处理和公共卫生厕所设施、设备；未按要求分类投放、收集、运输生活垃圾；随意抛撒、倾倒、堆放建筑垃圾；管线运营单位未定期对管线进行清（整）理，影响村容村貌。同时，《湖州市美丽乡村建设条例》还明确了公职人员违法的法律责任。

（三）制定《市容和环境卫生管理条例》

城市市容和环境卫生与群众日常生活关系紧密，可以直接反映一个城市的文明程度和市民的精神风貌。城市市容和环境卫生管理是维持城市正常运转的一项基础性工作，对于提升城市整体功能、提高人民群众生活质量、促进社会文明进步，具有重要意义。

随着经济社会发展和城市建设的加快推进，湖州市市容和环境卫生管理工作出现了许多新情况、新问题。有的现有立法未做专门规定，难以满足当前的管理需求，如停车资源调节等；有的现有立法较为限制，需要地方立法进一步细化和补充，如城市道路的维护、生活垃圾管理等。此外，室外摊贩管理一直是湖州市城市管理中的重点和难点，需要立法加以引导和规范。因此，在不与上位法相抵触的前提下，有必要结合湖州市实际，制定一部管用、可操作的地方性法规。

《湖州市市容和环境卫生管理条例》共30条，主要拟解决的重点问题如下：一是摊贩管理问题。通过核发摊贩登记证的方式对流动摊贩、固定摊贩、特种摊贩（食品销售）、临时摊贩经营的范围、场所、时段进行登记，纳入市场主体名录，改变以往因无信息记录，采取扣留物品的强制执法和追逃式执法。对登记摊位履行环境卫生和食品安全责任进行记分式管理，并设置相应处罚种类和奖惩措施。按一定的服务半径设置小贩中心（平价综合商业设施），以优惠的津贴接收街边小贩，逐步引摊入市；对特色小贩中心进行景观化改造提升，使其成为邻里交流中心和城市旅游景观窗口。对城市室外空间进行合理规划，把市、县（区）、镇建成区划分为：禁止设摊区——任何流动摊贩不能经营的区域，如在交通拥挤和商业核心路段设置"禁止区"；限制设摊区（点）——在指定的时间、区域（点）内临时设摊经营；有条件开放区——在不影响道路畅通和周边居民生活的情况下，固定时间、区域（点）设摊经营。

二是市容强制性标准。建筑物立面方面，为外墙清洗、外墙粉刷、店招、空调外机等设置了相应的标准。道路保洁方面，对各类道路和道路附属设施的清扫保洁进行了规范，明确了"一把扫帚扫到底"工作机制。污水治理方面，明确了雨污分流。油烟治理方面，要求餐饮业主、单位食堂必须安装油烟净化器，禁止露天烧烤。扬尘治理方面，明确防止产生施工扬尘、土壤扬尘、道路扬尘、堆场扬尘的具体措施及强制性标准。犬类管理方面，规定居民必须办理"犬类准养证"，禁止烈性犬进入公共场所，其他犬进入公共场所必须用束犬链牵行。城市绿化方面，建立绿化植被定期"体检"养护制度，制定立体绿化、屋顶绿化和停车场绿化的标准。

三是建筑垃圾管理。有关成品房交付制度，为从源头上减少建筑垃圾的产生，分步推进新建住宅小区实施精装修交付制度，或者鼓励有条件的开发商出售精装修房。有关消纳场、调度中心，明确建筑垃圾消纳场规模与建筑垃圾日产生量的关系，将建筑垃圾消纳场与调度中心合二为一，开展垃圾资源化处理。

四是生活垃圾管理。明确生活垃圾分类方式，明确各类收集容器的规格、标识及标志色。加强垃圾分类知识的宣传普及，提倡消费者自带购物袋，且要求商店不得销售和赠送塑料材质购物袋，只允许销售环保袋。沿街店面产生的生活垃圾和餐厨垃圾必须委托环境卫生专业服务单位收集和处置，进行无害化处置，不得任意处置。要求生活垃圾运输车辆全密闭化管理，且全程装配监控设施，加强对垃圾运输沿途滴漏的监控。针对现阶段焚烧能力不足的问题，在市域范围内统筹规划建设垃圾焚烧厂，由属地负责建设、市统一管理；放开垃圾处理市场，实现垃圾处理设施建设投资和运营管理主体多元化。

五是环境卫生设施建设与管理。建立道路管线协调机制，尽量避免因各类管线改造施工而造成道路反复开挖。实行道路杆线"二维码身份证"制度，改变无序化设置和维护无主化现状。人行道铺设，建筑物后退道路红线部分的人行道材质与市政道路的材质及建设标准应当一致。健全经费保障机制，明确市容和环卫事业经费按市容标准测算的实际任务量全额保障。

六是执行与责任落实。对因当事人拒不履行环境卫生义务而产生的代履行费用和一定数额的行政处罚案件的处罚决定，由法院环保法庭适用简易程序快速和非现场执行。明确易腐烂、鲜活的暂扣物品和无主物品，可捐赠给公益事业单位。将市容环境卫生管理列入上级政府对下级政府及其派出机构的考核内容。因政府履职不到位而导致市容环境污染、市容秩序混乱的，纳入环境公益诉讼范畴。

（四）制定《禁止销售燃放烟花爆竹规定》

燃放烟花爆竹是中国民间长期以来形成的、用以表达喜庆欢乐等心理的一种习俗。随着时代的发展和社会的进步，烟花爆竹自身存在的安全隐患以及燃放过程中造成的环境污染特别是扰民现象已逐渐成为社会共同关注的问题。

2006年国务院颁布了《烟花爆竹安全管理条例》，构建了中国烟花爆竹生产、运输、经营、燃放安全等管理制度的基本框架。2010 年，浙江省政府也制定出台了《浙江省烟花爆竹安全管理办法》，授权县级以上人民政府确定禁止或者限制燃放烟花爆竹的时间、地点和种类。2019 年，杭州、宁波、金华已经以立法的形式出台了禁止销售、燃放烟花爆竹有关规定。

湖州市及时总结 10 多年来有限燃放的实践，结合本市实际，合理确定禁燃区域，规范市民的燃放行为，减少不文明行为，移风易俗，从而提高市民文明素质和生活环境质量；并认为对上位法关于烟花爆竹管理的规定进行细化和补充非常有必要。此外，鉴于烟花爆竹销售行为与燃放行为密切相关，仅禁止燃放而不禁止销售难以达到预期效果，因此在立法起草时一并予以了考虑。

《湖州市禁止销售燃放烟花爆竹规定》（以下简称《规定》）共 25 条，主要内容说明如下：一是总则性规定。明确了立法目的、依据和规定的适用范围。近年来，燃放烟花爆竹引发环境污染问题的社会关注度明显提高，《规定》在国务院《烟花爆竹安全管理条例》和《浙江省烟花爆竹安全管理办法》的基础上增加了“防治环境污染”条款，以回应社会关注。

二是禁止范围。明确了吴兴区行政区域内全面禁止销售、燃放烟花爆竹，其他县（区）的禁止区域由各县（区）政府自行确定（在征求意见和讨论的过程中，有观点认为在吴兴区行政区域内全面禁止的基础上，应当增加其他县区城市建成区为禁止区域；有观点认为市本级行政区域内应当全面禁止；还有观点认为鉴于传统风俗、城乡差异的影响和执法能力的制约，禁止销售燃放烟花爆竹应当逐步推进，吴兴区行政区域内城市、镇建成区禁止较为可行），授权县（区）政府可以对禁止区域外燃放烟花爆竹的时间作出限制。在禁止区域外的特殊场合，基于维护消防安全和人身、财产安全的需要，也明确禁止燃放烟花爆竹；要求政府在禁止销售、燃放烟花爆竹的区域和场所设置明显标志，做好提示工作；为了巩固治霾成果，《规定》明确重污染天气期间，全市禁止燃放烟花爆竹；此外，基于公共利益的需要，可能在禁止区域内举行重大公共活动而举办焰火晚会或者其他大型焰火燃放活动的，《规定》作了例外规定，但要求举办者按照规定程序申请，经批准后还应当向社会公告。

三是管理措施。明确了有关主管部门的职责分工，赋予基层群众性自治组织、物业服务企业劝阻和报告义务；烟花爆竹管理特别是禁止燃放工作，需要全社会共同参与，宣传教育工作必须及时跟进，为此明确了有关主体的宣传教育义务；明确了禁止区域外烟花爆竹零售点的布设原则和程序；为了加强烟花爆竹流向管控，规定烟花爆竹批发企业、零售经营者、燃放作业单位建立档案备查；为移风易俗，鼓励使用安全、环保的替代性产品。

四是法律责任。根据地方立法"不重复上位法规定"的要求，《规定》对部分违法行为的法律责任做了规定，对自行设定的义务性规范设定了相应的法律责任，对部分有上位法依据的法律责任作了必要的细化或衔接。

三、政策制度，压实生态文明建设责任

自2015年开始，湖州开展领导干部自然资源资产离任审计试点工作；2016年，湖州市被列入领导干部自然资源资产离任审计国家试点。通过制定领导干部自然资源资产离任审计制度，扎实有效地推动了领导干部切实履行自然资源资产管理和生态环境保护责任，保障了湖州市生态文明先行示范区建设各项目标任务顺利完成，为全国开展领导干部自然资源资产离任审计提供了样本。

（一）编制全国首张自然资源资产负债表

2015年11月8日，国务院发布《编制自然资源资产负债表试点方案》。目标是摸清中国自然资源的存量、流量及其变动情况，逐步建立系统科学的自然资源核算和统计监测体系，为保护环境、推动社会可

持续发展和生态文明建设、促进自然资源的永续利用提供决策支持。这是中国政府首次提出编制国家层级的自然资源资产负债表，具有重要的理论价值与实践意义。探索编制自然资源资产负债表，是贯彻落实习近平同志有关重要论述、推进生态文明制度建设、加快经济发展方式转变、实现经济社会与资源环境协调发展的重要举措。

编制自然资源资产负债表，可客观地评估当期自然资源资产实物量和价值量的变化，摸清某一时点上自然资源资产的"家底"，准确把握经济主体对自然资源资产的占有、使用、消耗、恢复和增值活动情况，全面反映经济发展的资源消耗、环境代价和生态效益，从而为环境与发展综合决策、政府生态环境绩效评估考核、生态环境补偿等提供重要依据。

1. 湖州自然资源资产负债表的编制内容

《编制自然资源资产负债表试点方案》提出，要根据自然资源保护和管控的现实需要，先行核算具有重要生态功能的自然资源。我国自然资源资产负债表的核算内容主要包括土地资源、林木资源和水资源。有条件的试点地区可结合当地实际探索编制矿产资源资产负债表。在各地试点中，不开展价值量核算。

湖州根据指导意见和自身实际，在编制湖州市自然资源资产负债表时，重点编制土地资源资产账户、林木资源资产账户和水资源资产账户三类分表。编制的统计期间为 2011 年以来 5 个公历年度(1 月 1 日至 12 月 31 日)。统计记录的主要内容为自然资源实物存量、变动情况和价值量的资产负债表。县(区)主要包括土地资源、林木资源、水资源的实物量和价值量；乡(镇)主要包括土地资源、林木资源、矿山生态修复的实物量和价值量。其中，土地资源资产负债表主要包括耕地、林地、园地等土地利用情况，耕地等级分布及其变化情况。林木资源资产负债表包括天然林、人工林、其他林木的蓄积量和单位面积蓄积量。水资源资产负债表包括地表水、地下水资源情况，水资源质量等级分布及其变化情况。

2. 湖州自然资源资产负债表的编制方法

湖州自然资源资产负债表编制主要包括四大类自然资源：土地资源、水资源、林木资源和矿产资源。土地资源资产负债表的主要核算对象包括耕地、林地等自然用地类型的分布状况、变化情况及其质量等级等。水资源资产负债表用于核算水资源，包括地表水和地下水的水量、水源面积及利用情况；也包括与水资源相关的管理对象或事物，如地下水埋深、水体质量。林木资源资产负债表主要核算对象包括天然林、人工林和其他林木的蓄积量及林产品，还结合不同林种、林龄的差异情况及质量进行评估。矿产资源资产负债表用于核算已探明储量和新开采的能源矿产、金属矿产和非金属矿产等，还需注意矿产资源的品位、等级。

湖州自然资源资产负债表的结构为“1 张总表＋6 张分类表＋72 张辅表＋N 张底表”。总表根据各类自然资源实物量及其价值量的增减变化，反映核算主体某时点的自然资源资产和负债的规模、构成以及变动。分类表分为实物量表和价值量表两种形式，分别反映核算期内资源、环境和生态三方面的实物和价值状况。辅表也分为实物量表和价值量表两种形式，均分门别类地反映核算期内各类资源资产、环境质量以及生态功能，为自然资源资产负债表主表或分类表乃至总表提供数据支持。底表也可称为基础表，作为自然资源资产负债表编制的基础性账户。这些基础表详细记录与统计核算期内各类资源、环境、生态状况，记录各类资源、环境质量和生态功能变化的来源、去向及其数量与属性，并记录各行业资源、环境利用数量与质量等属性，是编制自然资源资产负债表的元数据表格。

（二）建立全国首个领导干部自然资源资产离任审计制度

为加快推进生态文明建设，推动探索建立领导干部自然资源资产离任审计制度，根据中共中央办公厅、国务院办公厅《开展领导干部自然资源资产离任审计试点方案》要求，进一步组织地方审计机关做好领导干部自然资源资产离任审计试点工作。这标志着领导干部自然资源资产离任审计试点工作正式拉开帷幕。试点方案指出，开展领导干部自然资源资产离任审计试点，应坚持因地制宜、重在责任、稳步推进，要根据各地主体功能区定位及自然资源资产特点和生态环境保护工作重点，结合岗位职责特点，确定审计内容和重点，有针对性地组织实施。审计涉及的重点领域包括土地资源、水资源、森林资源以及矿山生态环境治理等领域。要对被审计领导干部任职期间履行自然资源资产管理和生态环境保护责任情况进行审计评价，界定领导干部应承担的责任。方案明确，领导干部自然资源资产离任审计试点于2015年到2017年分阶段分步骤实施，2017年制定出台领导干部自然资源资产离任审计暂行规定，自2018年开始建立经常性的审计制度。①

1.湖州市领导干部自然资源资产离任审计制度主要内容

2015年，湖州编制出首张自然资源资产负债表后，获得国家有关部委的认可；2016年，湖州市又被列入自然资源资产负债表编制和领导干部自然资源资产离任审计国家试点。《湖州市领导干部自然资源资产离任审计(暂行办法)》主要内容如下：审计的对象，市级主要是审计县(区)党政主要负责人，县(区)主要是审计重点乡(镇)党政主要负责人。审计的内容，县(区)主要是领导干部任职前后所在地区的自然资源资产实物量及生态环境质量变化状况，主要包括土地资源、水资源、林木资源及矿山生态环境治理、大气污染防治等重点领域。乡(镇)主要包括土地资源、林木资源、生态环境治理等重点领域。

考核评价内容包括自然资源资产保护、自然资源资产利用和生态环境改善三大类别、10个方面、20项基础指标。其中，自然资源资产保护部分包括耕地保护、森林保护、水源保护、节能减排4个方面的10

① 《〈开展领导干部自然资源资产离任审计试点方案〉出台》，《光明日报》2015年11月11日。

项基础指标，权重为50％；自然资源资产利用部分包括土地资源利用、水资源利用、矿山修复3个方面的5项基础指标，权重为20％；生态环境改善部分包括大气环境质量改善、水环境质量改善、社会公众评价3个方面的5项基础指标，权重为30％。

考核评价工作在市生态文明先行示范区建设领导小组的领导下组织实施，由市生态文明办牵头，市国土资源局、市水利局、市农业农村局、市林业局、市环保局等主管部门负责提供基础数据、分析评估，市统计局负责汇总测算、综合评价。考核评价工作每年组织开展1次，一般在次年的5月底前完成。

考核评价结果以两种形式发布：一是量化指数。具体分为3个层次：第一层次为自然资源资产保护与利用绩效综合评价指数；第二层次为自然资源资产保护、自然资源资产利用和生态环境改善3项分类评价指数；第三层次为各项基础指标评价指数。二是定性等次。根据各县（区）每年的自然资源资产保护与利用绩效，计算其综合评价指数与全市平均指数的差异程度，按优秀、良好、合格、不合格4个等次给予评定。同时，计算其综合指数与上年度的变化程度，按进步、稳定、退步3个属性给予评定。

2. 湖州市领导干部自然资源资产离任审计制度的实践

自2015年开始，湖州开展领导干部自然资源资产离任审计试点工作；2017年中办、国办印发《领导干部自然资源资产离任审计规定（试行）》①，湖州在该制度试点中走在全国前列。安吉县是我国最早开展自然资源资产离任审计的试点地区之一，已覆盖全市三县两区所有乡镇领导干部，并成功对36名党政主要领导干部开展了生态审计。通过两年多的探索，这项制度逐渐完善。

2018年，湖州市审计机关全面开展领导干部自然资源资产离任

① 《中办国办印发〈领导干部自然资源资产离任审计规定（试行）〉》，《人民日报》2017年11月29日。

审计工作。审计对象从试点期间的乡(镇)党政主要领导干部扩大到承担相关资源管理和环境保护职责的部门主要领导,并在继续探索自然资源资产审计方法技术上取得了新进展,提高了审计效率和成效。

一是市县审计机关整合联动。湖州市审计局把市、区(县)审计机关领导干部自然资源资产离任(任中)审计项目作为全市性的大项目来谋划安排,通过出台审计操作规程、制订统一工作方案、组织专题培训研讨等,指导区(县)开展审计;加强资源整合、信息共享,市审计局对被审计单位的相关数据进行集中采集分析,将涉及有关乡镇区域内的疑点交由区(县)局审计组现场核实,同时县(区)审计组根据需要也可到市局查找相关审批资料或数据信息。

二是地理信息数据综合利用。如市审计局在开展市林业局局长自然资源资产审计中,从林业、环保、国土、测绘 4 个部门搜集了多达 400GB 的数据,构建审计分析模型,查明了建设开垦违规占用林地、工程项目占用湿地和公益林区划落界工作不到位等问题。德清县审计局与县地理信息中心合作,首次借助县“多规合一”规划协同平台,并运用人工智能技术 Deep Learning(深度学习)开展审计,在短时间内定位各类疑点 653 处,现场核查准确率在 80%以上;长兴县审计局通过 ArcGIS 联合带图 GPS 进行现场勘探,实现精准定位疑点。

三是加强与内审的协同合作。如市审计局在指导湖州经济技术开发区管委会内审机构将街道主任的自然资源资产责任审计列入年度计划,与其他区(县)的审计项目同步实施;并在审计全过程中加强国家审计与内部审计的协同配合。市审计局将对市林业局审计中发现的涉及街道的审计疑点委托开发区内审组进行延伸核实,同时会同内审协会进行现场指导,推动解决内审工作开展中遇到的困难和问题。

四是增强部门之间协作合力。审计机关与相关部门在审前、审中、审后的协作更加紧密,监督合力进一步增强。如吴兴区通过与纪委区监委建立“评审联动”机制,审前互通情况抓重点、审中深入探讨排进度、审后跟踪反馈促整改，促进常态化运行；安吉县审计局通过组建由相关职能部门人员参加的联合审计组实施审计，并采取审计评价指标量化和主管部门年度考核结果量化相结合的办法，构建审计评价模式；南浔区审计局通过区委生态办牵头，即时取得审计所需数据和相关监测结果，在审计意见中加以运用与体现。

2019 年 12 月，湖州市委办公室、市政府办公室印发《湖州市领导干部自然资源资产离任审计实施办法（试行）》（以下简称《实施办法》），全面规范湖州市领导干部自然资源资产离任审计工作。《实施办法》包括审计组织管理、审计重点内容、审计评价及结果运用等 7 个方面 32 条内容，对全市领导干部自然资源资产离任审计工作进行了详细的规定。《实施办法》结合湖州自然资源资产禀赋和功能定位，紧扣当好践行"绿水青山就是金山银山"理念样板地、模范生的重大使命，在全面贯彻上级精神和要求的基础上，作出了更进一步的具体规定。如：明确市、县（区）每年至少安排一个自然资源资产离任审计项目；强调贯彻绿色审计理念，注重经济责任、政策跟踪及相关专项审计统筹；明确以生态文明建设目标任务和"湖州市绿色发展指标"为重点开展审计，将"多规合一"及信息系统审计纳入审计内容；突出地理信息技术方法在审计过程中的应用，要求进一步研究细化审计评价标准，探索建立定性评价与定量评价相结合的审计评价指标体系等。

第四章　全面高质量推进湖州社会建设

社会建设关乎民生，关乎国家长治久安，是中国特色社会主义“五位一体”总体布局的重要组成部分，为经济发展、政治稳定、文化昌明、生态优化提供重要基础和支撑，在“四个全面”战略布局中具有举足轻重的地位和作用。因此，社会建设布局必须具有系统性和战略性。

党的十八大以来，习近平总书记高度重视社会建设。2012 年 11 月 15 日，十八届中央政治局常委与中外记者见面时，他明确指出：“我们的人民热爱生活，期盼有更好的教育、更稳定的工作、更满意的收入、更可靠的社会保障、更高水平的医疗卫生服务、更舒适的居住条件、更优美的环境，期盼着孩子们能成长得更好、工作得更好、生活得更好。人民对美好生活的向往，就是我们的奋斗目标。”[①]所谓美好生活，不仅包括优质的教育、高质量的就业、丰厚可观的收入、便捷高效的医疗卫生条件和完善的社会保障体系，而且要以人民为中心，不论在国家治理还是社会治理中，都要让人民群众参与并做主，让群众受益并满意，真正使群众成为利益的主体。[②] 在这个意义上，社会建设水平涉及人民群众对包括教育、医疗、就业、社会保障、公共卫生、社会治理等社会发展方方面面的体验和感受，是人的全面发展和社会全面进步的重要衡量指标。

---

① 习近平：《人民对美好生活的向往，就是我们的奋斗目标》，《十八大以来重要文献选编》(上)，中央文献出版社 2014 年版，第 70 页。

② 《习近平社会建设战略思想的鲜明特征》，《毛泽东邓小平理论研究》2017 年第 10 期。

湖州全面贯彻习近平总书记关于社会建设的重要指示和讲话精神，践行以“人民为中心”理念，推动社会建设实践创新，力争成为全面展示中国特色社会主义制度优越性重要窗口示范样本。2020年，湖州全面小康社会建设取得决定性成就，教育、医疗、就业、社会保障等民生福祉持续改善。实现全国文明城市“两连冠”、市县全覆盖，成为公立医院改革国家联系试点城市，县域医共体建设实现区县全覆盖，就业局势保持稳定，社会保障水平稳步提升，全面完成集体经济薄弱村“消薄”任务，成功入选“国家城乡融合发展试验区”。社会治理不断健全，成为首批全国法治政府建设示范市，平安建设实现“十三连冠夺金鼎”，探索形成了乡村治理的“余村经验”、镇域治理的“织里经验”，成功举办“中国治理的世界意义”国际论坛，人民获得感、幸福感、安全感、满意率稳居前列。

第一节　有效推动“平安湖州”建设，推进社会治理创新

近15年来，湖州在践行“绿水青山就是金山银山”理念，落实习近平总书记关于社会治理指示方面开展了大量极富开拓性的工作。基层社会治理成效明显，社会治安和平安指数排名始终位列全省前茅。当前，湖州正按照争创平安中国示范区的先行区，打造基层治理现代化先行地、排头兵的要求，聚焦湖州市委“一四六十”工作体系，以平安湖州“十五连冠、金鼎加星”为主目标，不断深化平安湖州建设和基层社会治理现代化建设，持续推进市域社会治理创新，努力为服务保障湖州高质量赶超发展营造安全的政治环境、稳定的社会环境、公正的法治环境、优质的服务环境。

一、以“大平安”理念为统领，构建社会治理共同体

近年来，湖州始终坚持“绿水青山就是金山银山”理念，不断加大

生态环境治理力度，全域环境质量显著改善，“五水共治”连续6年获得浙江省考核优秀市“大禹鼎”。生态环境和生态安全逐步改善的同时，人们对社会安全、食品安全和生产安全等其他公共安全方面的期望也逐年提高。为此，湖州以“大平安”理念为统领，通过构建共建共治共享的社会治理共同体，发挥政府各部门、社会组织、志愿者和民众等治理主体的协同合力，实现了平安湖州“十三连冠”，获“平安市”称号，各区（县）均获得“平安县（区）”称号，实现了平安区（县）“满堂红”，其中，南浔区、德清县、安吉县获省首批“一星平安金鼎”。

（一）坚持整体式治理，健全公共风险管控机制

通过完善“监测—预警—处置—反馈”风险闭环管控机制，打造现代化、“数智”化、高效化、精准化的风险防控体系。坚持底线思维，着力防范化解重大安全生产和自然灾害风险，完善“大安全、大应急、大减灾”体系。围绕道路交通、消防安全、危险化学品、液氨制冷、可燃爆粉尘、建筑施工、有限空间作业等重点行业、重点领域，加强风险管控和隐患治理，落实好安全风险分级管控和隐患排查治理双重预防机制，综合运用通报、约谈、警示、曝光等措施，压实部门主体责任和行业监管责任。加强食品药品安全监管，持续深化“厨房革命”和“食安校园”工程，全力排查化解食品药品领域安全风险隐患，加大食品安全犯罪打击力度。加强生态环境领域监管，以生态文明创建行动为总抓手，以持续改善生态环境质量为核心，高标准打赢污染防治攻坚战，持续提升公众满意度，扎实开展“守青山、护绿水”专项工作。通过整体式治理，全市平安建设总体形势持续平稳，平安指数持续排名全省前列。2020年已公布的平安指数数据中，湖州市有5个月列全省第一位（累计数列全省第一位），为全市经济社会发展营造了和谐稳定的社会环境。

（二）坚持督导考核，落实平安建设责任制

健全完善平安建设月报月评、季度分析、暗访督办、“双移交”“实

绩归档”等机制，确保平安建设规范化提档升级。将平安建设纳入市委对区（县）和市级部门年度综合考核，每年动态修订《湖州市区（县）和部门考核平安建设专项考评办法》和《湖州市平安乡镇（街道）考核评审条件》，加大考核权重。优化完善乡镇（街道）平安指数模型，逐步推开乡镇（街道）平安指数和平安考核并轨运行试点，每月通报“晾晒”，将考核责任和压力传导到“最后一纳米”。委托第三方每季度开展全市群众安全感电话调查、拦截式调查，平安“三率”进一步提升。完善市、县、乡三级平安建设协调机制，充分发挥市级部门和各区（县）、各乡镇（街道）在本系统、本地区暗访督查中的主体作用，做到辖区内所有公共安全风险点位“底数动态清、监管全覆盖”。推动市级重点部门牵头部署开展反恐、生产、消防、社会治安、食品药品、校园、道路交通、电信网络诈骗、禁毒、瓶装燃气等行业领域专项暗访整治，充分运用通报、约谈、挂牌督办等措施，确保全市公共安全隐患存量明显降低。持续开展平安综治“双百”评选表扬活动，提高社会各界参与平安建设积极性。

（三）坚持系统观念，构建多元治理格局

湖州以“矛调中心”建设为抓手，坚持系统观念，构建多元主体参与社会治理格局。具体而言，主要包括构建“市级抓统筹、区县管终结、乡镇负主责、村社打基础”四级联动的多元预防调处综合工作体系；构建高效集成协同机制；加大社会组织培育力度，引导行业协会、群团、乡贤、媒体多方力量参与矛盾纠纷调处化解。

二、以“自治、德治、法治、智治”为特色，健全基层社会治理体系

基层社会治理是国家治理的“最后一公里”。基层社会治理体系和治理能力现代化建设，是国家治理体系和治理能力现代化建设的重要组成部分和关键一环。党的十九大报告明确要求，“加强社区治理

体系建设，推动社会治理重心向基层下移，发挥社会组织作用，实现政府治理和社会调节、居民自治良性互动”。湖州市10多年来始终以“自治、德治、法治、智治”建设为特色，努力健全基层社会治理体系，涌现了“余村经验”“织里经验”等基层治理的典型经验和做法。

（一）坚持以公平正义为方向，不断优化法治环境

深入推进法治湖州（政府）建设，出台全国首部乡村法治建设地方性法规《湖州市法治乡村建设条例》，乡镇（街道）合法性审查实现全覆盖。牵头建立执法司法规范化水平提升活动工作领导小组，坚持问题导向、结果导向，统一制作评查标准，统一组织评查行动，构建了以联席会议为平台载体、执法监督专家库为重要力量、交办督查通报为方式的执法监督模式。以2020年为例，全市政法部门排查案件15185件，走访征求意见2470人，召开座谈会206次，排查出问题5948个，个案整改4006件（个），开展共性问题专项治理77次，集中交叉评查案件60件，专项调研70次，警示教育164次4942人，完善或新建制度机制195个，有效推动了政法单位规范执法、公正司法。狠抓执法办案，全市法院受理各类案件61801件，办结59322件，同比分别下降9.01%和6.65%。全面推行法律援助便民服务措施，办理法律援助案件3735件。坚持源头治理、非诉优先原则，积极探索溯源治理工作的方法和途径，在民商事、刑事、行政和基层治理四大领域设置24个项目，实行体系化、项目化推进。

（二）坚持“四治融合”，完善基层治理体系

持续推动“矛调中心”规范化优化升级、提档增效，编制发布全省首部《县级社会矛盾纠纷调处化解中心运行与管理规范》地方标准，制定《关于建立完善全市社会矛盾纠纷多元预防调处化解综合机制的指导意见》，推进《湖州市预防和化解矛盾纠纷条例》立法工作，在全国首创推出“解纷码”，率先探索“掌上矛调”App实践应用，努力打造“矛调中心”2.0版。县级中心总面积从6100余平方米提升至3万余平方

米，5 个县级中心达到省一类标准，74 个乡镇（街道）分中心实现全覆盖。统筹推进矛盾纠纷排查见底专项行动和矛盾纠纷多元化解工作，排查各类矛盾纠纷 31282 件，化解率 96.25%；全市信访走访总量人次同比下降 43%，进京、去省、来市人次同比分别下降 73.6%、2.4%、64.9%；法院新收一审民商事案件同比下降 12.8%；诉前化解和民事可调撤率达 87.27%。

“余村经验”和“织里经验”分别是乡村治理和镇域治理的典型。余村是习近平总书记“绿水青山就是金山银山”重要理念发源地。十多年来，余村全村上下始终牢记总书记的谆谆嘱托，忠实践行“绿水青山就是金山银山”重要理念，坚持党建引领、自治为基、法治为本、德治为先，推动现代治理手段与传统治理资源相结合，探索走出了一条党组织领导的自治、法治、德治、智治相结合的乡村治理之路。概而言之，“余村经验”可以概括为“支部带村、民主管村、生态美村、发展强村、依法治村、平安护村、道德润村、清廉正村”32 个字。[①] “织里经验”主要体现为“四个坚持”，即坚持党建引领，动员社会协同共治；坚持改革创新，优化社会治理模式；坚持以人为本，促进新老居民融合；坚持服务下沉，创新街道管理体制。

湖州正全力推广乡村治理“余村经验”和镇域治理“织里经验”，已建成全国乡村治理体系建设试点示范县 1 个（安吉）、国家级乡村治理示范乡镇 1 个（织里）、国家级乡村治理示范村 5 个（南浔区南浔镇息塘村、德清阜溪街道五四村、长兴虹星桥镇港口村、安吉天荒坪镇余村、安吉天子湖镇高禹村）。积极培育引导社会组织参与基层社会治理，“家园卫士”“德清嫂”“平安大姐”“老兵驿站”“浔安小哥”等群防群治品牌越擦越亮。成功创建全国首批法治政府示范市。此外，基层党建的引领性越来越强。持续深化“双创双全”组织力提升工程，高质量完成村社组织换届，一次选举成功率实现 100%，组织意图人选 100%

① 《“余村经验”构建乡村新生态》，《法制日报》2019 年 7 月 14 日。

当选，村社“两委”班子功能显著增强。全面推广民警兼任村社“大党委”副书记机制，全市516名社区民警兼任村社“大党委”副书记或主任助理，累计化解各类矛盾纠纷9400多起。

（三）坚持数字化治理，完善网格化管理

持续深化“基层治理深化年”活动，大力推进第一批全国市域社会治理试点城市创建，制定《湖州市推进市域社会治理现代化行动计划》（以下简称《行动计划》），牵头组建工作专班，持续完善市域社会治理体系建设；构建完善“一中心、四平台、一网格”基层社会治理架构，制定《综合信息指挥中心实施意见》《关于进一步加强专职网格员队伍建设的若干意见》，全市已配备专职网格员2193名，有效夯实基层社会治理底座。2018年10月，吴兴区在学习杭州萧山和台州路桥全科网格员经验的基础上，尝试网格片区治理模式创新，开展“全科布全网、片区连社区、落实加落细”的“全科网格片区工作站”建设，进一步推动基层社会治理关口前移、重心下移。吴兴区将538个网格根据人口、地域特点整合为46个管理片区，要求在每个片区各建设一个网格工作站，由工作站对网格员和下沉部门人员进行集中统一管理。片区工作站实行信息采集—上报—处理—反馈闭环机制，推行“日晨会”+“周例会”例会制度和实时预警、实时提醒、每周通报、逐月分析、按季督查五项工作机制，有效解决了管理方式相对松散以及对重大隐患缺乏系统性、固定性、制度性研判会商机制等问题，确保了问题隐患及时化解处置在片区内，实现矛盾不上交。

三、以“最多跑一地”为牵引，完善市域社会治理体系

市域治理体系是国家治理体系的重要组成部分。从某种程度上讲，市域治理现代化水平直接决定着整个国家的治理现代化水平。湖州以“最多跑一地”改革为牵引，以加快推进市域社会治理现代化为主线，以试点城市创建为抓手，重点围绕“一体系、一平台、一网络、两队

伍”，精心打磨雕琢样板特色。

(一)持续健全完善“一一四一”基层社会治理体系

强化市、县、乡、村、网格五级联动，打造全域覆盖的社会治理指挥中枢，实现跨层级跨部门跨地区跨领域联动治理；全面推进市域社会治理现代化专项行动，动态掌握市域社会治理 191 项共性工作指引，推动《行动计划》落到实处；认真贯彻《片区社会治理工作站建设和管理规范》湖州地方标准，推广县域社会治理精密智治新模式；制定“基层治理四平台”建设运行规范，提升工作质效，做强“四个平台”。持续推动“基层治理四平台”高效运行，进一步发挥乡镇(街道)综合信息指挥室作用，将乡镇(街道)“属地管理”事项嵌入基层治理综合信息平台运行，推进信息采集、分流交办、执行处置、信息反馈、督查考核等全流程处置，实现受理、执行、督办、考核闭环管理。

(二)持续打造矛盾纠纷排查化解综合性工作平台

深化“最多跑一地”改革，加快推进《湖州市预防和化解矛盾纠纷条例》立法工作，深化矛盾纠纷排查见底专项行动，推动“矛调中心”2.0 版建设走在全省前列，不断提升“矛调中心”规范化运行质效；加快“掌上矛调”系统建设，形成融“解纷码”、ODR 系统、湖州社会治理综合信息系统于一体的综合性工作平台，全力打造示范样本标志性工程。在湖州市吴兴区，乡镇(街道)可通过基层治理综合信息平台对无法独立解决的复杂事项或突发事件等向区级部门“呼叫”，区级部门需快速“响应”，及时与乡镇(街道)联动解决问题。

(三)持续织密社会智治赋能网络

强化市县乡纵向联动、功能集成的综合信息指挥体系网建设，最大限度发挥综合信息指挥平台“中枢”作用；深入推进“雪亮工程”等“智慧政法”工程扩面提质，全力打造市域社会治理“指挥大脑”；持续深化乡村数字治理，精心打造“数字乡村一张图”智治模式；抓好数据分析员队伍建设，提升熟练掌握信息应用、能够使用数据分析手段助推社会治理能力。以湖州市吴兴区为例。该区坚持整体智治理念，建立数字吴兴智慧管理中心，打造吴兴“城市大脑”，整合社会基层治理综合信息平台、智慧社区系统、矛盾纠纷调解化解系统等九大系统平台，实现对区域的综合感知、态势监测、事件预警、决策指挥。针对基层执法覆盖面广、办案取证难、处置效能低等难题，通过自建 280 路市容监控、8 路违停抓拍球、2 路鹰眼，整合车载视频、4G 执法记录仪等固定布控和机动布控相结合的移动设备，依托“浙政钉・掌上执法”，实现精准派单、及时处置，不断提升智慧执法整体效能。

（四）持续抓好网格员和调解员队伍建设

认真贯彻落实《关于进一步加强专职网格员队伍建设的若干意见》《关于加强人民调解员队伍建设的实施意见》，加强业务技能培训，落实关心关爱举措，完善激励制度机制，努力激发工作基层队伍核心战斗力。探索建立专职网格员专业技能评估认定制度。依托即将建成的市平安实训基地升级版，通过实景教学、模拟测试、技能比武等方法，分批有序组织网格员、“四个平台”工作人员、企事业单位监管人员进行业务培训，有效提高基层风险隐患排查整改的能力水平。

总之，在社会治理方面，湖州经验主要体现为：以“大平安”理念为统领，构建社会治理共同体；以“自治德治法治智治”为特色，健全基层社会治理体系；以“最多跑一地”为牵引，健全市域社会治理体系。湖州在“平安湖州”建设上启动早、力度大。2003 年各类刑事案件立案增长率低于全省平均水平 20 个百分点。经过十多年的常抓不懈，湖州在市域社会治理体系、基层社会治理体系和公共安全风险治理方面均取得显著成绩，涌现了村域治理的“余村经验”、镇域治理的“织里经验”等先进经验样本。如今，湖州正以“平安夺鼎加星”专项行动为抓手，牢牢咬定“平安湖州”“十五连冠、金鼎加星”目标，积极打造“平安中国示范区”的先行区，努力打造“平安湖州”样板。

第二节　积极加快“美丽湖州”建设，推动城乡融合发展

城乡协调发展是浙江省“八八战略”的重要内容之一。湖州作为“绿水青山就是金山银山”理念诞生地、“中国美丽乡村”发源地，以及全国唯一的国家生态县区全覆盖生态市，在坚持全域统筹的基础上，全面实施城乡经济、社会、生态等多维度深度融合，以“绿水青山就是金山银山”理念为引领、以“全域花园”为特色、以“美丽乡村”为品牌，逐步摸索出一条颇具创新又独具特色的城乡融合发展之路。

城乡融合发展是国家或地区现代化的重要标志。城市是全面实现现代化的关键点，主要体现在交通枢纽、产业集聚、人才流动、教育、医疗、科技及现代工业文化层面；乡村则是全面实现现代化的宏伟蓝图所在面，主要体现在生态环境、自然资源、农业现代化及传统文化层面。现代化进程是一个整体推进的系统性过程，城市是关键点，乡村是战略面，因此，无论是城市还是乡村均是实现现代化的重要载体：一体两翼，不可替代。

湖州通过重塑城乡生产、生活和生态空间，构建多层级、多中心、网络化的空间结构提升城乡发展能级，推动城乡高质量发展。更为重要的是，在城乡要素配置、城乡公共服务等城乡融合壁垒关键方面进行系列体制机制创新。2020年，湖州市地区生产总值实现3201.4亿元，常住人口城镇化率提升到66%以上，城乡收入比缩小至1.66∶1，以总分第一的成绩通过全国文明城市复评，成为全国率先、全省首个实现市县“满堂红”的地级市。湖州坚持全域统筹，实施新时代美丽城乡建设行动，高层次推进美丽城市、美丽城镇、美丽乡村“三美”同步，以城带乡的联动发展格局全面形成，并成功入选，成为“国家城乡融合发展试验区”。

一、以“一张蓝图绘到底”为蓝本，实现城乡基础设施一体化

城乡一体化是把工业和农业、城市和乡村作为一个整体来统筹谋划，构建以工促农、以城带乡、工农互惠、城乡一体的发展新格局。2004年，在习近平同志主持下，浙江在全国率先出台《浙江省统筹城乡发展推进城乡一体化纲要》，拉开了城乡协调发展的大幕。城乡一体化首先将城市和乡村作为一个整体来谋划，致力于促进城乡之间形成系统、有机的内在联系，以实现统筹城乡发展的最高境界。湖州历届市委、市政府深入贯彻落实习近平同志关于城乡一体化发展重要论述，绘就了一幅如诗如画的城乡一体化发展图景。

作为全国首个地市级生态文明先行示范区、国家生态文明建设示范市、“绿水青山就是金山银山”实践创新基地，湖州市以“绿色”为底色，按照主体功能区定位，优化生产、生活、生态空间布局，深入推进新型城镇化，着力打造品质城市，提升城乡一体化发展水平，构筑城乡统筹新优势，完善城乡融合发展体系。

（一）率先优化“农业、城镇、生态”三大空间布局

湖州率先在空间规划上探索生产、生活和生态协调发展之路，充分发挥主体功能区作为国土空间开发保护基础的作用，统筹规划、建设、管理三大环节，以“多规合一”为切入点，摸索出农业、城镇、生态三类空间相互促进的城乡融合发展路径。

提升农业空间。按照区域化布局、专业化生产、规模化经营的要求，结合区位优势、产业特色、自然资源和人文环境，湖州在总体规划中优化农业产业布局，紧密结合现代生态循环农业发展试点市建设，重点发展浙江省农业绿色发展示范县区、特色农业强镇、现代农业园区、粮食生产功能区和“依山”“傍湖”“沿路”三大生态高效农业产业带，着力发展茶叶、水产、果蔬、畜牧、竹业等优势产业，充分发挥农业

用地的生态、环境、经济等综合效益，推动农业产业结构调整、农业土地结构优化与城市空间拓展有机结合，推进城乡空间一体化。2018年，湖州市农业农村局等5家单位共同起草了湖州地方标准《现代农业园区建设与管理规范》，推动规模化、集约化、标准化、品牌化、绿色化的现代农业园区建设，建成并巩固提升吴兴区南太湖、长兴县、德清县新港和安吉县笔架山等省级现代农业园区，逐步推动形成“三带引领、十二区支撑、五百园联动”的现代农业发展新格局。

优化城镇空间。湖州坚持以“人的城市化”为核心，以全域城市化为目标，启动了湖州城镇体系规划修编，优化城镇空间布局和功能等级，提升城镇教育、体育、文化、卫生等公共资源配置水平。持续推进城镇空间从扩张型向紧凑式转变，加快发展滨湖特色发展带，做强以中心城区为核心的“一体”，做丰南浔、长兴“两翼”，市区推动城、镇、村公交“三网融合”，提升一体化建设水平。通过培育壮大临杭特色发展带，集约化建设德清和安吉中心县城，加强县城间的交通联系和产业合作，进而辐射带动沿线中心镇建设。

整合生态空间。湖州充分依托丘陵山地和水系湿地，构建“一带两屏三廊多脉”的网络化、多层次全域美丽生态空间格局，推进“天目为屏、苕水为脉、水田交织、傍湖倚山、城乡互融”的山水林田湖草生态系统与城镇村空间结构有机结合。在严格管控生态保护红线、永久基本农田保护线和城镇开发边界的基础上，优先保护生态系统和重要物种栖息地，改善和提升生态涵养功能，通过落实“三线一单”分区管控，对重点生态功能区实施产业准入负面清单管理。

通过优化生产、生活和生态空间布局，运用土地整治、园区建设、平台控制、村庄布局优化等多种方式，促进土地集约利用。一是深入推进农村全域土地综合整治。强化“多规融合”和规划引导，深化垦造耕地、旱地改水田、高标准农田建设及城乡建设用地增减挂钩等工作，建立农村三产用地分类管理办法，提高耕地质量和连片度，提高土地利用效率与效益。二是支持高标准农业园区建设。推进国家现代农业产业园、省级现代农业园区、粮食生产功能区、农业可持续发展示范园、特色农业强镇、田园综合体等建设，并给予相应财政补贴。截至2020年，湖州市创建国家级现代农业园区1个，省级示范性全产业链13条，成功申报国际级现代生态循环农业发展试点市，创建了10个示范区、126家示范主体、1065个示范点，“千斤粮、万元钱”的种养模式得到全国认可并推广。

（二）逐步提升中心城市能级

历史上，湖州历来是富庶之地。现代化的湖州发展更应从战略高度充分利用湖州在长三角杭宁城市带的区位优势，从空间规划上，将湖州做大、做强，逐步成为长三角地区的重要枢纽和节点城市。以“大湖州”理念为引领，湖州推进以人为本的中心城市建设，以集聚、精致、特色为发展导向，按照集约发展、盘活存量、做优增量、提高质量的原则，通过逐步北进东拓，构建“一核、两带、两轴”空间发展格局，完善城市形态，增强城市集聚辐射带动作用，有效提升城市的区域定位，实现城市综合实力和竞争力的提升。

做大、做强中心城市发展“极”。湖州主动顺应县域经济向都市经济转型的趋势，以滨湖一体化建设为突破口，提升湖州中心城市能级和综合服务功能，推进资源统筹、一体发展、协同发展，形成布局合理、功能完善、交通便捷、承载力和集聚力明显增强的中心城市发展“极核”。通过转变中心城市发展方式，完善中心城市治理体系，提高中心城市治理能力，提升中心城市竞争力。全面拓展城市发展空间，累计完成“三改”总面积2553.53万平方米，完成省定目标任务的375.52%，累计拆除违法建筑1078.22万平方米，完成省定目标任务的179.79%。截至2021年，湖州中心城市功能和品质显著提升，南太湖湿地奥体公园、浙江自然博物院安吉馆、德清国际会议中心、长兴太湖博物馆等一批地标性文化体育类项目建成使用。通过建设项目遗留问题清零、城中村改造攻坚、小城镇环境综合整治，实现无违建区县全覆盖。南太湖新区获评第五批“基本无违建区”，全市提前一年实现了“基本无违建”全覆盖的省定目标。

优化中心城市功能。湖州以中心城市“产业集聚、要素集约、功能集成、人口集中”为重点，全面提升中心城市集聚功能，提高中心城市首位度。统筹优化中心城市空间、规模、产业三大结构，以发展总部经济、创意经济、服务经济和都市农业为重点，通过增强中心城市产业开发平台的承载力，不断提升产城融合能级。统筹优化中心城市规划、建设、管理三大环节，以打造品质城市为重点，加快智慧城市建设，提升城市管理能级。统筹优化中心城市改革、科技、文化三大动力，以持续增强城市活力为重点，提升中心城市创新驱动能级，统筹优化教育、医疗、卫生、文化和养老等社保资源配置，提升公共服务能级。2018年，湖州牵头推动了城市能级提升行动，在浙江省率先出台《湖州中心城市“十个一”基本配置实施方案（2019—2021年）》，17个重点项目加速推进，累计完成投资75.23亿元，湖长二通道、湖山大道北段、固体废物综合利用处置场（黄沙山）一期等项目顺利完工。2020年是湖州中心城市能级和首位度提升行动的关键年，特别是南太湖新区紧紧抓住“大湾区”建设的有利契机，全面完成浙北医学中心、小梅山国宾馆等一大批重大项目建设，新区形象面貌实现了快速提升。12个重点项目完成投资107.77亿元，南太湖新区未来城CBD正式开工建设。

提高城市公共设施承载能力。推进中心城市交通畅达行动，加快建设城市大通道，构建市区快速路系统形成环网相连、快捷畅达的城市交通体系。深化城市有机更新，复兴老城功能，加强城市供水、供气、环卫、亮化、地下管网建设，构建绿色高效的市政设施网络。充分发挥湖州综合优势，积极发展多样化的高端健康医疗产业，引进国际一流教育科技资源，打造浙北区域医学中心。以承办杭州亚运会和省运会为契机，加快建设奥体公园等重大体育设施。丰富国家历史文化名城内涵，推进公益性文化场馆、事业性文化阵地和经营性文化场所建设。积极推进中心城市邻里中心规划与建设、未来社区建设，构建相对完备的养老服务设施。围绕高品质建设现代化滨湖花园城市主题，充分发挥地域优势，截至 2022 年 6 月，湖州累计建成绿道 990 公里。其中，省级绿道 285 公里，龙溪港绿道、东苕溪省级绿道全线贯通。长兴县长三角百里红韵绿道、安吉县余村绿道获评第四届“浙江最美绿道”称号。湖州通过打造生态绿道、智慧绿道，满足了城乡居民亲近自然的休憩需求。与此同时，浙北医学中心、吾悦广场、南太湖山庄等商业、医疗资源重点项目建成运营；湖山大道（除吴兴区部队土地路段）、小梅山城市公园修复工程基本建成；小西街提升改造工程（石鸾巷地块项目开发）等项目加速推进。湖州一方面以提升城市道路通行能力为导向，完成红旗路西延道路拓宽改造，加快内环（北线）快速路建设，未来城“五横三纵”道路框架加速成形；另一方面以提升城市市政保障能力为导向，新改建雨水管网 160 公里，固体废物综合利用处置场建成投运，松鼠岭生活垃圾填埋场生态修复、安吉两库引水工程等项目加快建设，城市承载力、集聚力进一步提升。

（三）推进县区协调联动发展

县区发展是一个城市整体发展的重要基础，湖州立足于县区特色，以“一湾极化、两廊牵引、多区联动、全域美丽”为总体工作布局，既明确县区各自主导方向，又推进两区三县协调联动发展。按照“经济强区、科技新城、生态家园、幸福吴兴”的发展定位，吴兴区着力打造经济、社会、生态、科技均衡复合发展的增长极，提高首位度。湖州经济技术开发区以“一流园区、美丽新城”形成全市经济发展动力核心，推动产城融合。太湖旅游度假区根据“绿水青山处，太湖首善区”的发展定位，立足国家级旅游度假区新起点，逐步向国际知名国内一流的休闲旅游度假目的地迈进。按照“生态立区、工业强区、城市兴区、旅游活区”的发展定位，南浔区在工业化和城市化的基础上着力发展生态文化旅游；长兴县注重与湖州中心城市联动、错位发展；德清县利用“接沪融杭”区位优势着力打造国际化山水田园城市；安吉县作为“绿水青山就是金山银山”重要思想实践示范县，深入发挥“生态＋”优势，推动经济社会可持续发展。

推动滨湖、临杭两大特色化发展带。统筹滨湖发展空间，进行滨湖特色发展带一体化建设。按照“做强中心城市极核，做优长兴、南浔两翼，构筑贯穿南浔、吴兴、长兴的带状城市形态”思路，充分利用濒临太湖的优势，打好“太湖牌”。按照高起点规划、高品质塑造、高标准建设的要求，对滨湖区域264平方公里进行一体化开发建设的全域规划，重点推进滨湖65公里岸线的规划与建设，使得主城区与西部长兴、东部南浔实现统一规划，一体布局，基础共享，产业同育，功能互补，高标准打造特色鲜明的“滨湖经济带”。依托太湖旅游度假区、南太湖产业集聚区、长兴经济技术开发区等国家级平台，协同各建设主体，推进相向发展、产城融合。推进临杭特色发展带品牌化，发挥杭州都市区紧密层区位优势，以莫干山东西两侧（德清、安吉）区域为主体，强化德清、安吉两县间的交通联系和功能衔接，联动发展莫干山—下渚湖国际休闲旅游度假区、安吉大竹海生态休闲旅游区和黄浦江源休闲旅游度假区，推进沿线重点园区、重点乡镇产业协作，加快发展休闲旅游、信息经济、装备制造等产业，形成特色鲜明的“临杭发展带”。

（四）发展特色乡镇，推动美丽乡村建设

2008年，湖州市安吉县最早正式提出“中国美丽乡村”计划，出台《建设“中国美丽乡村”行动纲要》，提出用10年左右时间，把安吉县打造成为中国最美丽乡村。2010年，在总结推广安吉县美丽乡村建设经验基础上，浙江“千村示范、万村整治”作出了建设“美丽乡村”的决策部署，并专门制定了《浙江省美丽乡村建设行动计划（2011—2015）》，并在全国率先开展小城市培育试点。2015年，浙江创造性地提出建设特色小镇，重点培育和规划建设100个左右特色小镇。总体上看，这是落实主体功能区战略，编制省域空间总体规划，统筹安排全省生产、生活和生态发展空间。湖州深入贯彻“从中心镇到小城市培

育、从美丽乡村到特色小镇”发展战略，大力发展教育、卫生、文化等民生事业，城乡基础设施和公共服务设施水平均等化程度显著提高，基本医疗、公共卫生、公共文化和便民服务体系基本实现全覆盖。

推进小城市培育和中心镇发展。因地制宜，积极推进乡镇特色发展，充分利用现有工业功能区平台，推进集聚集约发展。提升发展省级中心镇，完善考核评价办法和政策激励机制，赋予经济发达镇与人口、经济社会发展规模相适应的管理权限，构建城乡一体化发展新平台。推进织里、新市、练市等镇级小城市培育试点建设，提升小城市功能和服务水平。强化历史文化名镇保护与建设，将城市管理标准和模式向农村推广，建立驻镇规划师、街路长制、网格长制、河长制等一系列长效管理机制创新模式。2020 年，湖州市 44 个美丽城镇入库项目 893 个，完成总投资 250.76 亿元，单镇平均投资达全省平均水平的 1.76 倍，在全省率先做到了“三先、三全”(省级美丽城镇建设行动方案、样板镇和达标镇比例均在全省领先，邻里中心、矛调中心、5G 基站在全省率先全覆盖)，6 个城镇获评美丽城镇省级样板。吴兴区织里镇代表在全省美丽城镇建设工作现场会作交流发言；湖州获评全省考核优秀地市；德清、安吉被评为优秀县(市)。

推进特色小镇建设。实施特色小镇建设工程，按照企业主体、资源整合、项目组合、产业融合原则，推动丝绸、湖笔、地理信息、美妆、智能电动汽车、“健康蜜月”、智能电梯、新能源、影视、“天使”等 20 个左右省、市级特色小镇，逐步将特色小镇打造成为经济增长新高地、产业升级新载体、要素集聚新平台、“美丽湖州”新景点。湖州市以小城镇环境综合整治为抓手，高标准深化“千村示范、万村整治”工程，通过“一张图”思路锚定建设目标，紧扣“全域美丽、整体大美”的总体目标，集成未来社区、美丽城镇、美丽乡村、美丽河湖、美丽公路、美丽田园等功能单元，在全省率先开展小城镇环境综合整治，将全市 115 个小城镇全部纳入整治范围，通过“8＋X”项目载体推动乡容镇貌、承载功能、管理机制等整体提升。其中，德清县乾元镇旧城有机更新项目、安吉县灵峰街道剑山村蔓塘里自然村建设项目荣获“2017年中国人居环境范例”奖。截至2021年，湖州市共创建城乡风貌样板区项目24个，涉及投资项目235个，总投资超千亿元。此外，系统梳理老旧小区改造、新建类小区项目，开展新一轮未来社区创建点排摸工作，新增11个、共计20个未来社区列入创建名单，避免后期重复建设改造。以长兴县小浦镇为例。该镇以打造“长三角地区最具特色度假目的地”为目标，以农村综合改革集成项目为驱动，谋划社会治理、景区建设、产业发展相融合的“一心、一廊、三园”布局，打造“四季八都岕”。

推进村庄规划。湖州强化全域村庄规划，统筹城乡人口、生态建设、社会事业及公共服务等功能布局，系统优化乡村空间格局，完善新时代美丽乡村建设规划体系。通过建立健全“村庄布点规划—村庄规划（设计）—农房设计”规划设计层级体系，突出中心村和农民集中居住区建设规划，引导农村人口和村庄有序集聚。通过探索保持村庄整体风貌下的新村集聚点和农房规划设计、建设试点，整合美丽宜居示范村、传统村落、历史文化村落保护利用等政策资源，建设一批空间形态与自然风貌相协调的生态社区，形成“浙北民居”范式。例如，安吉鲁家村2013年花了300多万元编制高标准、高水准规划，实行“四规合一”，即村庄规划、旅游规划、产业规划、环境提升规划由同一个设计团队统一设计，无缝衔接。无论是村庄建设、旅游发展、产业布局还是环境改善，均按这一蓝图一绘到底、一干到底。鲁家村的规划不是传统农村的点状发展、局部发展或者单一优势产业发展，而是按照全域推进的理念，建设上整村规划，产业上整村发展、错位发展，把田园式建设推向更高层次的花园式建设，以实现美丽乡村与美丽经济的互促、共融。2018年，吴兴区太湖溇港文化美丽宜居示范带、南浔区水乡古村美丽宜居示范带规划编制完成，9个村庄获评省级宜居示范村，南浔双林镇、菱湖镇被评为“第七批中国历史文化名镇”。2020年，长兴县小浦镇开启全域村庄规划编制工作，完成高地村、中山村、五庄村、画溪村、小浦村5个村庄规划编制，深入推进美丽乡村建设。

结合全域整治，在创建省级美丽乡村、八都岕五村联创“绿水青山就是金山银山”样板带过程中，突出美丽乡村新亮点。2021 年，湖州市率先在全省实现省级美丽乡村示范县全覆盖，累计创成省级美丽宜居示范村 139 个、国家级美丽宜居示范村 6 个，省级传统村落 35 个、国家级传统村落 6 个。

推动人居环境改善。湖州通过实施农村社区服务中心提升工程，建设了一批“智慧社区”，推动实现以“路、水、电、通信”等为重点的城乡一体化基础设施网络建设。通过实施平原绿化美化、森林抚育、湿地保护和生态修复工程，加强农村生态建设，推进农村垃圾分类处理，加强农村环境整治，加强农业面源污染治理，推进乡村工业污染源治理，不断提高农村垃圾有效收集处理水平。通过实施“千村示范、万村整治”工程，探索推进农村生活污水治理，建立了“以第三方专业机构为服务主体、县乡村户各司其职”的“五位一体”长效管护机制，规划保留村 100%实现应治尽治。实施“千村精品、万村景区”工程，分类推进村庄生态化有机更新和改造提升，打造了一批景区村庄。农村基础设施不断完善，建设“四好农村路”170.6 公里，湖州成为全国唯一获批开展“美丽公路建设先行先试”的城市。2018 年，农村完成 2151 座公厕改造，113.2%完成省定目标任务，居全省第二；同年全国改善农村人居环境工作会议在湖州召开。2020 年，湖州市 285 个农村垃圾日处理量 30 吨及以上处理设施完成标准化运维，在全省率先实现全覆盖。同步开展农村污水处理设施提升改造行动，已完工 113 座，是全省率先对其开展提升改造的地市。

推进品牌创建。围绕“美丽乡村省级示范区”目标，湖州打造村庄环境“全域美”。加大整乡整镇、连线成片建设力度，推进美丽乡村精品示范村和美丽庭院建设。以安吉鲁家村为例。2013 年“中央一号文件”(《中共中央、国务院关于加快实现农业　进一步增强农村发展活力的若干意见》)首次提出“家庭农场”概念，鲁家村在进行美丽乡村建设的同时，瞄准“家庭农场”培育，实施了全国首个家庭农场集聚区和示范区建设，并以此为切入点，大力发展休闲农业和乡村旅游。2017年“中央一号文件”(《中共中央、国务院关于深入推进农业供给侧结构性改革　加快培育农业农村发展新动能的若干意见》)首提集循环农业、创意农业、农事体验于一体的“田园综合体”概念，鲁家村再次抢抓政策机遇，精心谋划“1＋3”联动发展模式，即以鲁家为核心，辐射带动南北庄、义士塔和赤芝三个村，打造能复制、可推广的农业产业与乡村旅游深度融合发展模式，成功入选全国首批田园综合体试点，为全国创造了“湖州经验”。2020年底，湖州60％的县区建成省美丽乡村示范县区，70％的乡镇建成市美丽乡村示范乡镇，美丽乡村精品示范村建成率达10％。深入开展美丽乡村“四级联创”，整体推进美丽宜居示范村建设，启动10条美丽宜居示范带建设，形成“点上精致、线上美丽、面域洁净、特色明显”的美丽宜居示范湖州品牌。2020年，湖州在浙江省首次乡村振兴综合评价中居榜首，通过启动新时代美丽乡村样板片区建设，在全省率先实现A级景区村庄全覆盖。截至2021年底，湖州美丽乡村建设成效显著，市级美丽乡村创建率达到100％，美丽乡村建设示范县建成率位列全省第一。湖州制定出台《美丽乡村建设条例》，成为国内首部地方性美丽乡村建设法规；创新提出美丽乡村创建目标，实现了省级美丽乡村示范县全覆盖；创建成功省级美丽乡村示范乡镇31个(市级42个)、省级美丽乡村特色精品村99个(市级185个)、建设美丽乡村风貌提升示范带31条。以安吉县为主起草的《美丽乡村建设指南》成为国家标准。

二、以“制度创新”为抓手，破解城乡要素流动配置壁垒

湖州坚持改革创新，深入实施户籍、产权、金融制度改革，探索改革试点，加快破解阻碍城乡要素自由流动的体制机制壁垒，资金、人才、土地等各类要素加速向乡村流动，着力培育、激发、强化城乡融合新动能。

(一)完善农村产权制度改革

深化农村承包地制度改革。湖州市按照国家有关规定,深入贯彻落实第二轮土地承包到期后再延长30年政策。通过完善农村承包地“三权”分置制度,依法保护土地集体所有权和农户承包权,并进一步放活土地经营权。通过规范土地流转管理,发展适度规模经营,允许土地经营权逐步入股从事农业产业化经营。

完善农村集体产权制度体系。通过建立市、区(县)、乡(镇)、村“四位一体”产权交易平台体系,全面推进农村承包地、宅基地、农房确权登记颁证,创新推进土地有序流转、抵押贷款。在全面完成集体资产股权登记颁证的基础上,湖州市积极探索同权同价、流转顺畅、收益共享的农村集体经营性建设用地制度。完善农村产权制度,基本建立起“三权到人(户)、权跟人(户)走”的农村集体产权制度体系。结合各村集体实际情况,通过构建合理的农村权益价值评估及补偿办法,初步实现以承包权置换养老金、社保等多种补偿模式创新。鼓励引进第三方评估机构参与农村权益价值评估,充分保障农民权益,坚持退出方与村集体自愿协商的原则,逐步完善市、县、镇三级农村产权交易中心建设。

探索农村权益退出保障机制。在尊重农民意愿前提下,湖州积极探索开展进城落户农民依法自愿有偿转让“三权”试点。在完成农村集体经济组织成员资格审查和认证基础上,开始探索不同权益分置办法,允许农业转移人口通过半退或全退方式转让退出部分农村集体权益的同时保留剩余权益,始终坚持不以放弃农村权益作为进城落户的条件和门槛。维护进城落户农民土地承包权、宅基地使用权、集体收益分配权,通过政策引导打破异地安置限制,盘活闲置农村宅基地资源,合理优化配置。

推进农业转移人口市民化。作为浙江省首个获批复同意实施户改的地级市,湖州创造性地提出了“先确权、再户改”的总体过程设计,实施新居民居住证政策，打破城乡二元结构。通过推进“1＋1＋N”农业技术推广联盟、双创基地、众创空间等平台建设，有效推进新型职业农民和农村实用人才培养。湖州建立了全国首个地级市农民学院——湖州农民学院，被原农业部确定为首批全国新型职业农民培育示范基地，成功创建全国首批现代学徒制试点市和国家特殊教育改革试验区。湖州通过有力有序有效深化户籍制度改革，全面放宽落户限制，优先解决农村学生升学和参军进入城镇的人口、在城镇就业居住5年以上和举家迁徙的农业转移人口以及新生代农民工落户问题。开辟乡村人才引才通道，将现代农业单独作为“南太湖精英计划”引才专项，专门开展村第一书记、农村工作指导员选派工作，选派优秀公务员赴基层开展服务。推进居住证制度全覆盖，结合“最多跑一次”改革扩大居住证附加的公共服务和便利项目一网通办。创新农业转移人口市民化奖补机制，统筹安排年度建设用地计划奖励指标，从而保障进城落户人口用地需求。

（二）建立农村集体经营性建设用地入市制度

深化试点试验。湖州在全国率先创新性推出农业经营性项目“标准地”政策，积极促进第一、第二、第三产融合发展。规范完善村股份经济合作社管理，深入推进生态文明先行示范区建设，积极建设国家可持续发展议程创新示范区，稳步推进德清农业供给侧结构性改革集成示范试点建设、德清集体经营性建设用地入市改革和土地征收制度改革，以及农村宅基地管理试点、吴兴八里店南片和南浔城南城乡一体化改革试验区建设，完成德清、长兴国家农村承包土地经营权抵押贷款试点任务。

盘活闲置宅基地资源入市。在农民自愿前提下，允许村集体依法把有偿收回的闲置宅基地、废弃的集体公益性建设用地转变为集体经营性建设用地入市。鼓励农村现有空置宅基地作为经营性用地进入乡村农旅市场，或将农村空置的公建项目建设用地确权到村集体作为经营性用地。探索农村集体经济组织以出租、合作等方式改造建设民宿、创意办公、乡村旅游等农业农村休闲活动场所。探索推进建设用地空间与农旅场景活动相分离的活动形式，即将住宿、餐饮等聚集到农村居住区，将农事体验、农业观光等放在田园风景区域。

连片整治农村经营性建设用地。积极推进“坡地村镇”试点，截至2020年，湖州市共开展实施“坡地村镇”试点项目36个，新增建设用地指标1691亩。积极统筹保障乡村建设用地指标，积极开展土地整治工作，促进农村土地节约集约利用。结合土地综合整治工作，推动城中村、城边村、村级工业园等可连片开发区域土地依法合规整治入市，通过挂账收储、政府统租、企业自改、村集体自主入市流转等方式，关停淘汰一批、功能转变一批、改造提升一批，盘活低效产业用地。截至2021年，湖州实施乡村全域土地综合整治与生态修复项目53个，涉及土地163.5万亩，出让全国首宗农业“标准地”。

（三）深化农村财政金融制度改革

加强财政投入保障。把农业农村作为财政保障和预算安排的优先领域，设立市强农产业基金和乡村振兴发展基金，总规模达4亿元。推进涉农资金统筹整合，完善财政资金先建后补、以奖代补等方式，提高财政资金使用精准性和效能。

深化金融制度改革。创新农村土地承包经营权抵押贷款、农村住房财产权抵押贷款等产品，长兴县、德清县被列为全国“农地抵押贷款”试点县。加大政策性农业保险受益范围，开发长兴杨梅采摘期降雨指数保险、安吉毛竹收购价格指数保险等试点险种。围绕建设国家绿色金融改革创新试验区，形成了特色农业的创新型保险、“金融创新与美丽乡村升级互促共进”示范点等特色亮点。创新农村金融产品服务，推出“光伏贷”“两美农合贷”“两山农林贷”等创新产品。在全省率先出台乡镇农合联规范化建设和产业农合联标准化建设两个指导意见，成立全省首个农民合作基金。推进金融进乡村，落实金融服务乡村振兴考评机制。

（四）搭建城乡产业协同发展平台

重点打造现代农业平台。湖州通过打造南太湖国家级现代农业产业园，加快省级田园综合体建设，建成融产业园、科技园和创业园功能于一体、休闲观光与农业生产兼备的现代农业科技产业园，支持八里店、妙西镇等争创省级特色农业强镇，重点打造东林镇省级休闲渔业特色强镇。湖州现代农业发展水平综合评价始终居首位，通过构建“农庄＋游购”“洋式＋中式”“生态＋文化”“景区＋农家”等农旅融合发展新格局，成为首批部省共建乡村振兴示范省先行创建市、全国第二个基本实现农业现代化的地级市，并在浙江省农业现代化水平综合评价中实现“五连冠”。例如，长兴小浦镇以农旅、文旅促进产村融合。一是人居环境持续提升。高地村全域土地整治与生态修复方案基本完成。完成区域内大棚房整治拆除复垦和合溪边坡治理工程。国家卫生镇创建成果进一步巩固，病媒生物密度控制水平市级评估C级以上。二是农业高质量发展。圆满完成粮食生产、生猪保供任务和超长梅雨季防汛工作，完成粮食种植面积2.11万亩。引进农业项目1个，成功培育市级农业大好高项目1个，培育省级示范性合作社1家、省级“农产品地理标志”授权主体5家。

提升整合零散农村工业园区。通过加快零散园区平台整合集聚提升，鼓励建设小微企业园，加快村级区块内零散企业向产业平台“退散进集”，引导“低、散、乱”企业集聚提升发展，加大区域内“低、散、弱”企业和园区外企业腾退力度。进一步推进小微企业园“园区大脑”建设，加强园区生产、生活一体化服务配套设施建设。环湖大堤浙江段后续工程开工建设，安吉两库引水工程加快实施，全省率先实现城乡同质饮水。2019年，德清县东衡村农村产业融合发展示范园和安吉县“田园鲁家”农村产业融合发展示范园被选入首批100个国家农村产业融合发展示范园名单。

加强乡镇产业平台控制。一方面，做好产业淘汰的文章，治理“低、散、乱”，淘汰落后、污染企业，深入推进“标准地”供给，高效率推进资源要素市场化配置；另一方面，做好产业集聚的文章，建立配套产业园，推进集聚入园建设，引导行业做大做强。

推进村庄布局优化。首先是科学编制村庄布局规划，分类确定村庄人口规模、功能定位和发展方向。例如安吉鲁家村实行“公司＋村＋农场”的共建机制，由村里统一向村民流转土地，整理后招引农场入驻，公司投资公共设施并负责具体运营，农场自主建设但不偏离总规要求。以乡土公司为龙头连接18家农场，实行统一规划、统一经营、统一品牌，把集体经济的优越性和家庭经营的积极性紧密结合起来。其次是创新业态。以家庭农场为依托，积极发展农业观光、乡村休闲、农场民宿、文化体验等新产业新业态。

总而言之，在湖州，随着农业现代化快速构建、乡村工业化快速发展，以及乡村旅游等文化服务业逐步兴起，乡村开始成为多主体、多功能、多维度的空间。一方面，乡村作为粮食和经济作物生产区，依然为城市提供农林牧副渔等产品；另一方面，城市数字、互联网、旅游、设计、文化创意、会展、影视等产业扩张将生产生活理念渗透到乡村中，湖州乡村空间逐步重塑和重构，从乡村本地化、本土化到乡村国际化、信息化，强调多元化和差异性的混杂性特质，赋予城乡融合发展新内涵。

三、以“惠民为民”为落脚点，推进城乡公共服务均等化

湖州切实深入贯彻实施“八八战略”，不断加大统筹城乡发展力度，围绕基础设施、就业服务、社会保障、教育、医疗、公共文化等重要领域推进基本公共服务均等化，使得城乡居民平等参与现代化进程、共同分享现代化成果。推动城乡居民在“美丽城市”“美丽城镇”“美丽乡村”共建中实现共享。长兴小浦镇通过聚焦城乡建设，实现共享发

展。一是建设项目全力推进。画溪银杏景苑项目建设完工，新长铁路实现通车，中心幼儿园迁建工程复工。小浦机械厂社会化移交有序推进，棚户区改造一期 5 幢小高层全部结顶。二是助农增收稳步推进。在整合巩固提升原有 9 个扶贫基地基础上，2020 年新建渔耕共生双扶基地、吊瓜种植帮扶基地和茶叶种植创业基地，多产业、多渠道开展帮扶工作，精准识别帮扶低收入农户，使得人均增收 1.4 万元以上。长兴小浦镇发挥八都岕景区资源优势、毗邻城区地理优势、业态完备产业优势、闲置土地盘活要素优势、敢闯敢干人文优势，加快补齐产业集聚、项目落地、乡镇品质、基础设施、生态环境、社会治理等方面短板，在扬长补短中实现经济社会全面共享发展。

（一）城乡教育资源均衡化

湖州在学前教育、中小学教育和高等教育等教育资源配置方面实现新突破。学前教育“安吉游戏”模式享誉国际。2020 年新建和改扩建义务教育学校 82 所，高校在校生规模新增 6823 人，省级教育基本现代化区县实现全覆盖。通过优化教育资源布局，提高新建小区义务教育学校配套水平，新建成 14 所、启动建设 27 所，新建和改扩建幼儿园 17 所。启用滨湖高中、华东师范大学湖州实验中学、新南浔高中，8 所义务教育学校和 18 所幼儿园建成使用，城乡青少年心理健康护航行动扎实开展，形成“学在湖州”品牌。实施初中“强校提质工程”，开展普通高中分类办学试点，稳步推进新一轮高考综合改革和教育质量评价体系改革。加强体育、劳动、艺术教育，确保中小学生每天一小时校园体育活动，采取有力措施降低学生近视率 1 个百分点以上。办好高等教育、职业教育、继续教育、老年教育、特殊教育，支持和规范民办教育发展，加强师德师风建设。2020 年，浙江科技学院安吉校区建成使用，湖州师范学院求真学院成功获批转设湖州学院，浙江工业大学莫干山校区投入使用，浙江水利水电学院南浔校区开工建设，浙江宇翔职业技术学院被纳入全国普通高校序列。

推进城乡义务教育共同体建设。通过优化布局、评聘改革、数字赋能等多手段，系统性构建城乡教育一体化发展格局。2019年，湖州市教育局出台《湖州市"互联网＋义务教育"中小学校结对帮扶民生实事工作方案》，以"城乡同步课堂、远程专递课堂、教师网络研修、名师网络课堂"等为主要形式进行网络结对帮扶。2021年实现全市所有乡村小学和乡村薄弱初中学校结对帮扶全覆盖。2019年，湖州市49所学校结对，实际结对完成率达100％，成为全省首个完成结对帮扶行动年度任务的地级市。2020年，湖州市吴兴区被列为浙江省"互联网＋义务教育"实验区，中学和小学分别在市域内实现跨县城乡结对和县域内城乡结对，提升线上线下混合式教学水平。2019—2020年，全市共有151所学校参加"互联网＋义务教育"结对帮扶工作，提前一年实现乡村学校全覆盖。2020年，"互联网＋义务教育"城乡结对帮扶升级助力城乡教育共同体建设，即城区或镇区优质学校与乡村或镇区学校结对形成办学共同体。2021年，湖州教共体工作被列入省民生实事项目，已创建教共体结对学校（校区）142所（融合型8所、共建型134所），覆盖全市镇区学校比例达65.12％，并初步形成区县特色。

城乡义务教育共同体是"互联网＋义务教育"的升级版。这不仅是一次改革的升级，还是一场从理念到制度的全方位深层次变革。未来，湖州市将认识再提升、内涵再深化、保障再强化，切实把思想和行动统一到省市委决策部署上，高质量开展同步课堂、线上线下教研活动，实现融合型教共体内校区间教师无障碍流动、共建型教共体核心校选派骨干教师到每一所受援校任教，实行融合型教共体各校区一体考核、共建型教共体捆绑考核，将教共体作为"优化布局"的"发动机""教育品牌"的"孵化器""教师成长"的"润滑剂"，打造"学在湖州"金名片，促进乡村教育振兴和教育现代化。

（二）城乡医疗资源共享化

制定统一的城乡居民基本医疗保险制度，有利于提高城乡医保统筹水平，推进构建更加紧密的多层次医保体系，推动保障更加公平、管理服务更加规范、医疗资源利用更加有效。2016 年 10 月，湖州市出台了《湖州市大病保险办法》，大病保险实行市级统筹，即统一政策、统一筹资标准、统一待遇水平，基金实行统收统支。大病保险市级统筹是建立在全市统一的城乡居民基本医疗保险制度基础之上的，因此，建立全市统一的城乡居民基本医疗保险制度非常必要。2019 年，为贯彻落实国务院《关于整合城乡居民基本医疗保险制度的意见》（国发〔2016〕3 号）及《浙江省人民政府办公厅关于深入推进城乡居民基本医疗保险制度建设的若干意见》（浙政办发〔2016〕134 号）精神，结合实际，湖州市按照“统一参保管理、统一待遇标准、统一目录管理、统一信息平台、统一基金管理”内容，制定了《关于建立全市统一的城乡居民基本医疗保险制度的意见》。

湖州市公立医院综合改革、县域医共体建设走在全国前列，被列为公立医院改革国家联系试点城市，长兴县获评公立医院综合改革国家级示范县。湖州医疗资源布局得到调整优化，在 2020 年国家医保基金监管方式创新试点工作考核中居全国第一位，基本养老、基本医疗保险参保率分别达到 98.6%和 99.8%，人均预期寿命提高到 82 岁以上。深化医疗卫生服务领域“最多跑一次”改革，出台实施“医后付”、影像“无胶片化”等创新举措，开展以农村全科医生为主的家庭医生签约服务。

整合统一的医疗数据网，让湖州市原本不平衡的城乡医疗资源走向融合，基层医疗机构的诊疗能力、服务能力得到提升。湖州市在全国率先实现了整合型医疗卫生服务体系市域全覆盖，制订了浙江省地市首个数字化医共体总体设计方案，统筹推进医共体信息化运行。以集团为单位，统一运营管理信息系统，实现信息共建共享、互联互通。在全市统一建设医疗资源池，汇集医共体各单位住院、专家资源和检查资源，并与省级平台对接，建立涵盖全市各个医共体的省、市、县、乡四级医疗资源双向共享通道。区域卫生信息平台汇集了湖州市民自

2012 年以来在全市各级医疗机构就诊产生的诊疗数据和健康档案，数据纵向流动可实时通达基层医疗机构。依托城市数字大脑和健康医疗大数据中心，湖州建立了全方位的联防智控体系，实时归集全市所有的医疗机构门诊急诊数据和所有药店的配药数据，并通过城市数字大脑发送给基层进行摸排管控。

（三）推进城乡公共文化均等化

深化全域文明实践，争创全国文明典范城市。深入实施文化基因解码工程，统筹大运河文化带建设、古城古镇古村振兴和文物保护利用。实施骨干文化企业培育工程，形成文化产业集群，新建农村文化礼堂 96 个，实现建制村全覆盖，建成主客共享的乡镇文旅空间 15 个。推动媒体深度融合，促进档案、地方志等事业创新发展。广泛开展全民阅读活动，深入实施提升全民科学文化素质行动。建成城市书房 13 家、农村文化礼堂 115 个，成为全国唯一的文旅公共服务综合性试点。湖州城市“15 分钟、农村 20 分钟公共文化服务圈”基本形成。全民健身蓬勃发展，第十六届省运会成功举办。完成 100 个小康体育村升级工程，建成 60 个百姓健身房。

第三节　全面推动“和谐湖州”建设，提升民众获得感幸福感

“八八战略”的提出正是围绕全面小康的目标，突出了发展的主题，丰富了发展的内涵，展示出省域内共享发展的顶层设计和系统谋划，彰显了“以人民为中心”思想的发展脉络。习近平同志认为发展是“解决前进中的问题的关键所在”。贯彻落实“八八战略”，湖州一要“突出发展的主题”，而发展不仅仅是经济发展，更应是社会发展、人的全面发展和可持续发展。在这个意义上，发展应是“经济效益、社会效

益和生态效益相统一”的发展。二要贯穿“五个统筹”的思想，要统筹经济社会发展、城乡发展、区域发展、人和自然和谐发展以及国内发展和对外开放。习近平同志在湖州考察调研期间对全面小康和发展概念的深刻阐述，为当时正处于经济、社会和生态发展转型阵痛期的湖州提供了具体、坚实而有方向性的指导，为湖州深入贯彻落实“八八战略”，解决诸多涉及就业、教育、医疗、社会保障、社会治理、城市发展、城乡不均衡等实际民生问题奠定了重要基础。

习近平总书记在中央财经领导小组第十四次会议上的讲话中曾说：“全面建成小康社会，不是一个‘数字游戏’或‘速度游戏’，而是一个实实在在的目标。在保持经济增长的同时，更重要的是落实以人民为中心的发展思想，想群众之所想、急群众之所急、解群众之所困，在学有所教、劳有所得、病有所医、老有所养、住有所居上持续取得新进展。”[①]湖州市贯彻全面建成小康社会的重要理念，在提升居民获得感和幸福感方面取得了显著成就，特别是在住房保障、义务教育、公共卫生和社会救助方面取得了优异的成绩。

一、以“居者有其屋”为目标，实行住房保障多元化

湖州市近年来贯彻落实习近平总书记关于住房保障体系发展的精神，缓解了住房困难并营造了和谐的拆迁氛围，实现了当地居民“居者有其屋”和住房保障多元化。

（一）有效缓解住房困难

湖州逐步构建租售并举、分类保障、梯度覆盖的以公租房、政策性租赁住房为主体，结合推进城镇棚户区改造和老旧小区改造的住房保障体系基本框架。2020 年，湖州市已保障户数 64627 户，新就业无房职工 687 户，稳定就业外来务工人员 31521 户，公租房保障覆

① 中共中央文献研究室编：《习近平关于社会主义社会建设论述摘编》，中央文献出版社 2017 年版，第 19 页。

盖率达到城镇常住人口的 1.67%，远超省定 1.2%的目标。住房困难得到有效缓解，得到保障的住房困难家庭群体从"低收入"扩大到"中低收入"。

从住房保障实施路径上看，湖州以精准保障为导向，在"实物保障＋租赁保障"的基础上，将社会救助、新就业无房职工、外来务工人员，以及环卫、公交一线职工纳入保障范围，家庭人均收入放宽至 60768 元，达到 2019 年度城镇人均可支配收入 100%水平。这些举措使住房保障对象有效扩展，政策体系吸纳了更多潜在的住房困难群体。

(二)城中村改造顺利进行

近年来，湖州市进行了多项城中村改造行动。在这些专项行动中，湖州市将"以人民为中心"的大原则贯穿于拆迁工作的每个环节。一是实现了政策最优惠。始终坚持政策让利于民，明确被征收城中村房屋住房室内装饰装修补偿标准为 400 元/平方米(普遍高于现有房屋装修标准)，同时规定对装修补偿标准有异议的可申请重新评估认定；同时设置集体签约、搬迁奖励、货币安置奖励和房票安置奖励，以优惠的政策提高签约积极性。二是实现了标准最公平。征迁过程中，全市上下坚持"一把尺子量到底"，全力做到"拆迁政策、评估结果、安置人口、拆迁协议、补偿明细、房源情况""六公开"，让广大群众感受到了政府的公平、公正、公开，确保了大局稳定。三是实现了做法最贴心。始终把群众满意作为出发点，对群众应享受的优惠政策，不折不扣予以兑现；对群众的合理诉求，尽最大努力给予满足；工作组始终坚持以最大的诚意换取群众对征迁工作的理解支持，以最大的努力帮助群众解困解难，真正使城中村改造攻坚成为一场更大层面的惠民为民战。

2017 年 8 月至 2018 年 10 月，湖州市累计完成城中村改造 320 个、59375 户、2092.59 万平方米。其中，征迁改造 239 个、拆除房屋 36075 户、拆除面积 1462.29 万平方米。累计完成厂房搬迁 1312 家、坟墓搬迁22637穴、庙宇搬迁73座，累计腾空土地14.3万亩，受益群众约29.6万人。2020年的城中村改造是湖州历史上拆迁规模最大、难度最大、速度最快的一次攻坚行动，拆迁面积超过了过去10年城中村改造总和，提前完成了省原定4年征迁任务，成为全省第一个完成城中村改造任务的地市，真正实现了环境不断改善、产业优化升级、民生福祉提升，为湖州今后的发展注入了新动能、打开了发展新格局。

二、以"学者有其校"为导向，推行教育资源均衡化

教育公平是建设"共同富裕示范区"的一项基础性任务。这一目标能让祖国的下一代从小就享受到公平的受教育机会。习近平总书记强调，"基础教育在国民教育体系中处于基础性、先导性地位，必须把握好定位，全面贯彻落实党的教育方针，从多方面采取措施，努力把我国基础教育越办越好"①。湖州市近年来贯彻执行习近平总书记关于教育的思想方针，促进学校清廉化、教育资源均衡化发展，大力提升思政水平和教育服务惠民水平。

（一）加强教学督导，建设清廉学校

湖州市成立了市委教育工作领导小组，细化成员单位工作职责，推行市领导联系学校制度，市四套班子领导定期走访调研联系学校。同时成立了市政府教育督导委员会，建立教育督导工作、约谈、奖惩、限期整改制度等，强化督导结果运用，加强督学责任区建设，实现中小学校、幼儿园责任督学挂牌督导全覆盖。

湖州市将教育工作纳入对区（县）党委、政府的年度考核，压实地方政府主体责任。全市各级各类学校党组织实现全覆盖，校长负责制试点学校达158所，推进了"杏坛先锋＋"党建品牌群建设，承办全省中小学校党建工作现场推进会。打造"2146"清廉品牌，形成一县一特

---

① 《在北京市八一学校考察时的讲话》，《人民日报》2016年9月10日。

色，在全省率先制定“清廉学校建设标准”和小微权力清单，唱响清廉“主旋律”，推进实现清廉文化入校率100％。

（二）坚持教育改革，创新提升思政水平

湖州市立足本地实际，将改革创新作为持久动力，加快实现教育现代化。系统推进学前教育深化改革、义务教育课改攻坚、普高教育提质增效、职教成教内涵发展和师德师风建设。连续30年传承创新中小学思政课骨干教师培训模式，形成了思政课教师队伍建设的湖州品牌。激活大数据时代教育创新，加快精准教学研究，成立“浙北STEAM教育研究院”，建成63所STEAM教育联盟学校。启动全市中小学研学“行走”计划，深入实施“绿水青山就是金山银山”研学品牌的打造，做好全省唯一中小学生研学旅行工作试点市工作。

为了加快改革步伐，湖州市教育局出台《关于学前教育深化改革规范发展的实施意见》，全市共有80所乡镇公办中心幼儿园、166个园区、教学点151个，普惠率100％，等级率100％，在标准化农村教学点全覆盖的基础上，各区县均启动“美丽乡村教学点”创建工作。2020年全年新增了46所受援乡村学校，提前一年完成乡村学校结对全覆盖，总计投入财政专项资金956.2万元，共新建61个、升级72个同步课堂教室。全市2020年新增劳动年龄人口（18—24周岁）平均受教育年限达到14.2年。

（三）全面提升教育惠民服务水平

截至2021年，湖州市共有幼儿园237所353个园区，普惠性幼儿园覆盖率91.74％（省标准为88％）。全市幼儿园等级率100％（省标准为95％），省二级园以上占比72％以上（省标准为60％以上）。园长和专任教师持证率100％（省标准为98％）。2021年，湖州市学前三年入园率达到99.43％；幼儿园教职工10636人，专任教师6608名。2019年全市学前教育经费占同级财政性教育经费的8.35％，超出《浙江省学前教育条例》规定的5％的要求。

在提升学前教育的普惠性方面，湖州市也做出了许多尝试。“安吉游戏”破解了教育部落实“幼儿园以游戏为基本活动”方针的难题，得到全球138个国家的高度关注，成功入选世界经济论坛4.0未来创新教育模式，成为湖州乃至中国学前教育一张亮丽的国际“名片”。近10年来，学后托管服务在各区县全面实行，全市6.7万余名小学生受益，并在全省率先将托管服务工作延伸到学前教育段。湖州建立了全省首个中小学心理公益微信服务平台“湖州37度心理”，启动了全市层面的青少年心理健康护航行动。全市有5家区县社会心理服务指导中心、71家乡镇（街道）心理服务站，全面维护青少年身心健康发展。

（四）优先教育投入，促进教育资源均衡化

“十三五”期间，湖州完成新建和改扩建幼儿园89所，义务教育学校57所。积极推进农村中小学“直饮水工程”、县域寄宿制学校“热水工程”，全市公办学校教室、寝室和食堂空调“三进工程”完成90％以上，“阳光厨房”建成率100％。全市省级标准化学校比例达98.63％，义务教育段学校全面消除“大班额”现象，教育信息化综合发展指数在省级考核达98分。高标准推进省教育现代化学校创建工作，推进“互联网＋义务教育”实验区建设和城乡学校结对帮扶扩面提质工作。2020全市城乡学校新增结对帮扶102所。

此外，湖州市坚持教育经费投入“两个只增不减”。2019年全市一般公共预算教育经费77.29亿元（比上年增长7.81％）。其中，市属一般公共预算教育经费为12.68亿元（比上年增长3.24％）；市属生均一般公共预算教育支出为高校19484元、普高25140元、中职14310元、初中18340元、小学28040元，较上年稳步增长。加强学前教育、“全面改薄”等专项经费投入，2018年投资8000万元实施安吉县第五小学“全面改薄”计划；2020年市财政对吴兴区、南浔区学前教育专项经费补助增加至1800万元。

三、以“病者有其医”为指引，推动医疗资源共享化

湖州市近年来贯彻执行习近平总书记关于提升人民健康的方针，着力建设“健康湖州”，推进市域医共体建设，全面启动全国首个智慧健康城市建设，高质量优化医疗资源布局。医疗资源共享化也是湖州市建设“共同富裕示范区”的一项重要努力，使更多百姓在医疗资源上得到实惠并共享医疗制度发展的成果。

（一）建设“健康湖州”

“十三五”时期，湖州市卫生健康系统以建设“健康湖州”为引领，以“补短板、强基础、优服务、建机制”为主线，通过实施“十大工程”，努力实现“六个更加”的总体目标，居民健康、卫生服务、医疗保障多项指标居全省前列。一是卫生健康重点指标超额完成。2019年底，全市人均期望寿命为81.98岁（规划值81岁），较2015年上升3.76岁，处于全省第三。全市每千人执业（助理）医师数为3.08（规划值2.75），每千人护士数为3.59（规划值3.09），每千人床位数为5.97（规划值5.91），社会医疗机构床位共5696张。5岁以下儿童死亡率为2.4‰（规划值8.5‰）。每万常住人口全科医生数3.14（规划值2人）。设区市及县域主城区平均急救反应时间在9.46分钟（规划值10分）。二是坚持以群众、医院、医生“三满意”为目标，以成为全省唯一全市域“三医联动”“六医统筹”集成改革试点市为契机，在深化医药卫生体制改革上进行了有益探索。公立医院综合改革持续走在全国前列。2018年、2019年全市公立医院综合改革评价连续两年获得全省第一名。

（二）全市域推进医共体建设

湖州认真贯彻落实浙江省委省政府《关于全面推进县域医疗卫生服务共同体建设的意见》（浙委办发〔2018〕67号），按照省卫生健康委员会总体工作部署，以打造健康中国先行示范区为目标，扎实推进各

项工作任务，全力深化县域医共体建设，创新实施城市医共体改革。依托“1＋11”医共体政策支撑体系，按照“一家人、一本账、一盘棋”改革，创新完善医共体管理体制和运行机制。医共体人力资源、财务、医保、公共卫生、信息等管理中心全面实体化运作，实现集团化管理、一体化运行和连续式服务。

加快推进资源重组、体系重构、制度重建、服务重塑，积极构建优质高效的整合型医疗卫生服务新体系。在全国率先探索城市医共体建设，截至 2020 年底，湖州共建有医共体 10 个，其中县域医共体 8 个、城市医共体 2 个，实现医共体建设全市域覆盖，改革经验在全国会议上做交流，多次获得省领导肯定批示。国家卫生健康委员会在长兴县召开全面推进县域医共体建设、构建整合型医疗卫生服务体系新闻发布会，推广“湖州经验”。

（三）全面启动全国首个智慧健康城市建设

湖州全市域统筹推进“互联网＋医疗”“大数据＋医疗”“跑一次＋医疗”改革，实现全市平台集聚、全域数据共享、全程智慧服务，基本建成覆盖全市区域的智慧健康服务体系。全国首创门急诊“医后付”，大大节省排队时间，并在全省推广；全市域建设“影像云”，成为国内首个“无胶片”城市，预计一年可减少塑料胶片 450 万张，减少塑料污染 45 吨，减少患者胶片费用约 1 亿元；在全省率先实现省、市、县、乡、村五级检查检验报告共享和互联网查询，成为全国首批全市域医疗健康信息互联互通标准化成熟度测评四级以上城市，最早实现“三大诊断共享中心”县区全覆盖，全部乡镇卫生院实现“乡镇检查、上级诊断”。

2020 年以来，湖州推进“云药房”“云病历”“云检查”等项目建设，进一步推进药师、检验医师、检查医师等技术资源，药品、检查设备、检验设备、床位、门诊号源等医疗资源，社会药店、第三方检验检查机构、社会体检机构等互联网化，从而构建全市医疗卫生资源“万物互联”体系，打造城市级的卫生健康操作系统，打破资源“围墙”，实现资源畅通共享共用，让每名医生支配的资源范围从院内扩大到市域，使每种资源物尽其用。

（四）推进医疗资源优化布局建设

湖州市中心医院迁建工程竣工并顺利投入使用。市第一医院改扩建工程和市中医院整体迁建工程动工建设。市中心医院二期项目完成立项。中心城区月河飞英中心、朝阳爱山中心、康山中心和凤凰中心竣工投用。县域医疗资源布局不断完善。南浔区人民医院、菱湖人民医院、吴兴区人民医院、南浔区公共卫生中心、安吉县人民医院急诊楼等新建项目，以及长兴县中医院、安吉县中医院、长兴县妇保院改扩建项目已经竣工投用。妇幼保健服务体系建设取得突破。市妇女儿童医院挂牌成立，报批新增 200 张儿科床位，新开辟了有 40 张床位的新生儿专用病房。吴兴区、南浔区成立了区级妇幼保健院（中心），其中南浔区核定编制 109 名、设定床位 49 张，吴兴区核定编制 70 名、设定床位 30 张。

医疗资源布局水平的提高使居民就医更理性。一是实现了常见病、多发病“留”在基层。2019 年，各区县基层就诊率平均达 71.85%，远远超过健康浙江确定的 65%的目标要求，较 2017 年同期提升了 5.4 个百分点；医共体牵头医院的普通门急诊总人次较去年同期减少了 4.55%，首年实现下降。二是实现了外转病人“留”在县域。通过与杭州、上海等高水准医疗机构广泛合作，逐步补齐外流病种的诊疗能力不足短板，引导原本要到杭州、上海就医的部分患者留在当地就医，外流病人增速放缓，总数得到有效控制。2019 年，全市县域就诊率为 90.62%，比 2017 年同期增长 3.08 个百分点。

（五）推进全民健康促进工程建设

湖州一直以来大力开展爱国卫生运动，国家级和省级卫生乡镇覆盖率分别为 66.67%、100%，2016 年、2019 年分别通过国家卫生城市复评。注重加强重大疾病防控能力建设。连续三年甲乙类传染病发病率全省最低。新冠疫情发生前，已连续15年未发生重大突发公共卫生事件。加强卫生综合监督执法，严厉打击各类违法行为，着力展现卫生法治惩戒“威慑力”。2019年全市卫生行政处罚人均结案数全省第一。注重中医药服务能力传承创新，在全省率先实现全国基层中医先进地区“满堂红”。

南浔区以习近平新时代中国特色社会主义思想为指导，贯彻“没有全民健康，就没有全面小康”的理念，将健康事业发展作为贯彻落实区委“一一二八”工作部署的重要内容。落实《健康浙江2030行动纲要》《健康湖州2030行动纲要》《健康南浔2030行动纲要》工作要求，全面推进环境健美、文化健达、服务健全的健康促进型社会建设。2020年，全区居民健康素养水平在2019年基础上提高20%；经常参加体育锻炼人数比例达到32%以上；95%以上的学生达到《国家学生体质健康标准》合格以上等级。此外，南浔区推广“三减三健”和控烟措施，倡导减盐、减油、减糖和健康口腔、健康体重和健康骨骼，积极参与控烟行动。人均每日食盐量下降20%，人均每日油脂摄入量下降10%；成人肥胖率控制在12%以内，儿童青少年肥胖率不超过8%；成人吸烟率下降3%，全人群吸烟率下降到25%以下。

四、以“弱者有其扶”为根本，实施社会救助扩大化

帮扶经济困难群众是建设“共同富裕示范区”的核心任务之一，也是提升弱势群体幸福感和获得感的重要途径。湖州市近年来贯彻落实习近平总书记关于社会救助的重要指示，不断调整社会救助政策，全面扩大社会救助的对象，不断提高低保标准，不断优化动态管理，不断加强组织协作，不断凝聚社会力量，充分实现应救尽救，现已成为浙江省内贫富差距最小的城市。

（一）政策体系不断完善

2002年发布《湖州市区城乡居民最低生活保障制度实施办法》

（市政府第 13 号令），实行随审随批制度，强调审批前必须公示。2007 年发布《湖州市城乡居民最低生活保障实施办法》，在部门职责、收入核算、低保管理等方面作了进一步规定。2015 年率先出台地方性综合政策《湖州市社会救助实施意见》，为统筹社会救助体系、整合社会救助资源、规范社会救助管理提供了政策保障。"十三五"期间，修订完善临时救助和支出型贫困、急难救助等多项政策，救助范围覆盖全域全员，因病因学支出型贫困家庭和非本市户籍人员均纳入社会救助保障网络。建立困难群众探访关爱制度，加强动态监测和跟踪服务，解决困难家庭实际生活困难。

湖州市的政策体系围绕着六项工作展开。一是围绕应保尽保，以低保政策落实情况为治理重点，规范低保申请审核审批程序，强化重残重病单人施保、低收入农户与低保边缘标准"两线合一"、动态管理等政策执行。二是围绕应救尽救，以临时救助政策落实情况为治理重点，强化临时救助实施细则。疫情防控期间，定期探访、先行救助、全面落实备用金制度等政策执行，及时将基本生活受疫情影响的困难家庭和返贫人口、返贫风险人口纳入临时救助保障范围。三是围绕应养尽养，以特困人员救助供养政策落实情况为治理重点，提升特困人员供养服务水平，满足特困人员集中供养需求，全面落实分散供养协议委托照料服务。四是围绕应兜尽兜，以支出型贫困救助政策落实情况为治理重点，加大支出型贫困救助推进力度，提升主动发现能力，及时将符合条件的因病、因学等导致基本生活发生困难的对象纳入兜底保障范围。五是围绕专款专用，以社会救助资金使用管理情况为治理重点，查找资金监管薄弱环节和风险点，加强资金监管力度，杜绝贪污侵占、虚报冒领、截留私分社会救助资金等情况发生，从源头防范社会救助资金安全隐患。六是围绕应查尽查，以基层社会救助工作作风为治理重点，从严查处漠视侵害群众利益、治理走形式、经办服务不作为慢作为、投诉举报渠道不畅通、近亲属备案制度落实不到位等问题，切实转变基层工作作风。

（二）动态管理不断优化

湖州在2002年颁布新的《湖州市区城乡最低生活保障制度实施办法》，推行随审随批制度，彻底改变过去一年或半年一审的做法。2005年实施“红绿卡”制度。规定持红卡者在12个月期满后仍需救助，应重新办理；持绿卡者不受期限限制。2010年创立低保管理的“四个一百”机制（100%全面复核、民主评议、全面公示、档案管理），实现“应保尽保、应补尽补、应退尽退”，得到省政府肯定和推广。

随着数字化转型的深入，2015年建成家庭经济状况市级核对平台；2017年省大救助信息系统投入使用。如今，依托省大救助信息系统，困难群众凭借“一张身份证、一张申请表”即可办理救助申请，水、电、气、有线电视等优惠减免实现“无感智办”。2020年疫情防控期间，通过“浙里救”等渠道实现“无接触办理”，推动社会救助服务向移动端延伸，社会救助申请实现“掌上办”“指尖办”。试点工作中探索的多维识贫、动态预警、智能研判等功能也进一步提升了智慧救助水平。

（三）组织协作不断增强

2004年在原有的救灾救济和福利处之外增设低保处，后改为救灾和社会救助处。2019年根据机构改革要求，自然灾害救助、医疗救助相关工作分别划归应急管理局、医保局。为全面协调跨部门工作，2003年成立市低保领导小组，发挥牵头抓总作用，各区县和乡镇（街道）相继跟进，完善了低保工作组织网络。2015年建立社会救助联席会议制度，形成“政府主导、民政牵头、统筹协调、部门联动”的社会救助工作格局。“十三五”期间，推动乡镇（街道）“一门受理、协同办理”服务窗口建设，加快推进“一件事”一站式联办改革，实现便捷、高效服务。通过考评通报、举报热线、专项整治、走访排摸等监督手段，推动社会救助政策落地落实。

在各部门的协作下，湖州实现了救助对象“再精准”。充分发挥困难群众基本生活保障工作协调机制作用，着力强化资源统筹、部门联动，开展全覆盖式大排查，对符合低保、特困人员条件的继续给予保障，对不再符合条件的及时动态停保，实现“应保尽保、应兜尽兜、应退尽退”。开展社会救助对象“主动发现、精准救助”专项行动；加强城乡低保和兜底脱贫对象动态管理，创新救助对象核查机制，防止“骗保”“错保”“人情保”“关系保”现象的发生；采取政府购买服务的形式，引进第三方机构开展信息比对、对象排查和入户调查等工作；民政、审计部门联合组成督导组，围绕当前社会救助重点工作、兜底保障脱贫行动、城镇脱贫解困工作情况，到各乡镇全面实施督导、检查、研判。

（四）社会力量不断凝聚

新时代社会救助事业高质量发展离不开社会力量的广泛参与。湖州 2004 年创建药品慈善超市、爱心慈善超市，作为经常性社会捐助的有效载体。2005 年开始实施“双千万结对帮扶”工程，实现低保对象结对全覆盖。2008 年开展“彩虹行动”，为全市 4416 户无电视机的低保户赠送了电视机。为充分发挥社会力量的补充作用，2017 年市民政局与市慈善总会联合建立急难救助专项资金，通过“救助＋慈善”模式，实现政府救助、慈善公益、社会力量的有序衔接。

此外，湖州市通过政府购买服务、发展慈善事业等政策举措，在落实社会救助专职经办人员和协理员制度的基础上，鼓励社会力量参与社会救助工作，扩大家境调查、探访慰问、生活照料、法律援助、社会融入等服务供给，进一步配强基层服务力量，促进社会救助从被动型向主动型、从输血型向造血型、从生存型向发展型的转型升级。

（五）低保标准不断提高

2002 年湖州低保标准为城镇每人每月 210 元、农村每人每月 100 元。2006 年提高到城镇每人每月 225—245 元（市区 245 元，德清县 225 元，长兴县、安吉县 230 元）、农村每人每月 140 元左右（市区 147 元，德清县 135 元，长兴县、安吉县 140 元）。次年，人均补差标准不得低于当地低保标准的 50％作为硬性指标列入政府工作考核，确保低保家庭真正得到提标实惠。为适应经济发展水平，低保标准实现逐年稳步提高。2014 年德清县率先实现低保城乡同标。次年全市跟进，市区统一为每人每月 664 元，三县统一为每人每月 615 元。2018 年完成低保区域同标，达到每人每月 810 元。2020 年低保标准由挂钩最低工资标准优化为挂钩城镇居民生活消费支出，增长到每人每月 873 元，年低保标准破 1 万元。2002 年以来，低保标准年均增长率为城镇 8%、农村 13%。

湖州市针对低保标准制定不断作出新的努力。一是科学制定公式。参照《中华人民共和国民法典》有关赡养抚养费规定，立足湖州市实际，在充分调研测算后，建立新型供养费核算公式。在调研阶段，设计供养费测算表，从系统中抽选大量实际数据进行计算比较，并于基层前沿进行模拟测试。经大量有效数据反复验证，新建供养费核算公式不断调整优化，既尽力而为又量力而行，适应湖州市经济社会发展现状，救助水平不断提升优化。二是精确核算标准。家庭供养支付费按“二个供养义务人”“三个供养义务人及以上”进行适度分档，分别以供养支付费的 50%和 40%来计算供养金额，不但减小了供养压力，也使部分因供养费较高无法获得低保、低保边缘救助的隐性贫困家庭可以被纳入救助范畴，更有效地防范了部分供养家庭自身只维持低保边缘生活水准易滑入贫困的风险。除低保、低保边缘家庭外，支出型贫困家庭也明确无须计算供养费。三是合理放宽限制。取消供养家庭生活用机动车辆不高于 12 倍低保年标准的价格限额，将车辆价格与银行存款、股票债券等一同归入家庭财产价值。若供养家庭人均财产价值高于当地同期 10 倍年低保标准，则被供养家庭无法纳入低保、低保边缘保障范围。特殊情况给予适度放宽，如降低“单人户”供养家庭（家庭成员仅一人）的财产价值认定标准、部分成年孙子女的相关财产可不列入核算范围。

第五章　扎实推进新时代文化湖州建设

2003 年 7 月，时任浙江省委书记的习近平同志通过广泛的深入调查，把进一步发挥浙江人文优势，积极推进科教兴省、人才强省，加快建设文化大省作为实施“八八战略”[①]的重要内容，为浙江文化建设做了顶层设计。2004 年 5 月 8 日，习近平同志在《浙江日报》发表《让生态文化在全社会扎根》，指出加强生态文化建设，在全社会确立起追求人与自然和谐相处的生态价值观，是生态省建设得以顺利推进的重要前提。2006 年 2 月 6 日，习近平同志在湖州调研自主创新能力建设，提出要大力弘扬和发展创新文化，努力营造重视创新、支持创新、参与创新的良好氛围。[②] 同年 10 月 30 日，习近平同志在《浙江日报》发表《“文化经济”点亮浙江经济》政治短评，指出“所谓文化经济是对文化经济化和经济文化化的统称，其实质是文化与经济的交融互动、融合发展”[③]，肯定了浙江“借文化的传统打造和经营城市，保护和建设江南水乡、文化名城”[④]，“依托民俗文化传统发展和壮大地方经济”[⑤]的系列举措。党的十八大以来，习近平总书记从中国特色社会主义事业全局的高度提出了坚定文化自信、发展社会主义精神文明、加快建设社

---

① 中共党校采访实录编辑室：《习近平在浙江》（上），中共中央党校出版社 2021 年版，第 3 页。

② 《习近平在湖州调研时强调加快推进创新型省份建设》，《浙江日报》2006 年 2 月 7 日。

③ 习近平：《之江新语》，浙江人民出版社 2007 年版，第 232 页。

④ 习近平：《之江新语》，浙江人民出版社 2007 年版，第 232 页。

⑤ 习近平：《之江新语》，浙江人民出版社 2007 年版，第 232 页。

会主义文化强国等一系列时代命题。党的十九届五中全会明确将“建成文化强国”“国民素质和社会文明程度达到新高度，国家文化软实力显著增强”的文化战略目标纳入“到二〇三五年基本实现社会主义现代化远景目标”[①]中，第一次从国家规划层面提出了完成文化强国目标的时间表。

多年来，湖州始终牢记习近平总书记的殷殷嘱托，以“八八战略”为统领，以“绿水青山就是金山银山”理念为核心，以树立生态价值观为准则，坚持文化铸“魂”、产业强“骨”、山水美“颜”、富民固“本”，奋力打造古今交汇人文美、绿色智造产业美、山水清远生态美、宜居乐活和谐美的美丽中国“湖州画卷”。通过构建文化产业发展体系、公共文化服务体系、社会主义核心价值体系，深入打造传播党的科学理论的思想高地、展示深厚历史底蕴的文化高地，以及弘扬时代文明新风的道德高地，推动文化建设高质量赶超发展，全面展示先进文化的“湖州韵味”。目前，湖州已获得“大运河世界文化遗产”“全球重要农业文化遗产”“世界灌溉工程遗产”“国家历史文化名城”“钱山漾文化”“世界丝绸之源”六张世界级、国家级城市文化名片，获批国家旅游业改革创新先行区、首批创建国家全域旅游示范区试点城市、全国唯一的文旅公共服务综合性试点城市等一批重大战略试点，率先实现省级以上新时代文明实践中心建设区县试点全覆盖，出台全国农村精神文明建设领域首个地方标准、全省首个新时代文明实践中心建设地方标准，并以地级市全国第一的成绩夺取文明城市“二连冠”，成为全省首个市、县两级全国文明城市“满堂红”的设区市，充分显示出了湖州建设“重要窗口”示范样本的强大牵引力和推动力，生动展示了湖州建设“重要窗口”示范样本的实践成就。

---

① 《中国共产党第十九届中央委员会第五次全体会议公报》，新华网，http://www.xinhuanet.com/politics/2020-10/29/c_1126674147.htm，2020年10月29日。

第一节　发展壮大文化经济，着力培育文化产业新增长点

2003年4月9日，时任浙江省委书记的习近平同志在安吉调研时指出，推进生态建设，积极培育生态文化产业。[①] 2006年2月6日，他在湖州调研自主创新能力建设时又强调弘扬和发展创新文化。[②] 创新文化孕育创新事业，创新事业激励创新文化，肯定了文化产业在经济社会发展中的作用。党的十八大以来，我国文化产业在内涵和质量方面实现了跨越式发展。党的十九大报告中提出了健全现代文化产业体系和市场体系，创新生产经营机制的要求。这为新形势下文化产业发展指明了方向，提供了根本遵循。

湖州市委市政府认真贯彻习近平同志在浙江工作时对湖州的指示批示，始终坚持"以文化人、以文惠民、以文兴业、以文铸城"的理念，创新思路、深化改革，把文化强市放到全市经济社会发展的大局中去谋划与推进，为提升文化软实力，不断满足人民群众日益增长的文化需求，高质量建设现代化生态型滨湖花园城市，高水平全面建成小康社会作出更大更新的贡献。一方面坚持统筹发展，不断推进经济、社会、文化协调发展，推进城乡文化均等化发展，推进公益性文化事业和经营性文化产业并进式发展，努力实现社会效益和经济效益相统一、重点突破和均衡发展相结合、长远规划和分步实施相一致，切实提高文化改革发展的科学化水平；另一方面坚持改革创新，持续转变政府职能，紧跟经济结构转型升级、新型城镇化、现代信息技术和"互联网+"的发展步伐，完善文化管理体制机制，创新文化观念、内容、载体和形式，推进文化与科技、旅游、农业等深度融合，建设现代文化传播体

① 《习近平在安吉调研时强调推进生态建设　打造"绿色浙江"》，《浙江日报》2003年4月10日。

② 《习近平在湖州调研时强调加快推进创新型省份建设》，《浙江日报》2006年2月7日。

系，充分激发文化产业发展活力。通过优化布局、优化结构、优化产品、优化政策、优化服务。湖州文化产业发展环境得到了进一步完善，文化产业结构更加合理，文化市场更加繁荣有序，文化科技支撑更加有力，文化消费持续扩大，社会文明程度和文化软实力得到全面提升，文化湖州建设取得了标志性成功。

一、秉承生态智慧，助推传统文化传承创新

湖州山水清远，生态环境优美，"山从天目成群出，水傍太湖分港流，行遍江南清丽地，人生只合住湖州"，既是元代诗人戴表元对湖州人居环境的赞誉，也是今日湖州生态的真实写照。2005 年 8 月 17 至 18 日，湖州市委召开五届八次全体（扩大）会议，审议通过《中共湖州市委关于加快文化大市建设的决定》，指出挖掘弘扬湖州传统文化，为"创新破难，加快发展"提供良好的舆论环境、精神动力和文化条件。近年来，湖州不断在文化创新中弘扬特色传统文化，研究普查挖掘地域特色文化；建设传承基地、培育文化传人，激活传统文化的生命力；文化遗产多元化融合，稳固传统文化产业发展着力点。从丝之源、笔之源、瓷之源、茶之源到今天的"绿水青山就是金山银山"理念发源地，从邱城、下菰城、子城到今天"一体两翼"的新湖城，湖州在传统文化传承保护与经济社会发展、城市建设融合之间写下了瞩目的成绩，不断探索着新时代传统文化的创造性转化、创新性发展。

（一）全面调查掌握文化遗产家底

湖州是一座有着 5000 多年农耕文明史、2300 多年建城史的国家历史文化名城。七里亭遗址发掘的 700 多件打制石器，佐证了湖州是浙江最早的人类繁衍生息之地；邱城遗址出土的一把中国最早的石犁，见证着 5000 多年稻作犁耕史；毗山遗址发现的一条世界上最早的人工沟渠，见证着 3800 年的人工排灌史，为湖州赢得"中国水利之源"的称号。湖州人文荟萃、文化底蕴深厚，素来被誉为"丝绸之府、鱼米

之乡、文化之邦”，宋代便有“苏湖熟，天下足”之说。“文房四宝”之首的湖笔就产于湖州。钱山漾遗址开启了4000多年的世界养蚕缫丝史，被命名为“世界丝绸之源”，“钱山漾文化”成为湖州的首张“考古学”名片。湖州所产的“湖丝”曾获得1851年英国伦敦首届“世博会”金奖，迈出了中国参与世界博览会的第一步。2009年，中国蚕桑丝织技艺入选人类非物质文化遗产名录。“茶圣”陆羽在湖州完成了世界首部茶学巨著《茶经》。隐居湖州的范蠡著《养鱼经》，为中国最早的养鱼著作。元末明初湖州人娄元礼所著《田家五行》，是我国现存最早的一部农业气象和物候学著作。湖州崇文重教，人才辈出，唐宋以来，湖州共出状元19人、进士1500多人，更是哺育了曹不兴、孟郊、赵孟頫、沈家本、吴昌硕、沈尹默等一批名人，吸引了王羲之、颜真卿、苏轼等名流大家，尤其是开宗立派的书画家众多，有“中国书画史，半部在湖州”之说。

历经千百年的传承和创新，开放交流、兼收并蓄，湖州形成了具有鲜明特色、深厚底蕴、丰富内涵的地域文化，留存了众多的文化遗产。面对这一丰厚的文化遗产家底，为将其发掘好保护好，提升其历史人文价值，湖州市陆续出台了一批规范性文件，适时做出了“加强文化遗产保护，健全优秀传统文化传承体系”的重要部署，总体依循“探索研究性保护、创新性传承、重构性发展”的文化遗产工作新思路，建立依法管理、创新传承、基础全面、重点突出、全民共享的适应经济社会发展新常态的现代文博发展体制和非遗保护传承体系，合理适度利用文物资源，努力推动文物“活”起来，为发展经济社会、优化城乡面貌、彰显地域特色、改善人民生活提供有力支撑。截至2021年底，湖州市共有各级文物保护单位422处。其中，全国重点文物保护单位28处，省级文物保护单位53处。列入世界非物质文化遗产名录3项，国家级非物质文化遗产名录项目11项，国家级非物质文化遗产项目代表性传承人7名，省级非物质文化遗产名录项目50项。大运河（湖州段）南浔段的頔塘故道和南浔镇历史文化街区被列入世界遗产名录，南山商代原始瓷窑址群考古入选中国考古六大新发现，南浔镇、双林镇、新市镇、菱湖镇4镇入选中国历史文化名镇，长兴县新四军苏浙军区旧址被纳入第三批国家级抗战纪念设施、遗址名录。

（二）传统文化价值传承

一是“湖学”文化价值传承。湖州有着深厚的文化家底。文化引领求真之风，北宋教育家胡瑗创立的“湖学”，开经世致用之学风，奠定了宋韵文化的思想基础，开辟了江南儒学的新境界，成为中国教育史上的一座丰碑。在“湖学”经世致用学风引领下，宋代以后的湖州产生了大批科举士子，并涌现了水利专家潘季驯、火器专家茅元仪、法学泰斗沈家本等杰出人才。新中国成立以来，湖州籍“两院”院士多达42名。湖州人崇儒重教、耕读传家，但不拘泥于诗书，湖州历史上涌现的无数先贤及其科学探索实践充分展现了“湖学”经义治事、学用结合价值理念的浸润。近年来，在先民智慧以及“湖学”所蕴含的“理性、实证、求实、求真、探索”科学精神的传承引领下，湖州尊重自然，探究科学，把握规律，总结经验，探索实践出一系列湖州经验、湖州标准。2020年9月，湖州推出以“西塞科学谷”“莫干论剑谷”“顾渚画溪谷”“阳山时尚谷”“弁山云起谷”等为代表的“五谷丰登”计划，不断传输着“湖学”的科学价值、科学理念，从传统文化中汲取丰厚营养，培养集聚更多科技人才，催生新的实践，为高质量赶超发展赋能助力。

二是“清远”文化的价值传承。湖州传统文化中的生态基因蕴含在包括书画、茶道、竹道、笔道等在内的风雅文化体系内，同样有着流传千年的演绎。湖州书画文化的核心概念“清远”，不仅是一个自然生态学概念，也是一个文化生态学概念，还是一个美学概念，表征着人与自然、人与天地万物融为一体，从清空宁静中发现平和与悠远的终极生命快乐，达至中国传统哲学“天人合一”的理想境界。湖州茶道所崇尚的“和静怡真”，湖州竹道所诠释的雅逸闲适、和谐自足，湖州笔道所强调的精、纯、美，都与“清远”的内涵相通，展现着湖州风雅文化的精髓——“恰适”。“恰适”意味着量力而为、量需而行，不贪不过，不缺不满，一切以恰到好处为准绳，传扬的正是湖州古代文人在理解自然、体察社会、感悟生命过程中所达到的高度。这种文化价值理念传承至今，与人与自然和谐相处的绿色发展理念相互融合，引领着湖州的绿水青山向金山银山转化实践不断深入、转化通道不断拓展，同时围绕丝、笔、茶、竹等传统文化价值内涵，打造符合现代人价值导向、生活方式和消费习惯的有生命力的文化和旅游产品，打响“人生只合住湖州”文旅品牌、“在湖州看见美丽中国”城市文化品牌。

（三）传统文化创造性转化

湖州拥有厚重多彩的传统文化，在延续历史文脉中当好“薪火传人”，在推进多样共融中放大“最美效应”，在实现文化创新中讲好“湖州故事”，是当代湖州人义不容辞的使命和责任。

首先，丰富农耕文化生态实践。治水与治田相结合的塘浦（溇港）圩田系统，构成了太湖南岸风华无尽的溇港文化带；因溇港而生的桑基鱼塘系统展现出了种桑和养鱼相辅相成、桑地和池塘相连相倚，蕴含丰富蚕桑文化和鱼文化的典型江南水乡生态农业景观。作为农耕文明时代践行传统生态文化思想的成功典范，它们蕴含的生态治水、治田的经验及其诠释的人与自然和谐共生的生态文化思想值得后世永续借鉴，在太湖流域稻作文化和丝绸文化发展史上具有里程碑意义，有效推动了湖州的农业经济走上繁荣的道路，成就了“苏湖熟，天下足”的盛名，使太湖流域的湖州成为闻名全国的鱼米之乡、丝绸之府。2016 年，太湖溇港入选第三批世界灌溉工程遗产名录。2018 年，湖州桑基鱼塘系统被列入全球重要农业文化遗产。从文化传承角度，农业资源循环以及山地水土涵养的生态实践，构建了属于湖州传统农事生产实践领域的生态文化遗产宝库，彰显了湖州朴素生态文化思想、前卫生态设计理念的创造与革新，为湖州打造了一张张沉甸甸、金灿灿的世界级文化名片。从方法论角度，提供了遗产保护动态观、整体观、地域观、生态观等价值认知新视角，从生态文明建设角度赋予文化遗产保护重要实践意义，阐释了人与自然和谐共生的生态价值观理念。近年来，湖州将农耕文化保护开发与现代农业发展、美丽乡村建设、生态文明建设和农民创业创新融为一体，有效推动了传统桑基鱼塘升级发展、传承利用，被联合国教科文组织评价为“世间少有美景，良性循环典范”。

其次，推进文化遗产多元化融合发展。全面促进文化遗产与当前经济社会发展的融合，与人民生产生活的融合，进一步发挥文化遗产在传承优秀传统文化、弘扬社会主义核心价值观领域的重要作用。一方面，深入推进非遗整体性保护和生产性保护，将非遗保护与美丽乡村建设相结合，与乡村文化礼堂建设相结合，进一步加强非遗工作的社会参与与社会认同。通过举办“文化遗产日”系列活动、陆羽茶文化节、新市蚕花庙会、湖州国际湖笔文化节、湖州苕溪茶会等大型文化节庆活动以及湖笔、湖丝、百叶龙等品牌性重点文化艺术活动，在全社会形成保护文化遗产的浓厚氛围；深度挖掘吴越文化、秦汉鄣郡文化，着力打造集文物保护展示、文化产业发展、休闲旅游、城市形象展示于一体的文旅融合综合体。另一方面，以探索文物保护单位活化利用、提升文物保护单位开放利用率、推进传统村落保护利用、实施考古遗址公园建设、举办文物对外交流活动等为重点，努力提升文博事业融合发展及服务能力。有效实施文物建筑活化利用培育计划，加快建设毗山遗址、钱山漾遗址、下菰城遗址等一批城市文化遗址考古公园，建设国家城市文化遗址考古公园群保护利用示范区；大力扶持湖剧、三跳等濒危地方戏曲剧种，切实推进传统戏剧的保护性发展；组织“百叶龙”“湖笔”“辑里湖丝”等文化团队赴外地开展文化交流活动，全面拓展对外文化交流渠道。2019 年，湖州文物活化利用案例作为全国唯一地市级城市案例，在国家文物局论坛上做经验交流，文物区域评估工作已然走在全省前列。同年，牵头实施传承发展浙江优秀传统文化行动计划，《湖州之远——丝瓷笔茶文化特展》入选国家推介项目，南浔区和孚镇成功创建省级非遗主题小镇。2020年，湖州创新实施文物认养计划，全省首家文物活化利用城市书房在湖州开馆运行。同年，德清县蚕桑丝织文化传承生态保护区成功创建省级文化传承生态保护区，长兴县小浦镇（京剧）、吴兴区织里镇（越剧）入选"浙江省戏曲之乡"。据统计，湖州市现有17个省级非物质文化遗产旅游景区。

最后，政产学研一体化激活传统文化。充分借助湖州作为"世界丝绸之源"所蕴含的文化和地缘优势，依托湖州师范学院，整合校内外资源，成立海上丝绸之路国际研究所，建立蚕丝绸文化基地，聚集湖州蚕桑研究所科技力量，推进蚕桑生产实用技术的成果转化和应用推广，打造国内一流蚕丝绸文化传承与科技创新团队；集合国内资源，建立蚕丝绸文化学术研究共同体，加强蚕丝绸文化学术研究；举办"阿塞拜疆蚕桑文化与古丝绸之路"等国际学术沙龙，促进蚕丝绸文化的交流传播，向世界讲好蚕丝绸文化中国故事。2020年，湖州师范学院蚕丝绸文化基地获批教育部全国普通高校中华优秀传统文化传承基地。目前，学校已开设蚕丝绸文化通识教育课程2门，编写相关教材3部，建有校外基地2个、相关学生社团4个，开设春蚕工作坊，面向中小学开展蚕丝绸文化普及活动。通过"专业学院＋产业学院"多元化办学模式，主动对接地方服装、丝绸等支柱产业、新兴文旅产业和特色产业链，通过政、产、学、研一体化育人模式，保护、传承、发展中华民族优秀传统刺绣手工艺，推动以湖州为主体的浙江丝绸产业发展，使湖州成为体现和展示中国蚕桑产业特色的样板，为湖州打造"重要窗口"示范样本贡献力量和智慧。

二、文化点亮乡村，成功打造美丽乡村样板地

2006年9月11日，时任浙江省委书记的习近平同志在谈到社会主义新农村建设时曾指出，"要充分体现出农村社区的区域特点、文化特征，形成特色、注重品位、突出魅力……充分体现浙江新农村建设走

在前列的水平，体现江南鱼米之乡、山水浙江的风采特色，体现丰厚传统民俗文化与现代文明有机融合的农村新社区水准，走出一条各具特色的整治美村、富民强村的路子”①。作为中国美丽乡村发源地的湖州，始终致力于乡村的美化、文化与富裕化工作，用生态文化加成民俗文化和当代文化的方式点亮乡村，走出了一条生态美、文化厚、产业兴、百姓富的锦绣之路，成为全省乃至全国乡村振兴的样板地。

（一）文化赋能，助推村庄景区化发展

近年来，湖州认真实施新时代美丽乡村样板片区建设，扎实推进村庄“景区化”，在全省率先实现A级景区村庄全覆盖。在此基础上，不断深化“村村景区化”品牌，努力实现旅游资源的经营性转化。积极推进安吉余村“绿水青山就是金山银山”示范区建设，深入挖掘余村“绿水青山就是金山银山”文化资源，丰富旅游产品，开展相关文旅项目先行先试，余村创建成为国家AAAAA级景区，并成功打造了“村强、民富、景美、人和”的乡村旅游典范。安吉县鲁家村、横山坞村，德清县劳岭村，南浔区荻港村4座乡村成功入选第二批全国乡村旅游重点村名录。吴兴区道场乡菰城村、长兴县水口乡顾渚村、安吉县上墅乡田垓村等被授予“浙江省生态文化基地”称号，安吉县山川乡高家堂村等被授予“全国生态文化村”称号。

（二）文化铸魂，助推乡村文旅创客创新发展

多年来，湖州在推进乡村旅游全域发展的过程中，以文创为魂引领乡村建设，因地制宜统筹推进生活、生产、生态协调发展。吴兴区的生态度假庄园、南浔区的水乡古镇、德清县的民宿经济、长兴县的乡村旅游集聚区、安吉县的美丽乡村均分别走出了一条以人为本、以文创为魂，引领乡村建设、助推乡村旅游发展之路。近年来，湖州通过培育新型文创产业，积极引进文创技艺新主体，推进丝绸、湖笔、陶艺、茶艺

---

① 习近平：《之江新语》，浙江人民出版社2007年版，第221页。

等非物质文化遗产制作工坊落户，打造文创手工产业聚集区；通过举办各类创意文化集市，打造多功能创客社交平台、乡村创客基地、文旅创客空间，集中展示乡村文创发展新成果，吸引更多“创客”投身乡村旅游发展，激发了乡村创新创业的潜能和活力。湖州市已成功打造吴兴区小西街、南浔区东大街、德清县莫干山国际休闲文创街、长兴县东鱼坊、安吉县鄣吴镇归仁里老街、安吉经典1958等文化创意街区，其中3个入选省级文化创意街区，建成具有本土文化印记、主客共享的乡镇文旅空间15个，覆盖全市三分之一以上的乡镇。创客已然成为乡村经济转型升级的重要引擎，湖州正在引领长三角2.0代乡村创客创业创新的道路上不断奋进。

（三）文化强基，推进非遗传承与美丽乡村融合发展

湖州吴越文化灿烂辉煌，非物质文化遗产形态丰富，有着深厚多元的人文传承。以进一步构建完善的历史文化名城保护体系为目标，湖州深入实施古村落保护性修缮工作，深度参与文化底蕴深厚的百村保护规划编制工程，指导乡镇推行传统村落的保护与维修，为义皋、大钱、潞村、菰城等传统村落保护提供专业支撑。在此基础上，全面推进“美丽非遗乡村行动”计划，在美丽乡村建设中开展非遗保护工作。每年召开一届美丽乡村非遗保护工作会议，全面打造10个民俗文化村和10个非遗主题小镇，推进乡村非遗整体性保护。此外，积极开展“美丽非遗进礼堂百村行”活动，整理提升一批特色项目、指导建立一批乡村非遗馆、培育一批非遗特色表演队伍、培养一批非遗传承人、拍摄一批“寻找乡村记忆”纪录片、推出一批非遗保护传承示范案例，并且重点培育30项非遗传统表演艺术精品项目。非遗文化和乡村建设多领域、全方位深度融合，以产业落地形式推进美丽乡村高质量发展，助力非遗资源有效转化为旅游资源与文创产品，进一步丰富乡村振兴文化内核，激发传统文化生机活力。2019年，德清县钟管镇蠡山村、长兴县小浦镇方岩村成功创建省级民俗文化村。据统计，湖州市现有

中国历史文化名镇4个（新市镇、南浔镇、双林镇、菱湖镇），中国历史文化名村2个（荻港村、鄣吴村），入选中国传统村落名录5个（南浔区和孚镇荻港村、安吉县鄣吴镇鄣吴村、吴兴区织里镇义皋村、南浔区旧馆镇新兴港—港胡村、长兴县泗安镇上泗安村），1个省级千年古镇地名文化遗产（新市镇）和3个省级千年古村落地名文化遗产（吴兴区织里镇义皋村、德清县钟管镇蠡山村、德清县洛舍镇东衡村）。

三、培育市场主体，加快建构文化产业新格局

习近平同志曾强调，“所谓文化经济是对文化经济化和经济文化化的统称，其实质是文化与经济的交融互动、融合发展”[①]。古往今来，浙江人敏于挖掘文化传统中的经济元素和商业契机，善于向经济活动中注入更多文化内涵，以文化的力量推动经济发展。当代浙江人，善于用文化内涵包装和经营产品，各种文化节庆活动都注重经济效益与社会效益的结合；善于借文化传统打造和经营城市，保护和建设江南水乡、文化名城；善于依托民俗文化传统发展和壮大地方经济。多年来，湖州紧紧把握经济发展新常态下文化产业发展新机遇、文化市场新动态，大力实施“互联网＋”“文化＋”发展战略，深化文化市场综合执法改革，培育壮大文化产业市场主体，规范市场经营行为，提升管理服务水平，健全完善现代文化产业体系和现代文化市场体系，着力构建结构合理、重点突出、各具特色的文化产业新格局。2020年，全市文化及相关产业增加值的年均增长速度明显高于同期经济增长速度，在地区生产总值中的比重显著提高，文化产业成为湖州市经济发展的重要支柱产业。2022年，湖州深入实施文化强市工程，陆续推出红色根脉守护工程、“绿水青山就是金山银山”理念研究工程、历史文化发掘工程、主流舆论扩音工程、城市品牌提升工程、融媒改革创优工程、

---

① 习近平：《之江新语》，浙江人民出版社2007年版，第232页。

文明典范创建工程、文艺精品攀峰工程、公共文化普惠工程、文化产业跃升工程、“书画湖州”弘扬工程、运河古镇集群工程，努力形成具有鲜明时代特征和湖州辨识度的文化工程体系。

（一）建设文旅融合产业示范区

2004 年 9 月 30 日，习近平同志在《浙江日报》发表文章指出，“要把历史文化与现代文明融入旅游经济发展之中，使旅游成为宣传灿烂文明和现代化建设成就的窗口，成为传播科学知识和先进文化的重要阵地”[①]。党的十八大以来，以习近平同志为核心的党中央高度重视文化和旅游工作，对文化和旅游融合发展作出一系列重要部署，特别是在推进全面深化改革进程中，作出组建文化和旅游部，推动文化事业、文化产业和旅游业融合发展的重大决策。党的十九届五中全会又再次作出“推动文化和旅游融合发展”的战略部署，明确提出，“建设一批富有文化底蕴的世界级旅游景区和度假区，打造一批文化特色鲜明的国家级旅游休闲城市和街区，推进红色旅游、文化遗产旅游、旅游演艺等创新发展，提升度假休闲、乡村旅游等服务品质”，开启了新时代文化和旅游融合发展的新征程。

湖州积极推动文化和旅游在更广范围、更深层次、更高水平上深度融合，全面提升旅游产品内涵品质，建设“山水清远画湖州”文旅融合示范市，打造美丽繁华新江南的文旅窗口。一是深入实施文旅融合IP 工程。度假区、景区、饭店、民宿、旅游商品和线路的文化内涵提炼阐释和文化元素加快植入，使得美景、美食、美宿、美购、美线体系逐步优化，打造了富有文化底蕴的世界级旅游景区和度假区，统筹推进 10 张省级文旅“金名片”[②]建设。全面推动非遗展示展演、年俗文化活动、文艺演出、文博展览等进入景区景点、宾馆饭店和乡村民宿，积极拓展

① 习近平：《之江新语》，浙江人民出版社 2007 年版，第 74 页。

② 省级文旅“金名片”：“六韵”基因解码工程、余村“两山”示范区建设、推进“村村景区化”工程、世界乡村旅游大会、国际湖滨度假大会、大运河诗路（湖州段）古镇集群建设、德清莫干山旅游度假区发展、德清“中国钢琴之乡”建设、安吉古城遗址公园建设、太湖龙之梦乐园建成运营。

节庆经济功能，瞄准世界乡村旅游大会、国际滨湖度假大会、国际湖笔文化节、国际丝绸文化节、国际禅茶大会、国际游子文化节、竹文化节、鱼文化节、蚕花节、南太湖音乐舞蹈（戏剧）节、农民艺术节等重要活动，实现节庆活动向文旅会展经济的转变。2019 年，推出南太湖文博之旅[①]十大精品线路。2020 年，开通“水晶晶南浔”水上游线，成立京杭大运河古镇联盟，擦亮运河古镇群金名片，强化运河文化产业支撑，共建大运河诗路文化带；成功打造“南太湖月光之旅”“长兴茶文化之旅”“南浔古镇之旅”“吴兴菰城之旅”“村游湖州”等特色线路；“青花瓷”湖笔、Discovery 户外装备系列等 16 件商品入选省优秀非遗旅游商品名单和 2019 中国特色旅游商品名单。二是深化文旅产业制度保障。2019 年编制完成《湖州南太湖文旅融合发展带建设规划》，研究制定运河古镇集群联动发展、城市夜间文旅经济提升、文化和旅游行业新兴业态管理等实施方案，持续提升旅游度假区、传统景区等各类旅游形态品质，大力推进文旅企业挂牌上市。同年，成立文旅产业绿色金融服务中心和乡村文旅创客研究中心，推动项目与资本、人才有效对接。2020 年，长兴县、安吉县成功入选首批“浙江省文旅产业融合改革试验区”。三是文旅体验式消费不断升级。“闲步苕霅”湖州文旅市集、“水晶晶南浔”夜集市、龙之梦乐园太湖古镇水秀演艺及南太湖“五彩之夜”暨首届光影艺术展等新消费活动人气火爆，“百县千碗·湖州味道”“水乡百鱼宴”“太湖宴”等美食品牌影响进一步扩大，大运河诗路文化带策划开放式手工作坊、原住民生活体验等新鱼米之乡文旅体验点。2020 年，成功举办“诗画浙江”夏日推广季暨湖州文旅消费季活动，在全省率先实现省级全域旅游示范区县全覆盖，获批国家文化和旅游消费试点城市。

---

① 包含博物之旅、古村之旅、彩练之旅、禅茶之旅、漕运之旅、莫干之旅、珍珠之旅、红色之旅、秦郡之旅和“两山”之旅。

（二）加速文化产业结构合理布局

一方面，立足优势、发挥特色，整合行业发展资源，突出优势产业引领带动作用，提高文化产业规模化、集约化、专业化水平，促进文化产业与科技深度融合，重点推动以移动互联网、云计算、大数据、物联网等为代表的新一代信息技术与文化产业的融合发展，培育新型文化业态，提升文化产业核心竞争力，推动产业转型升级。另一方面，依托湖州文化资源禀赋、产业集聚态势、区位发展的特点，深入推进影视新闻艺术会展产业转型升级工程、文化休闲养生产业转型升级工程、文化用品制造产业转型升级工程和文化运动旅游产业转型升级工程。以湖州中心城区、太湖度假区为主区域，重点发展新闻传媒、影视服务、创意设计、艺术会展、场馆服务等文化产业，着力打造影视新闻艺术会展产业群；以吴兴区妙西镇、东林镇和埭溪镇为主区域，重点发展文化休闲、文化养生等产业，着力打造文化休闲养生产业群；以德清县莫干山国家高新区、洛舍镇为主要区域，重点发展珍珠工艺品、文体休闲用品、钢琴制造等产业，着力打造文体用品、工艺品制造产业群；以德清县、安吉县西部为主要区域，重点发展文化娱乐、生态旅游、文化运动、养生休闲等产业，着力打造文化运动旅游产业群。目前，湖州已基本形成中心城市带动、区域延伸辐射、全市联动发展的文化产业发展新局面。2020 年，湖州王一品斋笔庄创成省文化产业示范基地，安吉牛牯坳农业创成省中医药文化养生旅游示范基地。

（三）加快现代文化市场体系建设

充分发挥市场在文化资源配置方面的积极作用，建立多层次文化产品和要素市场体系，促进文化资源合理流动。着力推进文化市场一体化、规范化、信息化建设，不断优化文化消费发展环境，促进文化消费转型升级，建立统一开放、竞争有序的现代文化市场体系。一是扩大文化产业项目合作交流。先后赴苏州、深圳、北京等 15 个城市举办“湖州文化旅游专题推介会”暨“万名游客乐湖州”活动；积极组织重点文旅企业、文创团队、文博场馆参加义乌文交会、深圳文博会、上海世界旅游展等文旅产业展会，完善湖州市对外文化交流和贸易项目库建设，探索新型文化产品营销模式。二是加快推进文化体制改革。积极强化政策导向作用，重点实施“文化＋”发展战略，组建湖州文化发展集团，制定出台《关于加快文化产业发展的若干政策意见》《湖州市文化产业招商引资奖励办法（试行）》等一系列助推文化产业发展的政策与措施，创新文化金融配套服务机制，稳步提升发展文化产业的机制保障能力，湖州已连续多年获评全国文化体制改革先进地区。三是大力培养文化创新型人才队伍。深入实施骨干文化企业培育工程，全面实施“金钥匙”文化创新团队建设工程，培育文化创新团队，组团式开展文艺创作、表演、研究以及文化产业经营管理、文化创意成果转化和产业化等工作。积极引进南太湖优秀文化人才，包括社科研究、新闻传播、文化艺术、文化产业四大领域的高端文化人才及其领域的优秀创新团队，以及湖州宣传文化事业和产业发展中迫切需要且相对紧缺的专业技术、经营管理、特殊技能骨干人才。四是加大文化产业项目培育和引进力度。德清钢琴音乐谷、安吉 Hello Kitty 家园等相继建成，安吉竹博园项目、德清欧诗漫珍珠文化旅游开发建设项目入选原文化部特色文化产业重点项目库。湖州市文化产业增加值连续 10 年列全市服务业首位，全力打造千亿级文化产业集群。“十三五”期末，全市共有文化产业经营单位 1000 余家，企业类型涵盖了文化产业十大类别的所有行业，初步形成门类齐全、形式多样、体制多元的发展格局。

第二节 着力改善文化民生，构建现代公共文化服务体系

公共文化服务是衡量一个国家经济社会发展水平的重要指标，其服务体系建设是新时代中国特色社会主义文化建设的重要内容，其服

务供给状态制约着一定区域内的文化繁荣状态，保障人民文化权益，迫切要求提升公共文化服务水平。党的十八大以来，党中央始终把发展公共文化服务摆在重要位置。《中共中央关于全面深化改革若干重大问题的决定》中强调“构建现代公共文化服务体系”，“促进基本公共文化服务标准化、均等化”。党的十八大提出要加快推进文化惠民工程，推动公共文化服务设施向社会免费开放；十八届三中全会提出“建立健全现代公共文化服务体系”；十八届四中全会提出要制定公共文化服务保障法；2015 年初，颁布《关于加快构建现代公共文化服务体系的意见》，对现代公共文化服务体系建设进行了顶层设计。2016 年，第十二届全国人大常委会第二十五次会议通过《中华人民共和国公共文化服务保障法》。党的十九届五中全会通过的《中共中央关于制定国民经济和社会发展第十四个五年规划和 2035 年远景目标的建议》，更是站在推进社会主义文化强国建设的高度，着眼满足人民日益增长的精神文化生活需要，明确提出“提升公共文化服务水平”，充分体现了新时代提升公共文化服务水平已经上升到了新的发展高度。

湖州市创新思路，在《湖州市推动文化大发展大繁荣的意见》《湖州市关于加快构建现代公共文化服务体系的实施意见》等一系列政策的指引下，实施重大文化惠民工程，以推进城乡公共文化服务体系一体建设、推进媒体深度融合、推动公共文化数字化建设为重点，着力改善文化民生，统筹推进公共文化服务“硬件”和“软件”建设；通过优化公共文化服务管理体系、推进公共文化设施建设、加强文化精品创作生产、创新公共文化活动实践、强化文化产业建设等一系列举措，推进建设覆盖全市、惠及全民、功能健全、实用高效的公共文化服务体系。

一、优化公共文化服务管理体系

湖州通过实施文化强市战略，创新体制，转换机制，建立完善的公共文化服务管理体系，促进文化事业的繁荣发展。从公共设施“全域均享”、公共服务“全民免费”到公共服务“全时供给”，不断提升公共文化服务质量，放大惠民利民效应，逐渐形成了体系制度优化、设施政策保障健全的科学管理体系。

（一）健全公共文化服务结构

一是全力打造全链条产业经营。通过跨行业、跨系统或联盟协作项目的模式，健全政府购买公共文化服务机制，引入社会力量充分参与公共文化服务，实现合作共赢。整合全市公共文化设施、产品和服务资源，优化产业发展环境，促进媒体融合发展，强化落实文化项目谋划、生成、落地、服务“一条龙”工作机制。通过文化产业品牌化打造提升项目知名度关注度，构建可信、可控、可组织的公共文化服务管理体系，逐步形成多门类、多形式、综合性的文化市场发展体系，激发市场活力，从根本上改善文化资源重复建设、资源分布不均衡、信息不对称、应用服务单调、相关者利益无法协调的现状，实现公共文化资源全面覆盖、共建共享。2019 年以来，深化文旅项目“百大千亿”工程，切实增强文化产业整体实力和竞争力，打造“先进文化新高地”。

二是开启文旅公共服务融合“湖州模式”。紧扣生态文化、绿色发展主线，发挥特色优势，促进文旅融合发展，持续高品质打造湖州文化生态新样本。一方面，成立文旅产业绿色金融服务中心和乡村文旅创客研究中心，通过高新技术文化企业和小微文化企业优势互补，打通文化资源与资本市场融合通道，新产品和新业态不断涌现，文化产业附加值稳步提升。另一方面，作为首批创建国家全域旅游示范区试点城市，湖州全力打造文旅公共服务综合性试点，充分利用“全域旅游”优势，以划定“文旅公共服务生态圈”的方式创新打造文旅公共服务融合示范点，深入推动文旅公共服务供给侧结构性改革，统筹文旅公共服务设施、场馆、资源、服务的管理与利用，开启文旅公共服务融合“湖州模式”。2020 年 4 月，湖州市文旅公共服务以全国唯一“综合性试点”的身份获评文化和旅游公共服务机构功能融合试点单位。

三是协调区位融合发展。一方面，主动融入“长三角一体化”发展战略。2002 年 12 月 6 日，时任浙江省委书记的习近平同志来湖州调研时曾指出湖州在长江三角洲经济圈中的区位优势，湖州要在主动接轨、全面融入、发挥优势、实现共赢等方面当好“排头兵”①。近年来，随着长江三角洲区域一体化发展上升为国家战略，湖州结合自身定位和文化角色，联合上海、江苏、安徽等省市发布《长三角一体化文旅联合行动湖州倡议》，成立“长三角国家级旅游度假区（推广）联盟”，多维度拓展文旅阵地发展新方向、新局面，打造具有国际知晓度、美誉度、影响力的标识性城市。湖州市各级公共图书馆实现长三角社保一卡通服务 100％开通使用，通过推动图书资源在区域内无障碍流动，切实保障和改善文化民生，积极融入长三角公共文化服务一体化发展格局。协同推进世界级“环太湖生态文化旅游圈”建设。作为环太湖重要城市之一，全力发挥引领示范作用，联合规划打造环太湖全域旅游新亮点，联动协作健全环太湖文旅合作新机制，联手创新培育环太湖文旅消费新热点，联名营销展示环太湖全域新合唱，提升“环太湖生态文化旅游圈”的国际知名度。近年来，湖州成功举办世界乡村旅游大会、首届长三角一体化文旅峰会暨国际滨湖度假大会等一批重大文化活动，成为“中国文化休闲旅游城市”“长三角最具网红特质旅游城市”“中国旅游业最发达城市排行榜”30 强。

（二）创新公共文化服务机制

近年来，湖州以“绿水青山就是金山银山”理念、新型智慧城市、政府数字化转型为引领，通过体制、机制、技术创新，推进公共文化服务迭代升级。

一是改革赋能，加快公共文化服务体制创新。建立政府主导、各级主管部门合作共设的协调机构，由政府担任协调机构的负责人，把

---

① 《习近平在湖州考察调研时强调全面贯彻十六大精神　以开放促改革促发展》，《浙江日报》2002 年 12 月 7 日。

各方文化资源纳入统一规划之中，并负责制定统一的实施标准及相关规定，打通各部门之间的限制和壁垒，缩小公共文化服务城乡差距、群体差距，促进均等化，推进公共文化服务的社会化，健全党委统一领导、党政齐抓共管、宣传部门组织协调、政府职能部门负责、社会力量积极参与的工作体制和格局；推进政府公共职能转变和事业单位法人治理结构改革，厘清政府文化职责，推进文化市场简政放权，深化文化旅游领域“最多跑一次”改革，推进“无证明城市”创建，及时调整权力事项，简化办事事项，优化办事程序；规范文化市场综合执法，多部门合力实现文旅市场有效治理，提升文化市场监管能力，高效处理各类旅游投诉；健全完善高效的运行机制，提升全市各级各类文化场馆（站）、农村“文化礼堂”的运行水平，通过开通社保卡图书馆借阅功能、信用无感办证等提升市民的文化获得感。加大文化辅导、文艺创作、文化活动等方面的免费培训力度；加强基层文化队伍建设，培养全媒型人才队伍，健全全市文化系统干部职工继续教育制度，完善远程教育培训，开展“县区聘乡镇用、乡镇聘村用”用人模式，强化岗位定向培养。

二是标杆示范，推进公共文化服务数字化建设。构建金融支持数字文化产业发展政策体系，对“文化＋互联网”的创新型企业强化多元政策支持。加大数字文化产业项目招引，做大云端消费市场。发布湖州市数字生活新服务地方标准，在公共文化服务均等普惠、产业发展绿色生态层面持续当好推进者、实践者和探索者。基于城市数字大脑和全国特色型信息消费示范城市，推进全国首个“文旅行业信息化标杆示范基地”建设。入选浙江省文旅系统政府数字化转型试点，利用中国移动的网络、大数据等优势资源，上线全国首个“中国移动5G＋智慧文旅平台”，全面推进“湖州文旅大数据中心”“一键智游湖州”总入口“一张旅游导览手绘图”“一张全域旅游体验卡”“一朵文旅消费湖上云”“一个文旅数据仓”等平台建设，主动对接“浙里办”“浙里好玩”等省级平台应用，构建了以智慧管理、智慧服务、智慧营销、智慧统计为支撑的现代“智慧文旅”体系。“湖上云”以公共文化服务为切入点，整合“城市艺术课堂”“数字图书馆”“耳朵里的博物馆”“非遗数据库”“文旅消费”五大类数字资源库，集活动预约、场馆预订、空间展示、社团招募、竞赛互动、艺术培训、智能搜索等功能于一体，通过大数据分析，为广大群众提供精准高效的公共文化服务，打造“文化淘宝”服务新模式。德清县莫干山镇五四游客服务中心、莫干山民国风情小镇拓展数字乡村、数字政务、数字医疗、数字商贸等赋能乡村文旅产业发展、实现“多元共治”，提升乡村幸福质感。

二、推进公共文化服务设施建设

（一）合理布局城乡社区文化空间

一方面，加强乡镇、农村文化平台载体和基地建设。广开多元渠道，以均等化、无差异理念动员全社会力量推进基础文化设施建设，全面实施文化信息资源共享、体育健身等基层文化建设重点工程。乡镇综合文化站成为集图书阅读、宣传教育、文艺演出、科普培训、体育和青少年活动于一体的综合性文化场所，村文化活动中心、农家书屋和有线广播电视等实现“村村通”“村村响”。2005 年，湖州市开展“农村文化建设年”，将农村文化阵地建设列为美丽乡村建设的突破口；2013 年，湖州推出农村“文化礼堂、幸福八有”行动计划，文化礼堂成为农村文化集聚地和传承历史文脉、文化基因的重要平台；2018 年，落实乡镇（街道）综合文化站“四个基本”（设施、队伍、制度、服务）建设要求，切实提升乡镇（街道）、村（社区）文化设施和场所效能。截至 2020 年底，全市建制村全部建成以农村文化礼堂为核心的综合性公共文化服务中心。

另一方面，有序推进城市文化空间建设。按照《湖州市“城市书房”建设三年计划》（湖文广新〔2017〕78 号）要求，本着普遍均等、就近服务、精准布点的原则，“城市书房”已遍及湖州主要商业区和生活街区，成为老百姓步行15分钟就能抵达的“家门口的图书馆”。“文化客厅”“文化阳台”“文化街景”等聚力形成城市文化品牌，为社区公共文化服务发展树立了“湖州样本”。随着社区文化空间文化传承和创意集聚效应的逐步显现，城市“15分钟文化圈”的进一步优化，以市图书馆为核心、各县区图书馆为骨干、“城市书房”为补充的公共图书馆服务体系已经形成，基本实现市有“五馆”（文化馆、图书馆、博物馆、非遗馆和美术馆）、县有四馆（文化馆、图书馆、博物馆、非遗馆或展示场所）、区有三馆（文化馆、图书馆、非遗馆或展示场所）目标。以市县文化馆、图书馆、博物馆、体育馆、科技馆、青少年宫等中心城区公共文化场馆为主体，以乡镇综合文化站为重点、村（社区）综合文化服务中心为依托、农村文化示范户为补充的覆盖城乡、功能健全、实用高效的公共文化设施阵地网络已经形成。

（二）合力打造区域特色文化服务设施

一是立足深厚的文化底蕴，充分发挥生态区位优势，系统追溯湖州城市演进中“人与山水共生”的生态文化史、生态发展观，深入挖掘和有效提升传统村落、文物遗迹、非遗项目及文化场馆的旅游体验价值，推动文化场馆景区化建设。二是秉持“老街当代化、创意产业化、资源综合化”的原则，打造具有区域特色和产业基础的特色小镇、文化产业园区以及集文创商业、创意研发、艺术人文、休闲生活等于一体的文化创意园区（街区）；下一步计划通过乡村数字赋能工程建立历史文化名镇、名村和传统村落“数字文物资源库”“数字博物馆”，推进乡村优秀文化资源数字化。三是通过组建文创会、理事会等社会自治组织，充分调动社会力量参与管理，以产业化发展、市场化运维、多元化治理的方式，探索多元参与文化服务设施建设治理新模式，有效实现决策共谋、发展共建、建设共管、成果共享，促进文化服务设施向集约化、规模化发展。

湖州市已建成陈英士故居、沈家本纪念馆、湖笔博物馆、民国文化馆、赵孟頫艺术馆、南浔区非遗馆等 20 余家标志性公共文化馆所。南浔区和孚镇成功创建省级非遗主题小镇，德清县钟管镇蠡山村、长兴县小浦镇方岩村成功创建省级民俗文化村；“十三五”期间，丝绸小镇、湖州影视城、南浔湖笔小镇等文化产业平台项目有序推进，市美术馆、市非遗馆（街）、太湖博物馆、昌硕文化中心二期、城市规划展览馆、毗山大遗址公园等重大工程项目也陆续建成或筹建。近年来，以“大运河诗路文化带”建设为龙头，规划建设大运河文化公园标志性项目以及运河文化集中展示体验区，加快推动大运河（湖州段）诗路建设；2021 年，南浔区双林镇入围浙江省大运河诗路建设首批名单。

（三）持续构建公共文化服务设施平台体系

湖州市集中产业扶持、市场推广、政策优惠搭建文化产业展示、交易和融资平台，致力于提供更多差别化、有特色、有针对性的文化资源，提高公共文化服务效能，促进文化惠民精准丰富，合力打造公共文化服务品牌。2016 年，湖州市通过整合市、县（区）、乡镇（街道）三级公共文化服务资源，开通“文化有请 · 专家有约”公共文化服务平台，融公共文化信息发布、公共文化活动预告、公共文化服务互动于一体，以“订单式”“一站式”服务方式向群众提供文化产品服务，实现公共文化类公益活动资源共享，成为湖州市“文化惠民”重要的服务窗口。2017 年，推出“文化阳台”项目，为市民提供集学术、休闲、娱乐于一体的文化交流平台。2020 年，通过文旅公共服务综合性试点，促进城乡文旅公共设施空间融合，进一步构建“线上资源互通、线下主客共享”的全市文旅公共服务体系，开启文旅公共服务融合“湖州模式”。线上通过将现有“云游湖州”平台和“湖上云”平台的数据共享共通，充实吃、住、行、游、购、娱旅游六要素和公共文化服务产品，打造全新的文旅数字服务统一平台；线下在“三区”“三县”旅游景区集聚、特色文化明显、外来游客集散的区域，在乡镇（街道）综合文化站、农村文化礼堂、景区旅游服务中心等场馆改造升级的基础上，布局建成一批融合文化、旅游元素的文旅综合体，打造体现地域文化的文旅驿站。同时通过城市文化品牌提升工程、文旅公共服务提升工程、城乡文旅驿站建设工程、线上服务平台建设工程，打造形成具有影响力的城市公共文化品牌，有效链接线上线下文旅公共服务。2021 年，湖州全面启动民生实事项目“文旅空间”建设，打通文旅公共服务落地“最后一公里”。

三、公共文化产品多渠道创新实践

随着生态文明建设的不断深入践行，人们的文化消费方式也向自觉参与式的、以满足生态幸福的群体文化活动转变，呈现出多元化、多层次的特点，而公共文化服务在其中肩负着满足人民群众基本文化需求和保障公民基本文化权益的公益性职责。湖州围绕建设文化大市的战略目标，多渠道创新公共文化服务体系，实现了公共文化活动城乡全覆盖，公共文化产品类型全覆盖，初步形成了门类齐全、形式多样、体制多元的发展格局。

（一）以文惠民，丰富群众文化活动

《中共中央关于繁荣发展社会主义文艺的意见》指出，社会主义文艺发展必须“坚持以人民为中心的创作导向”，创作本质上要“为人民抒写、为人民抒情”，创作方法上要“深入生活、扎根人民”，创作重心上要“面向基层、服务群众”。近年来，湖州以丰富基层群众文化生活为主要导向，优化公共文化服务，丰富群众文化业态，着力加大优质文化产品和服务供给，持续打造“文化走亲”“欢乐湖州”“文化街景”“城市文化联盟”“爱书吧”“百县千碗 · 湖州味道”等特色活动品牌，形成了“长兴百叶龙”“安吉威风锣鼓”等一批具有全国知名度的文化品牌。“湖笔文化节”“新市蚕花庙会”等有影响力的特色文化活动，以及“湖城春晓”“乡村春晚”“农民文化节”“全民阅读节”“国际博物馆日”等以节庆为核心带动力的多元文化服务活动充实了百姓生活，创新完善了

群众文化活动。

文化是基层迫切需要唤醒的“乡村之魂”，基层群众需要有自己的文化品牌。加强基层文化宣传工作，需要打造一批有地方特色和历史文化渊源的基层文化品牌。创造群众喜闻乐见的形式和载体，是基层文化宣传工作最“接地气”的表现，而基层文化活动要保持持续活力和放射效应，既需要“文化下乡”，也需要“文化留乡”，更需要“文化出乡”。湖州首创的“文化走亲”活动，发挥基层群众的主体地位，对基层公共文化服务体系建设进行创新实践。活动主体主动下沉基层，整合基层的群众文化资源，群众从观众成了主角，成为“文化走亲”的生力军，极大地提高了群众参与度和满意率，增强了基层文化的造血功能和自我发展能力，开创了多主体、多层次、多样化的群众文化活动新格局，被群众称为“人民群众的节日、开放交流的桥梁、文化惠民的盛会”。2010 年，“文化走亲”被浙江省文化厅评为“首届浙江省基层公共文化服务创新奖”一等奖。2011 年，浙江省文化厅将其作为三大公共文化服务品牌之一，在全省推广实施。2013 年，文化部授予“文化走亲”第十六届群星奖项目奖，“湖州经验”走向全国。通过 10 多年的发展，“文化走亲”在把本地优秀资源送出去、外地优秀资源请进来的过程中，不仅满足了城乡居民的文化娱乐需求，实现了地域文化的提升，而且通过文化纽带突破了城乡分割、区域分割，塑造了城乡新的公共空间以及人与人之间的紧密联系和共同体生活。随着长三角区域一体化进程的推进，湖州借助文旅公共服务融合度高的优势，深度对接长三角文旅一体化，打造多主体立体式文化联动平台，在传统文艺演出的基础上，融入文博展览、旅游推荐、非遗体验、视觉艺术等内容，进一步打造“诗行远方”等“文化走亲 2.0 版”，促进文化产品流通，高品质打造湖州文化生态新样本。

（二）以文育人，打造城市与大学命运共同体

人才是支撑经济社会发展诸要素中最活跃、最宝贵、最稀缺的要

素，人才数量和素质决定了城市未来发展的长期能动力，高校教育资源决定了城市的人才聚合力。习近平总书记曾指出，“文化滋养心灵，文化涵育德行，文化引领风尚”，“要注重文化浸润、感染、熏陶”[①]。

2006年2月6日，习近平同志在浙江工作期间来湖州师范学院视察，为学校发展指明了方向——因地制宜、体现特色、服务地方，把湖州师范学院建成在国内具有一定影响、一定水平、一定地位的湖州师范大学。[②] 多年来，湖州师范学院始终牢记习近平总书记的殷殷嘱托，始终坚持“因地制宜、体现特色、服务地方”的办学方针，以“明体达用”引领学校人才培养模式改革与发展，按照“有理想、有道德、有知识、有志向、有用、有为”“六有”人才培养要求，聚焦主题，创新形式，搭建平台，增强师生文化自信，为落实立德树人根本任务、培养高素质人才提供文化支撑，走出了一条适合地方高校自身发展、融入行业企业、服务社会发展的校地共育应用型人才培养之路，形成“城市与大学命运共同体”交融共生的新局面。一是以思想道德文化为龙头，深入开展以“君子之风”文化建设为载体的社会主义核心价值观教育。开设“君子文化讲堂”，逐步引导学生习“君子之学”、长“君子之识”、扬“君子之德”、从“君子之行”，传播中华优秀传统文化和现当代优秀文化成果；建设“从游”文化，开展“从游茶约”“教授茶叙”“处长有约”等师生交流平台，有效形成了一、二、三课堂相结合的教育体系。从弘扬传统文化的沈行楹联艺术馆到赵紫宸赵萝蕤父女纪念馆，从深耕地方文化的德清湖到吴兴园，从创新校本文化的胡瑗大讲堂到左尧微言堂，湖州师范学院逐渐成为湖州创新、文化和精神的地标，努力打造高校思想政治工作的“湖师样本”。二是强化文化育人机制平台建设，构建“政府—高校—科研院所—企业”协同创新机制。实施“校地共育”的“湖师方案”，开展“深化校地共育”专项行动，努力走产学研结合、校地共

① 《习近平首次点评“95后”大学生》，《人民日报》2017年1月3日。

② 《湖州师院：绘就校城融合“路线图”》，《中国教育报》2019年4月22日。

育“明体达用”高素质应用型人才的办学之路，目前已形成从本科、硕士到联合培养博士的较为完整的人才培养链及体系。2016 年，学校被中宣部命名为“全国学雷锋活动示范点”；2018 年，“君子之风”建设成果获评教育部“礼敬中华优秀传统文化”特色展示项目和“浙江省高校文化育人示范载体”；2019 年，被教育部评为“三全育人”综合改革试点单位，被国务院残疾人工作委员会授予“全国助残先进集体”荣誉称号——是浙江省高校唯一获奖团队，团队代表受到习近平总书记的亲切接见。三是加强思想理念引领，以“绿水青山就是金山银山”理念引领地方服务。2019 年 12 月，湖州师范学院“绿水青山就是金山银山”理念研究院获批浙江省新型高校智库。智库采取“植根学科建设，整合校内外研究力量、服务国家战略和区域发展”的协同创新发展模式，致力于打造理论创新的“思想库”、咨政服务的“智囊团”、人才培养的“训练营”和经验传播的“讲习所”。2022 年 8 月，研究院与国内外 20 家从事生物多样性与可持续发展、环境保护与绿色发展学领域研究的研究机构、企事业单位、团体组织共同发起组建“绿水青山就是金山银山”理念研究智库联盟。

湖州师范学院校训“明体达用”，意指既要学以致用，学会做事做学问，更要明德立志，学会做人。其所蕴含的人才培养内涵最大程度地契合了湖州实现赶超发展对于优秀人才的需求目标。近年来，湖州市委、市政府牢固树立“加强地校合作是践行‘一定要把南太湖建设好’重要指示精神的关键之举”的理念，从战略高度和整体层面加强与在地高校合作工作。2019 年，出台了《关于大力支持湖州师范学院加快建成高水平“湖州师范大学”的若干意见》，举全市之力推动创建高水平“湖州师范大学”，高水平打造城市与大学命运共同体，以超常规举措推动地校合作跨越式发展，实现地方与高校经济发展互促共赢。在一系列政策的引领下，湖州师范学院力求在服务湖州高质量发展中强肌体，在服务打造浙江“重要窗口”中谋先机，在融入长三角一体化发展国家战略中求突破，全面推进内涵发展、特色发展、协同发展、和谐发展，率先走出新时代地方师范院校的赶超发展之路。

（三）以文筑城，打造特色城市文化品牌

湖州以文化激活城市创造力，建设美丽繁华新江南。一是全面打响“在湖州看见美丽中国”城市文化品牌。湖州始终把深厚的文化底蕴作为自身永续发展的强大动能，全面贯彻习近平同志 2006 年到湖州调研自主创新能力建设时提出的“要大力弘扬和发展创新文化”[①]的重要指示精神，准确把握“天堂中央，湖州风光”的定位优势，用历史文化、人文文化、自然文化、生态文化等资源来激活城市的生命力与创造力，以前瞻性视角，塑造“在湖州看见美丽中国”城市品牌。构建“一带、一核、六区块”的空间布局，[②]打造诗画运河大景区，沿天目山余脉构建山地民居绿色生态，再现西部山地古城璀璨历史文化和优美自然风貌，以文旅经济的跨越式发展，实现东部水乡平原与西部山地丘陵两轴联动，展现湖州山水清远之胜状、江南文化之韵味，再现“人生只合住湖州”的盛况。二是打造新时代生态文化示范高地。深入挖掘湖州经典生态文化的当代价值，将绿色发展理念植入城市品牌，夯实新时代湖州文化内核。谋划推进生态文化发展示范区创建，建设“绿水青山就是金山银山”文化博物馆，建设以余村为核心的一批生态文化地标，建设全国顶尖的生态文明智库和研究中心，将湖州打造成为宣传生态文明和“绿水青山就是金山银山”理念的重要阵地。三是开发具有湖州标识的经典文化产品。汇聚构筑城市品牌形象体系的结构性力量，在推进“在湖州看见美丽中国”城市品牌建设的基础上，推动以诞生地、实践地为标识的“绿水青山就是金山银山”文化，以千年生态经济为标识的丝茶文化，以桑基鱼塘、太湖溇港、大运河三大世界级文化遗产为标志的遗产文化，以太湖运河和莫干山为标识的山水文化

---

① 《习近平在湖州调研时强调加快推进创新型省份建设》，《浙江日报》2006 年 2 月 7 日。

② “一带”指大运河古镇文化带；“一核”指南浔古镇；“六区块”分别指菱湖古镇、善琏小镇、双林古镇、练市古镇、和孚古镇、新市古镇。

等品牌化发展；开展以经典生态文化为主题的文艺精品创作，开发迎合市场需求的生态文化创意产品，整理和保护有湖州特色的传统民俗、工艺等非物质文化遗产，着重打造以南浔、双林、新市和菱湖为代表的一批窗口古镇，彰显历史文化名城和江南名镇、运河水乡交相辉映的地域特色；建设一批集生态农业、康养运动、休闲度假等功能于一体的旅游平台，开发生态文化、运河古镇、康养度假、红色旅游、主题乐园等一批旅游精品主题线路；以经典生态文化品牌为媒介，积极举办相关世界级、国家级高层次会议活动以及高规格城市推介活动，以"以美丽迎客、以生态会友"的方式，加强与其他国家、区域、城市及国际机构的生态文化交流合作，引领湖州以"生态名城"姿态立足全国、走向世界。

湖州以文化提升城市品质，打造现代化滨湖花园城市。习近平总书记对南太湖保护和开发多次提出明确指示和要求，嘱托湖州"一定要把南太湖建设好"。打造现代化滨湖花园城市是湖州站在新发展阶段作出的新谋划，同样也是切实践行习近平总书记讲话精神的战略举措。现代化滨湖花园城市建设是一项系统工程，要义是城市能级提升和特质彰显，需要加强文化政策互惠互享，推动文化资源优化配置，全面提升区域文化创造力、竞争力和影响力，以最美湖州文化完善城市功能、提升城市品质，为建成滨湖花园城市提供强大精神支撑和文化保障。立足城市品质的丰富内涵，深挖理念，从体现城市文化特色、空间特点、行为特征等方面入手，在品牌支撑上谋深谋细，全方位彰显湖州特色，高质量提升城市品质，多维度展示城市形象，提升湖州城市综合竞争力，充分展示"现代化滨湖花园城市"的独特魅力，为加快打造"重要窗口"的示范样本、奋勇争当社会主义现代化先行省的排头兵注入强劲动力。一是打造滨湖建设样本。深入挖掘历史文化，结合区位优势，成片规划，在全域打造一批水乡生态、特色人文与现代科技交相辉映，集办公创业空间、居住生活空间、精神文化空间为一体的滨湖样本，建设以南太湖新区"未来之城"为代表的湖滨城市版未来社区，通过打造创新谷、科学城、枢纽站、人才港、梦想城、智造园等新空间，推进创新链、产业链、知识链、资本链“四链”融合，打响青年创新创业“湖来”品牌。二是建设花园城区样本。吴兴区开展“一塘、十山、十漾”公园建设，以“十山环吴、十漾连兴、一塘串联”为目标，高标准打造“蓝绿交织、水城共融、覆盖城乡、全民共享”的花园城区，在历史文脉传承和时代发展变迁中打造美好花园城市共建共享；南浔区推广以南浔頔塘为蓝本的古镇版未来社区，传承江南水乡千年文化，融合新时代生态理念，共同塑造信义向善、开放包容、开拓向上的价值追求，营造“交融、交往、交心”的特色邻里，全面建设风景美、环境优、服务全、文化深的高品质人居环境；德清县充分把握好“山水”主要素，按照“原生态养生、国际化休闲”的目标定位，大力推进“山湖入城、景城相融”，打造“望山见水”的生态大花园，既能作为“屋后花园”欣赏，更可作为“精品窗口”展示。推动莫干“论剑谷”建设，通过将科创资源植入美丽山谷，善用生态的“含绿量”，提升发展的“含金量”，打造山地度假典范和新经济产业融合发展示范。2020 年，德清县成为第三批全省“大花园”建设示范单位；安吉县通过践行“绿水青山就是金山银山”理念，推动新时代浙江（安吉）县域综合改革创新试验区建设，为高质量建设中国最美县域注入了新内涵，为安吉持续创造优势、加快赶超发展、引领美好生活增添了新活力，力争打造全国美丽宜居大花园典范；长兴县通过积极打造返璞归真、记住乡愁、彰显韵味、主客共享的旅游目的地，推进大花园建设。集中打造太湖观光大道的滨湖休闲游以及以太湖龙之梦乐园为核心的滨湖度假休闲游。2018 年，水口—龙山生态休闲旅游区、长兴古生态及红色研学旅游区入选市级大花园建设重点平台。龙之梦项目作为重大项目列入《浙江省大花园建设行动计划》。

（四）以文铸魂，弘扬新时代湖州精神

2017 年 9 月，习近平总书记就精神文明建设“五个一工程”作出重要指示：“文艺是时代前进的号角。希望广大文艺工作者坚持以人民

为中心的创作导向，坚持‘二为’方向、‘双百’方针，坚持创造性转化、创新性发展，精益求精、潜心磨砺，以传世之心打造传世之作，不断创作生产优秀作品，书写和记录人民的伟大实践、时代的进步要求，唱响主旋律、传递正能量，塑造中国形象、弘扬中国精神，坚定人民信心、振奋人民精神，为实现‘两个一百年’奋斗目标、实现中华民族伟大复兴的中国梦提供强大精神力量。”[①]多年来，湖州宣传、文化、文联系统始终坚持以习近平新时代中国特色社会主义思想为指导，深入贯彻落实习近平新时代中国特色社会主义文艺思想，团结带领全市广大文艺工作者牢记使命任务、锐意改革创新、勇于担当作为，为开创新时代湖州高质量赶超发展新局面贡献更多、更强的文艺力量。

一是构建城市文化联盟，打造新常态下艺术团队建设新模式。通过深化与华东师范大学、湖州师范学院等院校合作，引导、规范管理城市合唱团、城市越剧团、城市舞蹈团、城市民乐团演出行为，通过赴外地参赛交流、参与大型文化活动、演出经典剧目，不断提高团队整体素质。近年来，湖州城市文化联盟围绕培养践行社会主义核心价值观，筑“道德高地”，建“幸福湖州”，创作了交响合唱音乐组歌组曲《倾听湖州》《黄河大合唱》《湖州礼赞》，音舞诗画《太湖之州》，舞蹈《蚕匾上的婚礼》，民间曲艺《三张火车票》等一批思想性、艺术性、观赏性俱佳的文艺作品，多次在国家和省级评选中获奖。

二是坚持精品战略，加强文化艺术原创能力建设。紧扣市委、市政府重大工作部署，以“绿水青山就是金山银山”理念为核心，汲取湖州悠久丰厚的历史文化资源，不断加强文化艺术原创能力建设，推动文学、戏剧、音乐、美术、舞蹈、曲艺、杂技等各艺术门类全面繁荣发展。近年来，文学艺术精品创作力、人才培育力、品牌塑造力、政策推动力不断增强，艺术生产投资机制、管理机制、激励机制进一步完善，扶持

---

① 新华日报编：《新中国70年大事记（1949.10.1—2019.10.1）》（下），人民出版社2020年版，第1810页。

培育了一批活跃在市内外演出舞台的知名文艺团体和优秀文艺人才，创作了一批具有鲜明时代特色、深受人民群众喜爱的优秀作品。2017年9月，国内首部以“绿水青山就是金山银山”理念诞生地浙江省安吉县余村发展之路为主题的长篇报告文学《那山，那水》由红旗出版社出版。该书以报告文学的形式，生动反映安吉人民以“绿水青山就是金山银山”重要思想为指导，坚定不移地举生态旗、打生态牌、走生态路的风采风貌。该书获评中国出版协会“2017年度中国30本好书”、中国图书评论学会“2017年度中国好书”、第34届浙江优秀出版物（图书）编辑奖，并于2019年荣获浙江省第十四届精神文明建设“五个一工程”奖。2017年10月18日，农村创业题材剧《青恋》，在中央电视台综合频道首播。该剧以浙江湖州地区为故事背景，以安吉县和德清县为拍摄地点，讲述了以林深为代表的20世纪“85后”创客青年回乡追梦的故事。2017年，原创歌曲《绿水青山南太湖》在中央电视台发布。2019年，以安吉余村生态发展为原型的大型舞台话剧《青青余村》、以湖州故事为创作题材的电视剧《风再起时》、由湖州拉风影视文化有限公司投资拍摄制作的大型史诗电视剧《楼外楼》，以及长篇报告文学《行走的村庄》分别荣获浙江省第十四届精神文明建设“五个一工程”奖。其中《行走的村庄》以湖州市吴兴区八里店镇各村城乡一体化发展、安吉县余村等村庄的美丽乡村建设为题材，描绘了浙江农村在乡村振兴战略中的大作为和大发展，反映了“八八战略”给浙江乡村建设带来的喜人巨变，展示出“千村示范，万村整治”工程的重大意义。2019年，话剧《小镇琴声》在国家话剧院公演，大型歌舞剧《永不褪色的红军被》在湖州首演。越剧《德清嫂》、越剧小戏《一元茶馆》、湖州三跳《英台担水》、歌曲《金石之声》等作品获2019年度国家艺术基金立项，湖州三跳《英台乔装》、群舞《太湖人家》、小品《两张戏票》、越剧小戏《一元茶馆》获省“群星奖”。2020年，以湖州织里为背景组织创作的电视剧《风起南太湖》，展现出一代人勇于拼搏的创业精神。同年，发动广大文化工作者新创作湖剧《人间有情春满园》、湖州三跳《爱心接力捐善款》、歌曲《等你回来》，以及书法、美术等抗疫文艺精品 300 余件。越剧小戏《抱金猪》获浙江省新农村建设题材小戏会演金奖，小品《飞驰人生》《民宿有约》获浙江省第 31 届戏剧小品邀请赛银奖，舞蹈《蚕一生息》《迎着朝霞说晚安》获浙江省群众舞蹈大赛银奖，《戴叔伦诗一首、归有光文五则》获浙江省群星行草书法大展金奖。2020 年，成功举办了“绿水青山就是金山银山”理念的提出十五周年系列文化文艺活动，联合全国 22 家公共图书馆成立全国生态文明示范市图书馆联盟，举办了“印画绿水青山”全国名家湖州绘画写生邀请展、“书怀绿水青山”全国美术馆界第二届书法邀请展、“湖州之远”特展走进上海历史博物馆等主题活动，进一步打响湖州文博和美育品牌。

第三节　创建文明城市典范，构建社会主义核心价值体系

推进国家治理体系和治理能力现代化，要大力培育和弘扬社会主义核心价值体系和核心价值观。坚守我们的价值体系，坚守我们的核心价值观，必须发挥文化的作用。创建文明城市是推进国家治理体系和治理能力现代化的一个重要抓手，是对社会主义核心价值观的培育和践行，是对一座城市市政建设、人居环境、城市服务、社会治安、居民素质等多方面的综合评价；“文明城市”称号是对一座城市“文化软实力”最好的肯定和荣誉。

湖州多年来深入践行“八八战略”，推动“千万工程”，围绕建设生态市的目标，加大文明城市创建力度，以建设高水平文明城市为目标，以“生态美、形象美、产业美、人文美、和谐美”“五美”建设为抓手，不断扮亮城乡环境、推动产业升级、完善社会治理、提升城市品质，努力让文明成为“在湖州看见美丽中国”城市品牌的亮丽底色。2020 年底，湖州市以地级市中排名全国第一的成绩通过全国文明城市复评，顺利

实现“二连冠”。2022 年，德清县、安吉县入选第六届全国文明城市；德清县在县级城市中排名全国第一；长兴县顺利通过复评；湖州在全国率先、全省首个实现全国文明城市市县“满堂红”。

湖州深入学习习近平总书记关于共同富裕、精神文明建设等的重要思想，扎实推进精神富有实践探索，坚持立新铸魂，把牢前进方向；坚持价值引领，构筑精神高地；厚植道德沃土，弘扬时代新风；丰富文化供给，赋能美好生活；擦亮生态底色，提升富有成色；形成了以绿水青山就是金山银山理念为引领、以人的全面发展为核心、以城乡均衡发展为特点的模式。

一、干在实处、走在前列，打造文明实践湖州样板

（一）生态红利、文明优势：彰显文明城市特色品质

湖州始终立足自身优势，坚定不移践行“绿水青山就是金山银山”理念，以“三个服从”作准则（当生产与生活发生矛盾时，优先服从于生活；当项目与环境发生矛盾时，优先服从于环境；当开发与保护发生矛盾时，优先服从于保护），将文明城市创建与生态文明建设相融合，创新城市管理体制，提高城市管理水平，人居环境和自然生态环境质量得到显著提升，生态文明建设取得良好外溢效应。作为全国首个地市级生态文明先行示范区，全国第一批“绿水青山就是金山银山”实践创新基地，2019 年，湖州市又提出建设生态样板城市的目标，并制定了《湖州市践行“绿水青山就是金山银山”理念，打造生态样板城市实施方案》，通过实施生态环境、绿色经济、低碳生活和生态制度 4 个样板，加快推进生态样板城市建设，奋力打造展示重要窗口的排头兵、创建文明城市的模范市。在这样的大背景下，“绿水青山就是金山银山”成为湖州文明城市创建最醒目的标签。以生态文明建设引领文明城市创建，将区位优势、资源优势转化为经济优势、发展优势，将文化优势转化为价值优势、文明优势，走出了一条生态保护与经济发展、文明创

建共赢之路。

（二）为民创城、创城惠民：展现文明市民素养

人民群众的获得感、幸福感、归属感是湖州交出文明城市创建优异成绩单的特色经验和核心密码。湖州以提高人的素质为根本，以维护人民群众的根本利益作为文明创建工作的最高标准，大力弘扬社会主义核心价值观，持续提高市民的思想觉悟、道德水准、文明素质，开展文明城市创建。

一是全民参与创建。文明城市创建从为了人民向全民参与转变，成为市民自觉的文明实践活动，成为人人自发参与的“共同体意识”，党员干部冲在前、社区百姓争着干、志愿者们当先锋，家园志愿者、文明劝导员无处不在，市民成为文明城市创建的主体。2019 年，市直机关工委组织“家园先锋”队伍，发挥党员干部职工“八小时”以外服务群众的积极作用，参与社区建设、服务，打响“家园志愿服务计划”品牌，荣获浙江省宣传思想文化工作创新项目。2020 年，通过开展文明城市“啄木鸟”美丽行动、“礼让斑马线”“最美家风＋”“文明诚信档案”等行动，进一步提升市民文明素质，持续为文明城市建设加码助力。文明城市创建和人的文明素养相得益彰，形成良性互动。2020 年以来，德清县 108 条主次干道及背街小巷的“路长”带领“路员”对责任路段的环境卫生、停车秩序等进行维护与引导。长兴县覆盖中心城区的 89 个“路段长制”单位每周五上午均会开展文明劝导等党员志愿服务活动。德清县 316 家文明单位结对 248 个村，年均开展结对帮扶活动 1300 余次。

二是创建反馈惠及全民。湖州通过“学习强国”湖州学习平台、电视台等新闻媒体宣传报道，根植生态理念，彰显文明城市创建的核心价值，好人好报好风尚蔚然成风。长兴电视台新时代“文明学习”专用频道，开设“学习强国”“身边好人故事会”“文明实践 365”等栏目，以“线上电视节目＋线下文明实践”活动的方式，每年策划推出 300 多场

次活动，服务受益人数已超20万。湖州通过发展健康产业、现代绿色生态农业，做强绿色农产品、林下经济、森林旅游等休闲文化产业，创建绿色生产方式，满足市民对绿色生态产品的需求。湖州按照海绵城市、智慧城市和生态园林城市标准，构筑绿色环保新社区，推进全国新能源汽车推广应用示范城市建设，加快新能源公交推广应用，鼓励使用可再生能源，推行绿色消费、低碳出行、垃圾分类，倡导简约适度、绿色低碳的生活方式。据统计，湖州市民群众对创建工作的满意率从2018年的91.85%提高到2020年的95.75%。

三是弘扬全民道德风尚。从理论和实践的结合上正确认识道德典型的社会功能，深刻理解道德典型的时代价值，注重道德典型的挖掘、培育、宣传工作，引导广大干部群众增强道德判断力和道德荣誉感，营造“崇尚道德典型、热爱道德典型、学习道德典型、争当道德典型”的浓厚氛围。一方面，建立健全金字塔式道德典型选树机制。树立不同行业、不同群体、不同年龄层次的典型，夯实道德基石，汇聚道德力量。这些年，全市涌现了“最美护士”潘美儿、“最美保安”李迎福等一大批“立得住、叫得响、传得开”的道德模范人物，累计选树“市级道德模范”500余人、“浙江省道德模范”17人、“浙江骄傲”年度人物(含提名奖)24人、“全国道德模范”(含提名奖)8人、全国“时代楷模”群体1个、“改革先锋”1人、“全国最美奋斗者”2人，实现了全国道德模范评选五大类别的全覆盖，每万人拥有道德模范数量和社会道德环境公众满意度连年居全省前列。另一方面，积极打造湖州道德品牌。各基层单位在道德建设中结合实际、探索创新，广泛开展形式多样的道德实践活动，形成了群众乐于接受、便于参与且影响力较大的载体和品牌。在全市广泛开展“最美人物”“最美家庭”“最美窗口”“最美班组”系列评选，连续10年开展“新时代新农民”“文明五心好公民”，每季度开展“湖州好人”评选等典型选树活动，推动“最美风景”转化为“最美风尚”。“最美系列”“民间设奖”“文明之星”“公德榜”、社区“道德门诊”、农村“道德评议”等一系列道德品牌纷纷亮相，罗爱儿帮扶群体、“滴水公益”、谢德珍、楼伯余、楼祖安等荣获全国优秀志愿服务团队和个人。通过培育、选树各方面完全过硬的道德典型，真正达到竖立一面旗、带动一大批，拨亮一盏灯、照亮一大片的根本目标。同时突出核心价值引领，着力体现市民文明素质，弘扬友好社会风尚，激发全体市民弘扬模范精神的内生动力，引领民众在参与中接受道德养成教育，在教育中提升自身道德素质和精神境界，从而助推全社会文明程度不断提高。

（三）政策保障、常态创建：突显文明社会样貌

首先是政策支撑，制度引领。2018 年，湖州市出台《关于建设高水平文明城市的实施意见》，提出通过深化实施理想信念提升工程、市民素质提升工程、发展环境提升工程、城市功能提升工程、市容管理提升工程、交通秩序提升工程、志愿服务提升工程、未成年人思想道德建设提升工程、社区建设提升工程及城乡共建提升工程“十大提升工程”扎实开展群众性精神文明创建活动。同年，《湖州市中心城市精细化管理实施意见》、地方性法规《湖州市文明行为促进条例》颁布实施。运用立法手段，依法促进城市文明建设和管理，在较短时间内补齐了城市管理工作短板，实现了城市管理更加精细、行政执法更加文明、市民文明素养不断提升，对强化文明城市常态管理、推进精神文明建设法治化具有重要意义。《农村精神文明建设规范》地方标准也于同年颁布。这是全国农村精神文明建设领域的首个地方标准。该标准的制定和实施，可规范农村精神文明建设各项任务、协调各类主体，支撑乡村振兴战略深入实施，提升农民精神风貌，对形成农村精神文明建设可复制、可推广的“湖州经验”具有重要意义。同年，长兴县也颁布《关于在全县开展“文明＋”系列活动的实施意见》，持续推进文明出行、文明上网、文明就餐、文明旅游、文明乡风等主题实践活动，集中整治不文明行为，把宣传普法活动变成全民文明素质促进提升行动。

其次是常态长效，全域发展。本着坚持常态化创建机制不动摇的

原则，湖州文明城市市县同创、全域创建。2017 年成功创建全国文明城市以来，提出了崇德向善、繁华富庶、生态清丽、开放包容、幸福宜居的更高水平的建设要求，着眼长效、扭住关键、狠抓重点，吴兴区、南浔区纷纷启动文明建设常态长效工作机制；各地各部门也开展多项举措长效化创建，把创建全国文明城市的各项指标落实到日常工作中，专人负责，细化到年、季、月、日；创新志愿服务队伍运行机制，通过“志愿服务定制”“第三方志愿队点评”等菜单式定制志愿服务，成立家园志愿服务总队，设立全省第一个市志愿者联合会；2020 年，德清县文明城市创建已经纳入县委、县政府“三亮”考核任务，建立“日巡查、周例会、旬暗访、月排名、季亮牌、年考核”的工作制度。

最后是树标立杆，创先争优。一是率先实现省级以上新时代文明实践中心建设区县试点全覆盖。创新融合、完善机制，拉高标杆，以试点为牵引，作为“一把手”工程全市域推进新时代文明实践中心建设，努力把湖州打造成实践科学理论、传播主流价值、弘扬乡风文明的样板。2018 年，长兴县、安吉县被列入全国首批新时代文明实践中心试点县；2019 年，吴兴区、德清县被列入全国第二批试点区县；南浔区被列入第二批全省试点区，出台全省首个《新时代文明实践户建设与评价规范》地方标准，成立全国首家新时代文明实践学院；南浔区旧馆镇新时代文明实践所创设全省首个“家庭文明实践指数”；2020 年，安吉县调研制定并发布全国首个《企业新时代文明实践点建设规范》，为推进企业新时代文明实践点建设提供参考和借鉴。据统计，截至 2020 年，湖州市已累计建成 1 个市级指导中心、6 个区县文明实践中心、116 个乡镇(街道)文明实践所、1083 个村级文明实践站、9295 个文明实践基地的“一六百千万”的五级工作网络[①]，并通过进一步完善组织构架、网络阵地，在全国率先实现“两中心、一平台”[②]融合建设，服务更精准。

① 《全域试点开启文明实践湖州模式》，《湖州日报》2020 年 7 月 22 日。

② “两中心、一平台”，指新时代文明实践中心、融媒体中心、“学习强国”学习平台。

二是农村精神文明建设走在全国前列。自2015年全国农村精神文明建设工作经验交流会在湖州召开以来，湖州按照“乡风民风美起来、文化生活美起来、人居环境美起来”要求，立足全市、涵盖农村，深入开展文明乡镇、文明村、文明家庭等系列创建活动，开展“垃圾不落地、出行讲秩序、办酒不铺张、邻里讲和睦”四项小城镇文明行动，推广乡贤理事会、道德门诊“绿水青山就是金山银山”议事会等先进经验做法，稳步推进农村精神文明的全面提升，形成了“生态引领、全域创建、成风化俗、和谐发展”的农村精神文明建设“湖州模式”。2019年在全省率先制定出台清廉乡村建设“六有”模式，即“集体‘三资’有管控、权力运行有约束、基层监督有章法、工程监管有突破、乡风文明有传承、正风反腐有震慑”，从解决群众痛点、难点、焦点入手，聚焦基层公权力运行的关键领域和薄弱环节开展清廉建设，群众获得感幸福感安全感明显增强。

二、生态为本、道德为核，构筑生态价值观湖州范式

优异的自然禀赋和深厚的文化底蕴，让湖州人天然拥有一股内在的生态自信。湖州作为“绿水青山就是金山银山”理念发源地、策源地，一直以来“生态立市”的坚持与付出，让湖州人更是从自信向自觉转变，生态意识已厚植生根，在不断进行生态文明实践的过程中蕴含了适应新时代生态治理的生态道德和中国智慧，实现从生态自信向文化自信转变，由此构筑起来的核心价值观值得凝练和总结。

（一）以生态价值为准则的生态文化体系

生态文化体系既是生态文明体系的基础和基因，也是推进生态文明及其体系建设深沉、持久的动力源泉。习近平总书记多次强调生态问题就是民生问题，“生态环境破坏和污染不仅影响经济社会可持续发展，而且对人民群众健康的影响已经成为一个突出的民生问题，必

须下大力气解决好”[①]。构建以生态价值为准则的生态文化体系，增强生态治理和生态文明建设软实力，对于促进经济社会发展以及保障民生亦有重要价值。湖州近年来通过党政机构、高校科研院所等各种渠道成立专家团队，系统开展以“绿水青山就是金山银山”理念为重点的生态理论研究，提炼绿水青山向金山银山转化的方法论，形成具有湖州特色的新时代生态文化体系。

一是树立命运共同体意识。人与自然是一个相互关联、相互依存的整体，保护自然环境就是保护人类，建设生态文明就是造福人类，人与自然和谐共生是社会主义现代化和社会主义生态文明建设的题中应有之义。加快推进生态文化体系建设，要建立人与自然和谐共生的生态意识，树立尊重自然、顺应自然、保护自然的社会主义生态文明观，像保护眼睛一样保护大自然，像对待生命一样对待生态环境，在生态文明实践中不断深化人与自然命运共同体意识。湖州一方面深入践行“绿水青山就是金山银山”理念，坚持生态优市方针，大力发展生态经济、优化生态环境、弘扬生态文化、完善生态制度，统筹推进大气、水环境治理保护和土壤污染治理修复，推动山水林田湖生态系统良性循环，打造天蓝地绿水清的生态环境；另一方面发挥自身在区位交通、历史人文、产业发展、生态环境、丝绸文化、湖商群体、旅游开发、人才集聚等方面的比较优势，主动融入“丝路”战略站位长三角前列，在更宽视野、更高水平上谋划参与“一带一路”建设，努力把湖州打造成为浙江“一带一路”重要枢纽建设的重要节点和重要引擎。

二是坚持绿色发展的价值共识。清新空气、清洁水源、舒适环境等生态产品，是人民幸福生活的基本保障，也是绿色发展的根本保证。优化生态产品供给，促进绿色发展是新时代生态文明建设的重要命题。湖州坚持走绿色低碳创新发展之路，推进产业结构、空间结构、能

---

① 中共中央文献研究室编：《习近平关于社会主义生态文明建设论述摘编》，中央文献出版社2017年版，第14页。

源结构、消费方式的绿色转型，推动形成绿色生产生活方式的价值共识和社会适应，用绿色发展成果来引导经济社会需求取向，用法律制度、政策导向来规范各种市场主体的生产方式，倡导简约、适度，绿色、低碳的生活方式。在此基础上，建立市场化、多元化生态补偿机制，探索绿水青山变成金山银山的价值转化途径和实现方式，实现经济社会发展与生态环境保护的协调共赢，让百姓受益，让绿色发展成为全民共识。在湖州，绿色生产生活方式已融入城市血液，绿色发展已经成为最引人注目的标签。2017 年，《绿水青山就是金山银山湖州共识》发布，倡议加强生态环境保护，为子孙后代留下更多绿水青山；加快推进绿色发展，将绿水青山转化为金山银山；深化生态文明体制改革，让青山常在、绿水长流，保护好中华民族永续发展的本钱。2022 年，"绿水青山就是金山银山"理念智库联盟发布《"两山"道路湖州共识》，倡议以"绿水青山就是金山银山"理念为指导，走以人为本、生态优先，高质量发展、可持续发展的现代化发展之路。

三是增强生态文化的传承意识。生态文化传承了中华优秀传统文化和生态智慧，体现了社会主义核心价值观和先进文化前进的方向。湖州依托得天独厚的资源和丰富的人文积淀，传承和弘扬生态文化、发展生态文化产业，把生态和文化优势转化为区域发展优势，用生态文明建设的实践证明，"绿水青山就是金山银山"理念蕴含了遵循人类文明发展规律的哲学智慧，贯穿了引领未来发展方式变革的战略眼光，推动"绿水青山就是金山银山"理念代代传承。湖州持续践行"绿水青山就是金山银山"理念的成果普惠全体人民，实现在发展中共享，在共享中发展，不断增强人民群众的满足感、幸福感、获得感，生动诠释了文化即"人化""文化育和谐"的时代内涵。当对生态文化的传承成为一种生态自觉，生态文化成为全社会共同的价值理念，将进一步丰富共同富裕的思想内涵，推动人民群众物质和精神共同富裕，引领湖州高质量发展建设共同富裕示范区的先行市。

（二）以生态道德为核心的公民信用体系

公民信用体系显示整个社会上主体信用的好坏，通过全社会的力量表扬诚信、惩罚失信，可充分调动整个社会市场自身的力量净化环境，降低社会发展的风险，降低社会发展的成本。生态道德是一个系统结构，是一种外在道德，将生态道德应用于公民信用体系建设，形成体系化的道德结构，可为生态文明的进步奠定道德根基，提升生态文明的品质与层次。

一是坚持遵守生态政策。生态政策是国家对生态保护作出的战略安排，包括制度与决策，侧重于宏观的目标导向，立足于公共生态道德观构建的基础性决策。习近平总书记提出“要加强生态文明宣传教育，把珍惜生态、保护资源、爱护环境等内容纳入国民教育和培训体系”①。生态环境保护制度政策是连接生态系统治理的行为层面与生态意识、价值理念和价值共识的文化层面的枢纽，具有十分重要的理论意义和现实价值。培养生态道德，需要理念的内在认同和政策导向的共识塑造。湖州直接把生态政策纳入了信用体系，专门出台《湖州市加快推进社会信用体系建设三年行动计划（2018—2020 年）》（湖政发〔2018〕21 号），明确立足“绿水青山就是金山银山”理念诞生地、中国美丽乡村建设发源地、“生态＋”先行地、太湖流域生态涵养地，结合沪湖绿色智造大廊道，探索建立绿色信用指数指标评价体系，促进生态绿色发展。同时，还配套了《湖州市建立完善守信联合激励和失信联合惩戒制度　加快推进社会诚信建设实施细则》，建立“信用湖州”工作联席会议制度，集聚 57 个市级部门力量，统筹推进政务诚信、商务诚信、社会诚信、司法诚信四大领域诚信体系建设，健全环保信用评价、信息强制性披露、严惩重罚等制度，强化排污者责任。制定《湖州市自然资源资产保护与利用绩效考核评价暂行办法》《湖州市领导干

① 中共中央文献研究室编：《习近平关于社会主义生态文明建设论述摘编》，中央文献出版社 2017 年版，第 122 页。

部自然资源资产离任审计暂行办法》《湖州市党政领导干部生态环境损害责任追究实施办法（试行）》等政策，建立了生态环境损害责任追究制度，进一步推动领导干部履职尽责，落实环境保护"党政同责、一岗双责"责任，形成管发展要管环保、管行业要管环保、管区域要管环保的责任信用体系。

二是坚持遵守生态法律。与政策的宏观导向性不同，法律具体落在实处，政策导引与法律落实相得益彰。生态法律明确了人的生态权利和义务，也为公共生态道德划定了底线。生态法律的教育与惩罚功能，既有法律秩序的调整和恢复作用，又有生态道德的塑造和强化作用。遵守生态法律，是涵养生态道德不可或缺的内容。湖州着力将生态道德融入法律法规的确立及执行过程，筑牢全民共建生态文明共同的思想道德基础。2016 年，湖州出台的全国首部生态文明先行示范区建设的地方性法规《湖州市生态文明先行示范区建设条例》。这是湖州首部实体地方性法规，也是湖州市生态文明建设的"基本法"。其通过传承、固化湖州本土的好做法、好经验，推动形成可复制、可推广的生态文明建设"湖州模式"。2019 年，由湖州市中级人民法院、市检察院、市公安局、市生态环境局等部门共同打造的"生态环境司法保护一体化平台"在湖州中院正式上线。这是全国首个由司法部门、环境保护主管部门共同参与、共同建立的线上一体化平台。其通过线索共享、程序流转、视频会议等完成公检法环等部门的实时沟通，将生态环境综合治理从前端的线索发现到后期的修复实现，从部门协同到第三方资源整合，从行政职能行使到司法赋能，实现全流程再造，打造了生态环境保护共建、共治、共享的治理新格局；将社会主义法治文化作为湖州社会信用体系建设的重要内容，通过法律制度及体制机制的改革创新进一步完善和规范社会信用体系。

三是坚持遵守生态规约。在政策与法律之外，生态规约也是生态道德养成的外在条件。生态规约源于公共约定，多为特定空间的各类规制措施，如村规民约、社区公约、公共交通守则、学生守则、禁碑禁约等。这些规约虽然没有法律强制力，但是在特定空间形成的熟人关系中很容易形成共识，作为道德内化的外在条件，其接受度和认同度很高。生态规约多层次、多元化的外在条件，构成了生态道德全面发展的基础格局。湖州在推进“五水共治”工作期间，各地均以制度形式把村民治水、干部带头、党员示范等纳入了村规民约，党员和村民治水“主人翁”角色更加明确。练市镇农兴村将老党员和村民提出的“五水共治”金点子系统梳理后，在村民代表大会上表决纳入村规民约。新修订村规民约后，由各村老党员、老干部率先带头践行，村民在党员干部带动下，积极参与，形成了村民自发护水、治水的新风气，村规民约的“潜移默化”孕育生态治理新风气。在新时代乡村治理的“余村经验”中，党员干部积极参与环境整治、矛盾化解等义工服务，以党风促民风，形成良好的村风；村民依法治理、民主协商，形成自己的“余村村训”。通过打通“绿水青山”和“金山银山”转化通道，实现从“一家富”到“大家富”的蝶变；同时探索升级基层民主形式，构建以“两山议事会”为主体，乡贤参事会、村民议事会、红白理事会、道德评议会、健康生活会等配套的民主商议体系；坚持道德润村、文化兴村，通过“自治、法治、德治、智治”“四治”融合的乡村社会信用体系建立起乡村善治的“湖州样板”。目前，《湖州市民生态文明公约》成为指导湖州市民参与生态文明建设的行动纲领，推动市民积极做生态文明建设的倡导者、维护者和践行者，从而提升市民自身的生态环境修养。

第六章　以"红色党建"引领湖州绿色发展

中国共产党的领导是中国特色社会主义的最本质特征，是中国特色社会主义制度的最大优势。"打铁必须自身硬。党要团结带领人民进行伟大斗争、推进伟大事业、实现伟大梦想，必须毫不动摇坚持和完善党的领导，毫不动摇把党建设得更加坚强有力。"①习近平总书记一贯高度重视党的建设，多次强调"我们党要始终成为时代先锋、民族脊梁，始终成为马克思主义执政党，自身必须始终过硬"②。多年来，湖州全市上下始终牢记习近平同志的重要指示，将之转化为不断以更高标准推进党建工作创新发展的强大动力，持续推动党的建设各项工作走深走实，为湖州加快打造"重要窗口"示范样本，奋勇争当社会主义现代化先行省的排头兵提供有力保证。

第一节　培育整体优势，持续提升党建质量

习近平同志关于进一步加强和改进党的建设、不断提高党的领导水平和执政水平方面的阐述，为湖州进一步加强基层党建工作指明了方向。湖州基层党建的基础不断夯实。2003 年，按照浙江省委统一

---

① 《习近平谈治国理政》(第三卷)，外文出版社，2020 年，第 47—48 页。

② 《习近平谈治国理政》(第三卷)，外文出版社，2020 年，第 13 页。

部署，湖州制定出台《关于全面开展农村基层组织“先锋工程”建设的实施意见》，全面开展了农村基层组织“先锋工程”建设，坚持围绕新农村建设目标，以“三级联创”为基本途径，以“争五强、创五好”为主要内容，科学规划、分类指导，健全机制、上下联动，充分发挥创建工作的龙头作用。同时，以“五好”社区党组织创建为重点，全面提升社区党建工作水平，制定并下发了《2004—2007 年湖州市社区党的建设规划》，以城市党建工作示范城区、街道、社区“三级联创”为总抓手，扎实开展了领导班子好、党员干部队伍好、工作机制好、工作业绩好、居民群众反映好的“五好”社区党组织创建活动。目前，湖州以“组织创强、队伍创优，全域提升、全面过硬”的“双创双强”为全市基层党建总品牌，全力打造新时代基层党建工作高质量发展示范区。

一、做实基本建设，夯实红色引领基础

（一）注重总体布局，抓好“顶层设计”

湖州坚持理念上与时俱进、谋划上遵循规律、推进上精准发力，全面提升基层党建工作。

第一，突出理念先导。浙江处在改革开放最前沿，经济社会发生深刻变革，特别是城乡一体快速融合、互联网和物联网的全面运用、新经济业态的蓬勃发展，为基层党建工作带来了新挑战新机遇。从这一基本情况出发，湖州在党建工作中牢固树立开放、服务、统筹、创新的理念。一是打破就党建抓党建的框框，构建开放机制。即构建开放的党务运行机制、开放的组织活动阵地、开放的党员教育体系。比如，建立枢纽型园区党群服务中心，将区域内的党建展示厅、党员活动室、图书室、健身房、远教平台等设施免费向园区内党组织和党员开放，建立了党员“10 分钟组织生活圈”“15 分钟党员服务圈”。二是围绕“三个服务”，搭建服务平台。立足上级党组织为下级党组织服务、基层党组织为党员服务、基层党组织和党员为群众服务，健全服务机制、创新服

务手段，在强化服务中充分发挥基层党组织政治引领功能。三是坚持统合联动，形成整体格局。把基层组织建设和基层政权、政治功能和服务功能、基层干部的成长和党员队伍管理等联动起来，把农村、社区、机关、“两新”组织等各个领域工作协同起来，把经济资源、政治资源、组织资源、思想文化资源等整合起来，形成同频共振、相互促进的工作格局。四是坚持问题导向，增强创新效果。以集成化创新扩大整体效应，既坚持基层探索、实践先行，也注重顶层设计、系统规划；以长效化创新不断把具有普遍意义的经验做法上升为制度机制。近年来，湖州探索推行的党群创业互助会、返乡走亲、“党员 15 分钟服务圈”等 9 项经验做法，被评为浙江基层组织建设创新品牌，闪光言行考评、党性体检、民情体验等工作在全省推广。

第二，突出规划引领。从 2003 年开始，根据浙江省委“争五强、创五好”的“先锋工程”建设要求，湖州以 5 年为 1 个周期，一抓就是 10 年，夯实了基层党建的基础。2016 年，省委提出“整乡推进、整县提升”思路后，面对如何把“线上风景”变成“面上生态”的课题，湖州深入规划构建了基层党建“1＋N”体系。“1”即“整乡推进、整县提升”总体规划，以“百村示范、千村晋位”行动为抓手，坚持 1 年 1 回合，3 年 1 周期，采取评星定级、动态晋位办法，统筹推进各领域基层党建工作，努力实现全面进步、全面过硬。“*N*”包括若干工作计划，主要有“党员人才工程”建设计划、“领头雁”培育计划、集体经济“五年强村计划”等。

第三，突出系统推进。湖州市委每年确定一个主题，召开专题会议进行部署。市委常委会每季度至少召开一次专题会研究基层党建工作。2012 年的主题是加强村务监督和发展村级集体经济；2013 年的主题是乡镇干部队伍建设；2014 年的主题是基层服务型党组织建设；2015 年湖州市委召开全会专门出台《关于全面加强基层党组织和基层政权建设的意见》；2016 年为“基层组织加强年”。在 2018 年“全领域建强、全区域提升”的基础上，2019 年，湖州以“组织创强、队伍创优，全域提升、全面过硬”为主要内容，实施“双创双全”组织力提升工程。对照《浙江省组织工作高质量发展规划纲要（2018—2022年）》，围绕打造实施乡村振兴战略示范区和全国城市基层党建工作示范市，出台《关于实施“双创双全”组织力提升工程　打造新时代基层党建工作高质量发展示范区的实施意见》，力争通过3年的努力，党的全面领导在基层得到有力落实，党的政治领导力、思想引领力、群众组织力、社会号召力明显增强，组织有活力、党员起作用、群众得实惠的成效更加显著。

（二）创新载体手段，着力增强“三性”

针对基层党建工作的新形势新情况新问题，不断创新工作载体、制度机制、方法手段，推动基层党建工作在改革中不断提升积极性、主动性、创造性。

第一，探索新型模式。随着人口流动加快，传统乡土农村向农村新社区转型，需要基层党建工作在运行模式上调整优化。积极创新农村新社区党建，探索实行了以党支部为核心、以产业为依托、以合作社为平台、以人才为支撑的“党支部＋合作社＋人才”等“融合式”党建富民新模式。

第二，用好信息手段。面对信息技术加速创新，大数据、物联网、云计算等新技术方兴未艾的情况，湖州找准基层党建工作与信息化的结合点，探索开展“智慧党建”，以信息化提升党建科学化。一是开展“指尖上”互动。依托新媒体走好网上“群众路线”。该做法入选《新时代党的群众路线的生动实践——优秀社区工作法100例》。二是实行“跨空间”管理。针对一些党员流动性大、思想活跃的实际，推行网上开放式党组织活动，改变传统党内生活“限时、限地、限人”的束缚。三是实行“入户式”公开。大力建设农村综合信息系统，在全省首创“村村通”“村村看”“村村响”“村村用”“四个村”平台，延伸覆盖到全市所有建制村。

第三，完善运转链条。积极探索完善适应新形势新任务要求的制度机制，注重制度的配套衔接，力求彼此呼应，增强整体功能。一是健全党群服务链。大力推动党员干部"用脚步丈量民情"，打通联系服务群众的最后一公里。二是健全党员管理链。建立健全党员发展、教育管理、组织生活到民主评议、不合格党员处置的规章制度。三是健全权力运行链。注重改革放权、依法用权，使权力在阳光下运行。建立村级事务准入制度，针对村级牌子多、考核评比多、台账多的"顽疾"，开展专项整治，让农村党员干部"轻装上阵"，腾出更多精力联系服务群众。

二、强化制度规范，为红色引领提供保障

21 世纪之初，党中央提出建设社会主义新农村。湖州认真贯彻中央、浙江省委决策部署，统筹规划，创新思路，与浙江大学合作共建社会主义新农村实验示范区，全面实施"1381 行动计划"（建立一个省级新农村实验示范区、构筑科技创新服务等"三大平台"、推进产业发展等"八大工程"和"百项以上重大项目"。累计实施市校合作项目 1877 项。74％的村子创建为市级美丽乡村，在全省率先打造美丽乡村"2.0"升级版），整体推进美丽乡村建设，取得了明显成效，被有关专家学者誉为新农村建设的"湖州模式"。在此背景下，湖州坚持在制度化、规范化上深化探索，从在全国首次试水淡化 GDP 指标考核到率先厘定党政干部生态责任，以及作为"美丽中国"发源地的安吉在美丽乡村建设中的"美丽党建"，都形成了影响全国的"湖州样本"。

（一）淡化 GDP 指标，创造干部考核的"湖州样本"

2003 年底，湖州市委、市政府出台《关于完善县区年度综合考核工作的意见》（以下简称《意见》），决定从 2004 年起，湖州干部考核淡化 GDP 指标，并规定在考核过程中必须听取群众意见，向社会公示考核结果。湖州的改革举措引起了广泛的社会讨论，当时被称为"石破天惊的改革举动"。5 年后，《人民日报》以"解读干部考核的'湖州样

本'"为题进行了报道，认为新考核《意见》的关键正是在实践中淡化GDP，避免"数字出干部"的弊端。有人如此评价：薄薄4页纸的《意见》，标志着湖州成为全国干部政绩考核改革的先行者和试验田。

（二）"绑定"领导干部生态责任，形成鲜明的政绩观导向

2016年3月9日，浙江省湖州市委、湖州市人民政府印发了《关于开展湖州市自然资源资产负债表编制和领导干部自然资源资产离任审计试点的实施意见》（以下简称《实施意见》）。试点通过自然资源资产负债表编制和领导干部自然资源资产离任审计，推动领导干部切实履行自然资源资产管理和生态环境保护责任，保障生态文明先行示范区建设各项目标任务顺利完成，成为在全国率先开展自然资源资产负债表编制试点和领导干部自然资源资产离任审计试点的地区之一。为保障试点工作顺利进行，湖州市成立了由市委、市政府主要领导任组长，市委、市政府分管领导任副组长，市委办公室、市政府办公室、市国土资源局等部门主要负责人为成员的领导小组，加强对试点工作的组织领导和统筹协调。湖州市依据《实施意见》先后下发了《湖州市自然资源资产保护与利用绩效考核评价暂行办法》《湖州市领导干部自然资源资产离任审计实施办法（暂行）》，领导干部自然资源资产离任审计迈出了实质性的一步，作为该工作基础支撑的自然资源资产负债表编制也已完成。有了自然资源资产负债表，自然资源资产家底一目了然，领导干部自然资源资产离任审计、生态环境损害赔偿和责任追究、完善领导干部政绩考核等都有据可循。这两项"国家试点"工作的顺利推进，更好地彰显了湖州生态文明建设的特色优势，为全国开展自然资源资产负债表编制和领导干部自然资源资产离任审计提供了可复制、可推广的样本。

（三）首次发布工作规范，形成美丽党建标准体系

2008年，安吉在全国率先提出用10年时间建设"中国美丽乡村"。如今，安吉已成为国内美丽乡村的样板、全国唯一"绿水青山就是金山

银山”理念实践试点县。其中，安吉的“美丽党建”也随着“美丽乡村”的成就受到关注。为了进一步发挥基层党建先锋引领作用，为全面建设中国最美县域提供坚强的组织保证，实现“党建强、乡村美”的目标，2017 年 6 月 27 日，安吉县正式发布《美丽党建工作规范》地方标准。这是全国首个农村基层党建工作标准体系。

《美丽党建工作规范》(以下简称《规范》)依据《中国共产党章程》等纲领文件，在广泛吸收基层党建工作理论成果和实践经验的基础上编制而成，由安吉县委组织部、安吉县中国美丽乡村标准化研究中心、浙江省标准化研究院共同起草。《规范》共分范围、术语和定义、思想建设、组织建设、队伍建设、服务群众工作、作用发挥 7 个部分，附有党群服务中心、党小组之家、群众说事室等 23 项具体建设指标。《规范》中对“美丽党建”的定义是：“强化服务理念、完善服务体系、提高服务能力，推动党组织和党员全面达到‘个个提升、处处示范、时时比拼、人人先进’要求。落实‘五大发展理念’，坚定不移沿着‘八八战略’指引的路子走下去，引领和指导农村经济、政治、文化、社会与生态文明协调发展，更好地服务改革、服务发展、服务民生、服务群众、服务党员，实现‘党建强、乡村美’的目标。”

三、“党建＋”多渠道融入，与生态文明建设互促共进

2016 年 9 月，湖州市委组织部发布《关于创新基层“党建＋”工作方式的通知》，在全市基层开展以党建为引领、统筹推进各项工作的“党建＋”工作方式，充分发挥基层党组织领导核心作用，促进党建工作与中心工作深度融合。

一是把基层党建工作作为美丽乡村建设的前置条件。围绕“打好生态牌、走好绿色路”，使美丽乡村建设成为农村基层党建的重要抓手，也成为检验基层党建成效的重要标准。做到同谋划、同部署、同推进、同考核。目前，全市已建成美丽乡村 537 个，打造了莫干山异国风

情、江南茶乡、昌硕故里等17条美丽乡村示范带，所有县（区）都成为国家级生态县。

二是探索建立“红管家”服务驿站。借助美丽乡村建设好势头，湖州大力推动乡村旅游、民宿经济，努力将“叶子”变“票子”。目前，全市创办三星级以上农家乐、渔家乐300多家，还形成了“裸心谷”、法国山居、安缇缦等知名高端“洋家乐”。仅“裸心谷”一张床位一年就能创造税收10多万元，形成红色引领下的绿色增长极。在这些新业态集聚的地方，探索建立“红管家”服务驿站，组建旅游讲解、交通疏导等一批党员义工队，为业主、游客提供个性化、保姆式服务。驿站已累计为业主、游客解决各类困难问题2500多个，做到业态发展到哪里，组织覆盖到哪里，服务跟进到哪里，成为生态旅游的“红色名片”。

三是扎实开展“治水护水、扮美家园”先锋行动。2014年，湖州市委组织部出台《关于动员全市各级党组织和广大党员干部服务推动“五水共治”的通知》，围绕推进“三改一拆”“四边三化”“五水共治”，组织11万多名党员作出先锋承诺，认领村庄保洁、农房改造等责任岗位。7000多名党员干部主动担任河道“河长”，1250个党员志愿服务队积极参与护水治水公益活动。510个“两新”党组织还发出治水倡议书，开展“我为治水献一计”等活动，充分发挥党员干部在生态文明建设中的引领带动作用。安吉县报福镇800多名镇村干部、党员统一穿着印有党员姓名的“红色马甲”，在每月25日固定活动日开展垃圾清扫、绿化种植、河道清淤等义务劳动，主动亮身份、作奉献，带头建设美丽宜居乡村环境。

第二节　强化干部队伍，打造红色引领"湖州铁军"

一、"导师帮带制"培育年轻干部

2004 年，安吉县上墅乡探索"导师帮带制"，以培养年轻干部应对农村复杂局面、提高解决实际问题的能力。十几年来，作为年轻干部培养的管用载体，"导师帮带制"从乡镇一级延伸到机关企事业单位、建制村、社区、"两新"组织等各个领域，并从以"老"带"新"帮带年轻干部，拓展到培养兴村治社能人、行业系统专家、企业能工巧匠，"师带徒、育良才，徒成师、代代传"在南太湖大地蔚然成风。

（一）明确规范帮带责任

首先，"帮带"行为组织化。在推行"导师帮带制"中组织发挥出把关作用。奉行"能者皆可为师"，按照新时代好干部标准，遴选了一批政治过硬、责任过硬、能力过硬、作风过硬的干部担任导师。根据工作需要和干部实际，采取"一对一"或"一对多"方式，党委（党组）组织导师与年轻干部签订培养协议，帮带期限一般不少于 1 年。一些地方和单位还通过举行师徒结对仪式、颁发聘任证书等多种形式，明确"帮带"关系和职责，强化导师帮带仪式感、庄重感。目前，湖州市各地各单位组织开展导师结对 1.5 万对，帮带年轻干部 2 万余名。

其次，"帮带"内容集成化。主要是四个方面：一是在政治思想上引。引导年轻干部深入学习贯彻习近平新时代中国特色社会主义思想主题教育，增强树立"四个意识"，坚定"四个自信"，做到"两个维护"。二是在实践能力上帮。帮助年轻干部了解基层，走进群众，学会做群众工作，处理复杂问题。三是在专业素养上带。指导年轻干部掌握专业知识，强化专业思维，精进专业能力。四是在优良作风上传。

教育年轻干部懂规矩，守纪律，知荣辱，传承发扬吃苦耐劳、敬业奉献、实干担当的好作风。

再次，“帮带”权责清单化。建立两张清单：一是导师职责清单，主要是负责对“帮带”对象进行政治教育，启发工作思路，开展谈心谈话，加强业务指导等。二是徒弟职责清单，主要是尊师重教主动学习，加强沟通定期汇报，积极完成帮带任务等。

（二）分类设置“帮带”模式

一是以老育新。针对35岁以下年轻干部，由经验丰富的老同志“帮带”。重点是提高做群众工作，解决实际问题能力，帮助他们扣好人生“第一粒扣子”。唐正翰是浙江大学选调生，2019年被下派到湖州市南浔区和孚镇陶家墩村。他初出茅庐且对当地情况不熟、方言不通，区“担当作为好干部”严加佑与其结成对子，导师带领徒弟挨家挨户地跑。如今唐正翰已基本听得懂当地方言，与老百姓也说得上话了，较快打开了工作局面。

二是以强帮弱。针对后进村（社区）党组织书记，安排先进村（社区）书记进行帮带，重点是提升村社规划、村社经营、村社治理能力。在101名美丽乡村建设优秀带头人的帮带下，2019年湖州市在浙江省率先全面消除集体经济年经营性收入30万元以下的薄弱村。湖州市还将“导师帮带制”运用到东西部扶贫协作中。2018年以来，安吉县黄杜村党员主动向贵州、四川、湖南三省四县捐赠2200万株白茶苗。村支部书记盛阿伟带领白茶大户、茶叶专家等赴当地持续开展跟踪指导帮扶，积极助力脱贫攻坚。

三是以上带下。针对基层懂规划、财政、金融、大数据等知识的专业化干部稀缺的情况，由上级主管部门、业务条线领导和专家“帮带”对口部门年轻干部。重点是指导更新专业知识，提高专业能力，锤炼专业精神。湖州市经济作物技术推广站农艺师邱芬刚工作时，就碰上了全国基层农技推广体系改革与创新试点这件大事。恰好市农业农村局成立了"青领计划"导师工作室。副局长陶忠华看到徒弟有点摸不着门道,翻出了自己搞改革试点的一大堆资料,并带着她一起搞调研、谋思路。当年的"菜鸟"如今已经成长为中层骨干。

（三）创新拓展"帮带"方法

一是布置作业法。导师根据工作需求、针对徒弟短板,"点题"明确阶段性工作任务,如每周走访村社、帮助企业解决棘手难题、独立完成综合文稿起草等。对"作业"完成情况,导师进行点评分析。湖州市长兴县泗安镇干部马新生刚到镇农业发展办工作,导师黄际来就给他交任务,要求他每周至少抽出两天时间到大棚基地、田间地头调研,每月梳理种养殖户反映的难题,并提出解决方案。在导师指导下,仅仅一年多时间,马新生就帮助种养殖户解决了 30 多个技术难题,还在省级期刊发表了学术论文。

二是现场教学法。耳听千遍,不如亲历一遍。在处理项目建设、土地整理、征地拆迁、民事纠纷等具体问题时,导师带着徒弟,让其看,导其听,教其做,让其在亲力亲为中感悟和成长。湖州市长兴县虹星桥镇西南村准备开展全域土地综合整治,但年轻的村党支部书记都涛缺少这方面经验,有点缩手缩脚。镇党委及时安排浙江省"兴村治社"名师孙根法跨村担任导师。孙根法带着徒弟都涛用了整整一周时间跑遍了全县 20 多个土地综合整治示范村,还带着他一起走访农户、踏勘现场、研制方案。一场场生动的现场教学课,让都涛的工作思路逐渐清晰起来,心里更加有了底。

三是放手实践法。实践是最好的课堂。在重要工作、重大任务中,导师适时放手压担,让徒弟独立处理问题,并根据轻重缓急,全程予以指导。湖州市德清县洛舍镇东衡村杨建伟是村里重点培养的对象。导师浙江省"千名好支书"章顺龙大胆放手让其领办村众创园建设,并全程负责规划设计、部门对接、施工招标、园区运营等各个环节。遇到把握不准的,章顺龙及时介入、精心指导。2019 年村集体经济总收入突破 2500 万元。目前，以钢琴产业为主导的众创园已有 34 家企业入驻。

（四）优化完善“帮带”机制

一是实行动态调整机制。对因岗位变动、身体健康等无法继续开展帮带活动的，或师徒关系不融洽，只挂名不履行“帮带”职责、“帮带”成效不明显的，及时调整帮带关系。同时，在单位公开栏或局域网上公示结对情况，接受群众监督。

二是实行跟踪问效机制。实行“一季一了解、半年一座谈、一年一评议”，党委（党组）定期了解掌握“帮带”情况。每年底，结合干部年度考核和民主测评，一并对“帮带”情况进行考评。考评结果作为推荐干部、评先评优的重要参考。对“帮带”不力的，及时予以教育提醒。

三是实行成果推广机制。全市各级党委（党组）每年推选表扬一批“金牌导师”，新闻媒体宣传报道一批导师“帮带”的典型案例。定期组织开展导师帮带工作交流分享会、工作研讨会，大力推动互学互比。

这些年来，湖州市“导师帮带制”历久弥新、常抓常新，像一颗金种子撒遍湖州大地，在绿水青山间生根发芽，在栉风沐雨中开枝散叶，结出了累累硕果。

二、“领头雁”工程培育村社队伍

村社党组织干部特别是村社书记是村社领导班子的带头人，抓好这支队伍，是村社党组织发挥领导核心作用的关键。加快赶超发展，全力打造一支勇立潮头的基层铁军始终是基层党建的重要内容。但是在村社党组织书记队伍中也存在一些问题：一是储备不足。随着城镇化加速推进，能人精英不断流失，村社发展所需的人力资源“供血不足”，部分村党组织出现“人难选、无人选”的现象。二是能力不强。部分书记政策理论水平、眼界思路、能力素质跟不上发展需要，出现“本领恐慌”；还有部分书记工作不作为，不敢直面矛盾、不愿动真碰硬，工作长期处于落后状态。三是作风不正。随着投入到村社里的资金和项目越来越多，一些村社党组织书记不守规矩，“微腐败”现象时有发生。针对这些问题，湖州市把建强村设党组织带头人队伍作为战略工程来抓，大力实施整体优化提升行动，着力打造政治强、能带富、善治理的“领头雁”队伍。

（一）推动“万名贤人回乡计划”

建强村党组织带头人队伍，需要形成梯次接续、结构合理、后备充足的体系。湖州市以实施“万名贤人回乡计划”为抓手，打破地域、行业、身份、年龄等限制，推动各类优秀人才上山下乡，充实“源头活水”。

一是把优秀人才“引”回来。在逐村调研基础上，建立在外乡贤能人名单，通过县、乡、村党组织主动联系、跟踪服务、加强引导，把务工经商人员、复员退伍军人、高校毕业生等人才请到乡村，对能力非常突出的，及时吸收到村班子进行培养。

二是把后备力量“用”起来。按照每村2名左右的标准，建立2454名后备力量名单，并采取“蹲苗”培养、导师“帮带”“一线锤炼”等方式进行重点培养，将实绩突出、群众公认的后备人才及时用起来，做到“备用结合、能用尽用”。

三是把年轻干部“派”下去。从市、区（县）机关部门和企事业单位选派优秀年轻干部到村担任“第一书记”，实现全市969个村“第一书记”全覆盖。

（二）组织“千名书记进党校”

村书记作为村里的“领头雁”“主心骨”，其能力水平往往决定着一个村庄的发展。湖州市高度重视村党组织书记教育培训，将之纳入全市干部教育培训总体规划，建立“市级示范、县乡为主”联动培训机制，确保每名村书记每年至少参加1次县以上集中轮训。

一是开展思想“大洗礼”。充分发挥浙江生态文明干部学院、区（县）党校的主阵地作用，引导村书记深入学习贯彻习近平新时代中国特色社会主义思想主题教育。组织村书记到新四军苏浙军区纪念馆、钱壮飞纪念馆、湖州革命烈士纪念馆等15个红色教育基地开展现场体验式学习，用革命精神净化心灵、用红色文化精神砥砺前行。

二是推动能力"大提升"。紧扣发展需要大力开展专业化培训，聚焦现代农业发展、污染防治攻坚、美丽乡村建设、电子商务等重点，精准点名调训、科学分组定班、开展专题培训，着力提升村党组织书记履职能力。

三是实施跟班"大练兵"。发挥省级兴村（治社）名师、"千名好支书"作用，开展先进村与落后村结对帮扶活动，组织120余名后进村书记到先进村"现场跟学"。通过面对面教、手把手带，让受训村党组织书记在实践中开阔视野、增长本领。

（三）用好"负面清单紧箍咒"

坚持从严要求、从严管理、从严监督，湖州市探索建立村干部"负面清单"，强化制度约束，既把村党组织书记管牢又不管"死"，让他们工作有压力，做事有动力。

一是在履职尽责上从严。探索建立年初对岗定诺、季度依标践诺、半年按绩评诺、年度评星奖诺的"四诺履职"制度。实施村党组织书记县级党委备案管理，建立县委统筹、县乡联动、全程把关工作机制，实行"一人一档一册"。

二是在清理处置上从严。2019年，市委组织部会同纪检、政法、国土、市场监管等部门，对5294名村干部逐人开展"过筛子"联审，4名受过刑事处罚的村干部全部进行清理，37名存在问题的村干部全部进行调整。组织开展村社换届"回头看"，对村班子进行全面体检，坚决让"守摊子""混日子"的村支书腾位子。全市共调整104名不符合条件的村"两委"干部，调整村党组织书记39名。

三是在议事决策上从严。严格执行"五议两公开"，认真落实"三务"公开制度，建立健全重大事项报告、经济责任审计等制度。全面推进“阳光村务”,“村务卡”办理实现100%覆盖,从源头上使开支规范化、制度化,为农村集体“钱袋子”套上了“紧箍咒”。

（四）实行“真情厚爱激活力”

把人选好后,激励保障必须跟上,才能更好地激活村书记扎根农村、奉献农村的内生动力。湖州市建立健全村干部激励保障机制,做到真正重视、真情关怀、真心爱护,为村党组织书记开展工作提供了有力支撑。

一是让村书记待遇上有甜头。建立村干部待遇与集体经济绩效挂钩、正常增长机制,2019年村主职干部年平均报酬达9.7万元。按照《关于实施村级集体经济三年强村计划的意见》要求,探索建立村干部集体经济发展奖励制度,年经营性收入达到100万元且年增幅达到20%以上的,可增设村干部集体经济发展专项绩效奖励。

二是让村书记政治上有盼头。加大从优秀村书记中选拔乡镇(街道)领导干部、从优秀村主职干部中定向考录乡镇(街道)公务员和事业编制人员力度,从全市选拔优秀村书记进入乡镇(街道)领导班子。连续多年推选“美丽乡村建设优秀带头人”,并落实择优选拔进乡镇(街道)班子、提高工资待遇、一次性奖励10万元等激励措施。

三是让村书记干事上有劲头。出台容错纠错具体实施办法,慎重实施对村干部的问责,防止出现问责“泛化”“一刀切”等情况。大力选树宣传改革先锋人物鲍新民、中国榜样人物朱仁斌等优秀村书记典型,进一步提振村干部精气神。扎实开展“七多”问题清理整治工作。至2019年,市县两级取消涉村各类型机构17个、各类型标识标牌45块,削减比例均超65%;上墙制度只保留3项,清理比例达63%,将70余项督查检查考核事项精简合并至28项,切实减轻基层负担。

（五）推行“红、黄、灰三色”管理

湖州结合“后进”基层党组织专项整治、包乡走村深化“三服务”等工作,在全市范围内深入推行村(社区)党组织书记红、黄、灰“三色”管理，对全市所有村（社区）领导班子逐一进行综合研判。2019 年，对 1174 名村（社区）党组织书记实行县级党委备案管理。

一是“红色”引领树好样子。每个区县按照村（社）数量 15%左右的比例，将表现优秀、实绩突出、群众公认的优秀党组织书记评定为“红色”，按一定比例上浮发放绩效报酬，并作为推选各级先进典型的重要参考。扎实开展省“担当作为好支书”“乡村振兴优秀带头人”等推选工作，进一步营造比学赶超良好氛围。

二是“黄色”警示贴准牌子。对存在决策不执行、岗位不胜任、长期不在岗、工作不作为、办事不规矩、作风不正派等 8 种情形的党组织书记亮“黄牌”，全面启动为期 1—6 个月的“歇职教育”，并按相关规定停发绩效报酬（含考核报酬），跟进落实组织谈话、学习教育、实践检验等整转举措。2019 年以来，58 名不称职村干部受到“歇职教育”，126 名村干部被调整出“两委”班子。

三是“灰色”除名腾出位子。对 5294 名村干部逐人开展“过筛”联审，对年度综合考核连续 3 年排名所在乡镇（街道）末位或者存在涉黑涉恶、严重违纪违法等问题的党组织书记亮“灰牌”，给予责令辞职、罢免、免职等处理，坚决让“守摊子”“混日子”的书记腾位子。

（六）全面推行村干部集中办公

2017 年换届完成后的第一天，湖州市委就迅速召开全市加强村社干部队伍建设现场会，组织市县乡三级 81 名党委书记现场考察村社干部集中办公等做法，并以视频会议形式直接组织全市 1214 个村社的1 万余名村社干部，参加由市委书记开讲的履新“第一课”。全面部署开展村社干部“强素质勇担当比赶超”专项行动，深化推行村社干部集中办公制度，进一步展示新标杆新形象，创造新业绩走好新征程。

一是取消“单间”，腾出“空间”。围绕“减少行政办公面积、增大为民服务空间”目标，除保留财务室、器材室等功能性用房外，村社干部及村聘干部、社区工作者统一到村社党群服务中心大厅集中办公。村社书记、主任不单设办公室。各村社立足实际，将集中办公后腾出的办公场所进行科学规划使用，调整用于民主议事、谈心谈话、文体活动、电商服务等，进一步拓展阵地服务功能。如吴兴区织里镇晓河村腾出200平方米办公室，改造成群众说事室、志愿者之家等场所。注重有效盘活存量资源，如长兴县林城镇上狮村把调整出的约300平方米办公用房出租给该镇电炉行业协会，每年固定为村集体增加收入15万元。

二是一站式服务，不走"弯路"，不跑"冤路"。围绕"最多跑一次"改革，实行坐班值班、AB岗、首问负责制，服务大厅每天安排一两名村社干部在岗坐班，负责处理日常事务，发挥集中办公效能。健全村社便民服务清单，按照"能进则进"原则，将涉及公安、民政、计生、人社、住建、农业等100多项服务事项延伸下放到1214个村社党群服务中心，由村社干部全程代办，实现一窗式受理、一站式服务。建立坐班工作纪实、服务承诺公示、群众满意测评等制度，确保为民服务事项及时受理和高效办结。很多村民称赞道，现在老百姓办事不用预约、不用上楼、不用敲门了，只要到服务大厅动动嘴、村干部去跑腿就把事情办好了。

三是网格式联系，走出"村部"走进"农户"。坚持"搬下楼、走出去"，全面推行村社干部包片联户制度，要求每名村社干部记好"民情日记"、建好"民情档案"、办好"民生实事"。村"两委"干部每年要对辖区所有农户至少走访一遍；社区"两委"干部对辖区内老党员老干部、业主委员会成员、低保困难户、孤寡老人、社区矫正人员等重点群体定期开展普遍走访。创新推行"同心共治、同创共富、同行共美"基层党建融合模式，探索"支部建在网格上"，进一步推动村社干部力量向网格下沉，打通服务群众的"最后一纳米"。

第三节　践行先进理念，形成红色引领典型示范

多年来，湖州市牢牢谨记习近平总书记的殷殷嘱托，始终坚持“绿水青山就是金山银山”理念，早在2003年就率先把生态文明教育作为干部教育培训的必修课，在党校主体班次中科学设计生态文明教学模块，学制1个月以上的主体班次中均开设了生态文明建设相关教学单元，综合运用现场式、案例式、研讨式、辩论式教学，并且结合开展为期一周的生态文明专题调研，进一步深化了领导干部对生态文明建设重要性的认识，提高了领导干部的经济与环境问题综合决策水平和能力。湖州市委党校每年举办生态文明相关专题研讨班，围绕产业转型升级、循环经济、绿色发展、建设现代生态经济体系，以及治水、治气、治土、治矿、加强节能减排和生态环境保护等方面的内容，邀请清华大学、北京大学、中央党校、国家行政学院、宁波大学等知名教授做系统讲解，对生态文明理论和相关法律制度政策进行集中研讨，不断提高领导干部推进生态文明建设的理论政策水平和决策能力，为湖州推进生态文明建设打下了良好的思想基础。生态文明理念也早已入心、入脑，成为全市领导干部的共识。

一、建强“红绿融合”主阵地

2017年，党的十九大首次将“必须树立和践行绿水青山就是金山银山的理念”写入大会报告。大会新修订的《中国共产党章程》总纲中明确指出，树立尊重自然、顺应自然、保护自然的生态文明理念，增强绿水青山就是金山银山的意识。“绿水青山就是金山银山”已经成为全党的指导思想。为深入学习研究、宣传贯彻“绿水青山就是金山银山”理念，引领推动生态文明建设，2017年10月29日，浙江生态文明

干部学院作为全国第一所专门以“生态文明”命名的干部学院应运而生。

浙江生态文明干部学院是由浙江省委组织部统筹指导、湖州市委负责建立，实行“省市共建、以市为主”的管理体制，与湖州市委党校校院融合、共同发展。学院主要任务是以倡导绿色发展、生态文明建设为宗旨，搭建干部教育培训平台，通过抓住各级领导干部这个关键少数，层层牢固树立绿色发展理念；坚持不懈地用习近平新时代中国特色社会主义思想，特别是其中关于生态文明建设的思想来武装头脑、指导实践、推动工作，真正让绿色发展和生态文明成为干部群众的共同遵循、自觉行动。学院成立以来，以“绿水青山就是金山银山”理念大讲堂、网络讲堂、研究所和现场教学基地为载体，年培训人数近两万人，形成立足浙江、辐射全国的大培训格局，切实将“绿水青山就是金山”理念在中华大地上迅速铺开，推动各地加快推进绿水青山向“金山银山”转化，实现高质量、高水平发展。2018 年 6 月，学院被中央组织部列为全国党员教育培训示范基地；2019 年 4 月，学院被列为“G60 科创走廊”生态文明教育培养基地；2019 年 4 月，学院入选中央组织部公布的首批全国干部党性教育基地备案目录；2019 年 6 月，学院荣获生态环境部颁发的“中国生态文明奖先进集体”荣誉称号（浙江省唯一）。

（一）政治治院，彰显班子活力强示范

学院始终坚持把政治建设放在首位，紧紧围绕“全国有影响、省内为一流”的院校目标，以推动校院高质量发展实施方案为主抓手，为浙江“努力成为新时代全面展示中国特色社会主义制度优越性重要窗口的示范样本”提供阵地支持、智库支柱。

一是以党委办院校创新工作机制。学院成立之初就成立了浙江生态文明学院理事会，由市委书记担任理事长，加强了市委对学院的领导。依托各县委党校，成立了 3 个分院（德清莫干山分院、长兴分院和安吉分院），形成了市县工作合力。新设立了生态文明教研室、现场

教学基地管理部、对外交流合作部 3 个内设部门，增强了生态文明主题培训的工作力量。学院还以聘用制的形式，建立了一支教学管理员队伍，并实行星级晋升制度，有效地缓解了编制不足的问题。

二是以“头雁”工程选优配强人才队伍。建院以来，始终突出校委成员垂范，贯彻落实《中国共产党党校（行政学院）工作条例》，巩固“不忘初心、牢记使命”主题教育、市委巡察整改成果，打造“党课直通车”“党员实训室”品牌。持续加强中层干部队伍建设，大力选育优秀年轻干部，有计划地选送优秀年轻教师到综合部门、基层一线实践锻炼，积极引进“双一流”高校及知名院校高层次人才，推动各个层面教职工担当作为。深化人才工作体制机制改革，启动实施以“名师名课名科名教材名基地”为主要内容的“五名工程”，力争 5 年内培育在全省乃至全国有一定影响力的骨干教师 5 名，精品课程不少于 5 门。

三是以工作专班强力推动学院建设。市委专门抽调财政、规划、生态环境、建设、交通等 15 个市级部门的分管领导和职能处室负责人共 37 人，组建加快推进生态文明干部学院高质量发展工作专班，下设基础设施、后勤服务、环境美化、人才引育 4 个工作小组，派驻学院工作 1 年，校园面貌全面提档升级。

（二）特色名院，做实培训品牌扩影响

学院始终把特色作为立院之基，聚焦生态文明这一最大特色，按照建设全国一流、特色鲜明新型干部学院的目标，大力推进建设发展各项工作。

一是突出特色定位。以“研究生态文明理论、传播生态文明理念、指导生态文明实践、推广生态文明经验”为主要任务，不断强化“特色学院、高端智库、开放平台”三大功能定位。即致力于打造特色学院，着眼建设全省和全国有特色、有影响的干部学院，成为党员干部接受生态文明教育、厚植生态文明理念、锤炼生态文明建设能力的重要阵地；致力于打造高端智库，围绕生态文明建设，开展前瞻性、战略性、针对性的研究，为党委、政府科学决策提供智力支持；致力于打造开放平台，立足浙江、放眼全国，加强国际国内合作交流，搭建生态文明理论研究、价值传播、共建共享的重要平台。

二是设计特色课程。坚持以提升领导干部生态文明建设能力为教学目标，把中央提出的关于生态文明建设的重大理论成果、重大战略部署纳入教学内容，同时探索建立具有时代特征和地方特色的课程体系，研发构建了涵盖习近平生态文明思想、“绿水青山就是金山银山”理念与湖州实践、美丽乡村建设、乡村振兴、全域旅游、绿色发展、党建引领等60余个专题的课程体系。同时加强生态文明的理论和应用研究，每年申报和立项各类科研课题100余项，出版了国家社科基金特别委托项目成果《生态文明先行示范区建设“湖州模式”研究》，编纂了《区域特色产业转型升级——以浙江省湖州市为样本》《湖州生态文明建设的探索与实践》《湖州市生态文明建设典型案例研究》《在“浙里”看见美丽中国——践行“两山”理念现场教学案例》《绿水青山就是金山银山——从理念到行动》等系列教材，参与编写干部教育培训丛书“‘两山’重要思想简明教程”。

三是开展特色教学。学院综合运用课堂讲授、现场教学、论坛式教学、案例式教学和研讨式教学等方式，构建多元一体、集成创新的教学模式，培育了“美丽乡村建设”“乡村振兴”“绿色发展”“基层治理”等品牌班次。同时着力打造具有示范引领功能的生态文明教育模式，形成了1个学院、3个分院、多个合作研究机构、20余个现场教学基地为支撑的干部培训大平台，整体提升培训质量和效果。建院以来，每年培训人次达20000余次，承办了中央组织部、生态环境部等各级各类生态文明专题培训，吸引了各地市高端生态文明培训团队来院学习。学院知名度不断提高、影响力不断扩大。

（三）质量强院，深化办学内涵显实力

学院始终把质量作为强院之本，注重在提升教学质量、基地质量

和科研质量上下功夫，切实提升办学能力、扩大办学规模。

一是加强教学标准体系建设。优化完善计划生成、项目评估、育用结合等配套标准化制度机制，设计开发生态文明、乡村振兴、社会治理等标准化课程体系，在教学模块设置、师资力量配备、教学成效评估等方面实现系统化整体设计。健全完善教学考核评价、激励约束和责任落实等机制，将教学质量评价指标细化为五大类20个项目，由参训学员和教务部门对课程设计科学性、师资选配合理性、教学内容满意度等进行综合测评。

二是提升教学基地品质。坚持理论教育与实践教学并重，挖掘湖州生态文明建设的经验典型和独特的生态资源，深入推进现场教学基地"长廊计划"，突出"生态＋"品牌特色，充分整合县区生态资源，加强现场教学基地标准化建设，串点连线打造10个一级教学点、10个二级教学点，提炼"农家院里的环保课""山沟沟里的'两山'课""水库坝上的生态课""大树底下的乡村课"等特色现场教学课程，形成了覆盖美丽乡村、乡村振兴、绿色制造、全域旅游、社会治理、党建引领等方面的教学基地集群。

三是教学科研量质并举。成立寒香亭读书会，定期开展生态文明及相关学科的读书研讨交流会。通过教师汇报、交流、问答等，营造良好的生态文明研究学术氛围。并成立生态文明领域专项创新团队，设立创新团队专项研究资金，支持生态文明研究。校内教师撰写的理论文章连续在《学习时报》《解放日报》《浙江日报》上发表，充分彰显了生态学术底蕴。

(四)开放办院，加大资源融合促提升

学院始终把开放作为办院之要，推动生态文明理论研究、价值传播、实践经验走出湖州、走出浙江、走向全国，着力搭建生态文明理论研究、价值传播、共建共享的重要平台。新华社《国内动态清样》《中国日报》《人民网》《中国组织人事报》《浙江日报》等中央和省级媒体先后

集中报道学院办学教学经验。

一是引育结合加大师资培养力度。大力引进、培育生态文明方面的高层次专家人才。目前学院有专职教师31名,其中正高职称4人、副高职称16人。同时与中央党校(国家行政学院)、中国浦东干部学院、浙江大学等院校和生态环境部等建立良好合作,多渠道柔性引进生态文明建设方面的高层次师资50余名。学院着力选优配强生态文明教研专业力量,通过跟班学习、导师"帮带"、集中培训、蹲点调研、外派学习、挂职锻炼等形式,针对性提高中青年教师业务水平。学院教师也应邀赴中浦院、大别山干部学院、安徽行政学院、江南大学等地授课。

二是合作联动提升集群效应。学院坚持放眼全国、合作联动,与中央党校(国家行政学院)、中国浦东干部学院、浙江省委党校以及清华大学、北京大学、复旦大学、浙江大学等知名院校建立合作关系,加强人才、项目、学科的互动交流。自成立以来,学院先后与浙江省法学会合作成立浙江省生态文明法治研究中心,与宜昌市委党校、普洱市委党校、濮阳农村党支部书记学院、共产党员杂志社、浙江省总工会干部学院、深圳经理进修学院、苏州干部学院等单位签订了合作协议。外地前来考察合作办学的单位不断增多。同时加强与省内红船干部学院、四明山干部学院、义乌干部学院等3所干部学院的合作,探索跨区域联合办班,充分发挥各地资源优势和特色优势,加强现场教学基地的联动,发挥集群效应,扩大整体影响。

三是宣传推介提升在全国的影响。学院注重运用大数据技术,建立"湖州生态文明建设"专题数据库,收集整理生态文明研究报告、论文、视频课件等电子资料,供各级党员干部在线学习。建立浙江生态文明干部学院全媒体宣传平台,开辟学院门户网站、"生态之音"微信公众号、《生态文明》季刊、生态文明专题数据库、专题电视栏目《两山红印》《湖州日报》专栏"两山潮",不断提升学院知名度、美誉度和影响力。

（五）生态立院，展现美丽院校新形象

学院始终把“绿色生态”作为院校建设和发展主旋律，搭建生态文明理论研究、价值传播、共建共享的重要平台。

一是打造生态示范校园样板。学院注重将教育功能与校园生态环境紧密结合，推进生态校园功能可视化，在潜移默化中促进教职工和学员生态理念的养成。科学规划生态校园建设总体布局，对校园基础设施进行生态化建设和改造，完善雨污分流、污水生化处理等短板项目，按照“品种丰富、自然协调”的风格实施绿化工程，持续推进垃圾分类、全面禁烟、车辆管理 3 项制度，坚持以 AAAA 级景区标准不断优化环境、提升品位，降低校园物质和能量的消耗，营造自然、健康、生态的工作和学习环境。

二是加强对教职工生态文明的教育。湖州在生态文明建设方面的生动实践，为全国提供了学习的样本。学院每个月定期举办教职工论坛活动，采取教职工自己宣讲生态文明、垃圾分类等知识或集中观看宣教片的形式教育全体教职工。例如，坚持把垃圾分类、全面禁烟作为处室考核的重要内容，做到“日检查”“周通报”“月考评”，切实使垃圾分类知识与理念内化于心、外化于行。

三是向社会开放湖州生态文明展示馆。学院内专门建立了湖州生态文明展示馆并面向社会公众开放，全面展现了湖州生态文明建设发展的历程，充分展示“绿水青山就是金山银山”理念的形成与发展、湖州践行“绿水青山就是金山银山”理念的生动实践和丰硕成果。

二、践行“先富帮后富”新担当

黄杜村位于“绿水青山就是金山银山”理念诞生地安吉县的东部乡镇溪龙乡境内，区域面积 11.5 平方公里，现有村民 423 户，总人口 1482 人。村党总支下设 2 个支部，共 53 名党员。2003 年 4 月 9 日，时任浙江省委书记习近平到安吉县黄杜村调研时高度肯定了该村发

展白茶产业脱贫致富的成功做法，指出“一片叶子富了一方百姓”。2018 年 5 月 18 日，习近平总书记委托中共中央办公厅专门传达了对黄杜村村民党员向贫困地区捐赠白茶苗的重要指示，充分肯定黄杜村党员饮水思源、不忘党恩的意识和为党分忧、先富帮后富的精神。多年来，黄杜村党员始终把“共同富裕”作为为民服务的宗旨目标，在打赢脱贫攻坚战中彰显了共产党人的使命担当。

（一）支部领路牵引：“一片叶子”的富民动力成就了一个大产业

20 世纪七八十年代，安吉县还是浙江省 20 个贫困县之一，黄杜村则是安吉远近闻名的贫困村。村人均收入不到 400 元，村民尝试种过辣椒、板栗、杨梅、菊花，但始终没有实现“富起来”的愿望。1997 年，安吉县林科所经过实地勘察，认定黄杜村的土质、气候和海拔等条件适宜种植新培育出来的白茶。乡、村两级党组织立即组织力量深入村组走访调研，反复会商论证，确定把白茶产业作为黄杜村脱贫的重点产业。然而，白茶种植成本高、技术要求高、失败概率高，并没有多少村民感兴趣、有信心。为把白茶产业做起来，村党支部召集党员骨干和村民代表开会，决定将每年有 5 万余元收益的集体茶山回收并改造种植白茶。为了更好地起到示范效应，黄杜村党员带头开始种白茶。时任村党支部的盛阿林还带头在自家山上搞起了“试验”。在党员的带领下，不到两年时间，白茶亩均收益达到 3500 元。这一下子点燃了村民心中致富的“希望之火”。仅到 2002 年底，全村白茶种植面积就迅速发展到 5200 余亩，村民人均收入从 1997 年不到 1000 元达到了 7000 余元，比全县农民人均收入高出 40%。2003 年 4 月 9 日下午，时任浙江省委书记的习近平在安吉调研生态县建设时来到黄杜村。在听了村里白茶基地的建设及发展情况后，习近平称赞这里：“一片叶子，富了一方百姓。”

“致富路上，不让一个村民掉队。”这是黄杜村党员许下的不变承诺。2011年，村党总支牵头建立了覆盖全村党员和困难群众的党群创业互助会，通过“1名党员创业能手＋3名党员骨干＋6户群众”的方式，针对性开展创业帮扶、抱团致富。很多村民在党群创业互助会的帮扶下走上了共同富裕之路。党群创业互助会自成立以来累计为党员群众担保融资1000余万元，帮助100余户茶农集中加工销售。此外，黄杜村党组织还依托白茶产业核心产区优势，联合中茶所、浙茶集团和周边村党组织建立了安吉白茶产业党建联盟，设立“茶博士工作室”“茶文化研究院”“茶科学技术研究院”“农民田间学校”，推行“联盟＋支部＋人才＋产业”的党建服务模式，实现专家与茶农面对面、技术与田间零距离、党建与产业共推进，不仅做大做强了安吉白茶产业，还大幅度带动了全县农民增加收入。经过20多年的努力，安吉白茶成为享誉全国的“金名片”。2017年底，黄杜村白茶经营户达到325户，经营茶园达到4.8万亩，拥有省级以上驰名商标6个，年产值达到4亿余元。黄杜村集体经济收入达到333万元，村级集体资产达到2亿元。如今，安吉白茶的标准茶园面积已达17万亩，品牌价值41.6亿元，产值占全县农业总产值的60%。安吉白茶产业使全县农民年人均增收超7400余元，占农民人均收入四分之一，从事白茶生产的农民年均收入在5万元以上。

（二）始终铭记党恩：“为党分忧”的感恩意识传递了一份帮扶情怀

吃水不忘挖井人。这是革命年代人民群众的朴素心声，也是对新时代黄杜村全体党员群众的热情礼赞。从20多年前全县有名的贫困村到如今远近闻名的“中国白茶第一村”，每一个黄杜人都明白，“蝶变”的背后，除了优越的自然条件、个人辛勤的劳动，最核心的还是赶上了好时代、遇上了好政策，必须饮水思源、不忘党恩。

汶川大地震时，全县捐款最多的一个村是黄杜村；修建进村道路时，出资出力最大的是黄杜村党员……坚守创业初心、积极回馈社会，已经成为富裕起来的黄杜村党员群众的新风尚。2018 年初，黄杜村党总支组织开展了“坚定‘两山’路，奋进新时代”的主题活动，大家围绕“我们有今天，靠谁？我们富裕了，该做什么？”进行思想大讨论。就在这次会上，20 名党员一拍即合，决定给习近平总书记写信，汇报村里种植白茶致富的情况，并提出捐赠 1500 万株茶苗帮助贫困地区群众脱贫的打算。2018 年 5 月，习近平总书记收到信件后高度重视，并作出重要指示：“增强饮水思源、不忘党恩的意识，弘扬为党分忧、先富帮后富的精神，对于打赢脱贫攻坚战很有意义。”肯定了当地干部群众主动帮扶贫困地区群众的精神，勉励大家把帮扶困难群众这件事做实做好做出成效，带动更多人为脱贫攻坚贡献力量。全村上下倍感振奋，积极行动。村党总支倡议开展“我为扶贫出把力”活动，党员们纷纷表示，不种活不放手，不脱贫不松劲，要把每一分努力转化为贫困地区群众的满意。很快，1500 万株茶苗培育任务全部被认领。

（三）党群汇聚众力：“以点带面”的扶贫协作铸就了一个共富梦想

黄杜村党员主动帮扶的行动迅速得到了浙江省、市、县的高度重视。2018 年 5 月 19 日，时任浙江省委书记车俊、省委秘书长陈金彪先后作出批示。次日，湖州市委在黄杜村白茶合作社主持召开传达学习会，并提出了茶苗要种得活、种得好、种出成效的要求。随后安吉县启动了相关学习与贯彻落实工作。

黄杜村的善举，吸引了社会各界的关注。2018 年 5 月至 6 月，国务院扶贫办指导司带头，安吉县相关部门、溪龙乡政府、黄杜村党员、中国农业科学院茶叶研究所、浙江省茶叶集团等成立两个考察小组，奔赴四川、云南、湖南、贵州、广西等地，行程数万公里，最终确定了四川省青川县、湖南省古丈县、贵州省沿河县和普安县的贫困村作为受捐地。7 月4 日，黄杜村党总支书记盛阿伟在全国东西部扶贫协作工作推进会上与贫困地区代表签约，确定三省四县的 34 个贫困村作为受捐对象，明确将带动1862户5839名建档立卡贫困人口增收脱贫。中国农业科学院茶叶研究所提供技术服务，浙江省茶叶集团包销，黄杜村与受捐四县以及中国农业科学院茶叶研究所、浙茶集团在国务院扶贫办见证下，共同签订协议，全面推进"一条龙"服务。2018年10月18日，浙江省对口动援办在黄杜村举办国家扶贫日全省现场会暨茶苗首发仪式。2019年经国务院扶贫办、省对口支援办要求，在贵州省雷山县继续捐赠"白叶一号"扶贫茶苗300万株，种植面积1000亩，带动贫困户202户建档立卡人口822人增收。

按照"包种、包活、包销"原则，以黄杜村党员和农民专家为主的"一片叶子"技术指导志愿服务队，累计派出61批411人次，并建立常驻技术指导员队伍，对茶苗选育、移栽、养护和茶叶采摘、加工、销售等环节进行全流程全方位服务指导。此外，在安吉县的积极指导下，受捐地区还探索建立了绿色产业经营模式。如，沿河县中寨"白叶一号"项目基地建立了"村级组织＋公司＋合作社＋农户"的利益联结机制，古丈县翁草村大力推进茶旅融合发展等，取得了明显成效。截至2020年底，安吉县累计捐赠茶苗2210万株，种植6217亩(青川县1500亩、普安县2000亩、沿河县1217亩、古丈县500亩、雷山县1000亩)。

三、"红色年轮见初心"

机关的党的建设，在党和国家工作全局中具有极为重要的地位和作用。加强和改进机关中党的建设，关系党的执政地位的巩固，关系党和国家的前途命运，是保持和发展党的先进性、提高党的执政能力的必然要求，也是巩固党的执政地位和完成党的执政使命的必然要求。近年来，湖州市抓住为每名党员过政治生日这一载体，创新党员教育方式，让党内政治生活的形式丰富起来，形成了"5＋X"政治生日主题党日的生动实践。市直机关工委提炼出政治生日的机关党建品牌——"红色年轮见初心"，受到了上级领导的肯定、基层党组织的欢迎和广大党员的认可。

（一）精心谋划设计

按照全面从严治党和党内政治生活“四性”要求，坚持问题和需求导向，通过召开专题座谈会、与党员面对面、发放调查问卷等方式，瞄准问题找方法、回应需求创载体，探索创新了集体政治生日“5＋X”模式（一份祝贺、一次谈心、一次重温、一个感悟、一线服务），明确内容、方式、时间和要求。内容上，突出政治性，紧跟形势、紧贴为民服务、助推发展，机关工委确定“春夏秋冬”每季主题。各支部每月结合主题党日自定主题，统分结合、灵活安排。方式上，注重多样性，可以分组过与集中过、座谈过与现场过、线上过与线下过、室内过与一线过、单独过与联合过、个体过与结对过。对象上，体现差异性，明确每名党员“政治生日”一般由所在支部组织过。为突出“关键少数”，通过送书送贺卡、发信息寄语、专门设计政治生日微动漫等形式供基层党支部发给党员，努力做到一人过生日、全员受教育。

（二）注重以上率下

党员领导干部以党员身份过政治生日成为参加支部组织生活的常态，真正做到了立标杆做示范。2019 年“七一”前夕，湖州市举行“不忘初心、从‘新’出发”集体政治生日暨主题党日大型活动，为副处级以上党员领导干部和普通机关党员过了集体政治生日。特别是通过观摩市委书记等领导参加政治生日视频、聆听“最美老党员”和“最美老支书”的入党故事、党组织和党员风采展示、重温入党誓词，用身边的事教育身边的人，打造可看、可学、可推广的湖州样板。

（三）牢记为民服务

坚持以知促行，把以人民为中心作为政治生日核心内容，始终与助推发展、密切党群关系和加强党性历练紧密结合，唤醒和坚定为人民服务的入党初心，做好“政治生日＋一线服务”深度融合文章，从触动内心“感动学”转化为服务人民“扎实做”。例如，党的十九大召开之际，市国资委退休党员陈良向党组织上交了12602元的特殊党费，作为政治生日纪念，体现了爱党、爱民本色。

（四）厚植人文情愫

用心、用情给过政治生日的党员送上礼物。如个性祝贺、促膝谈心、真情寄语、新老帮带、微心愿等，特别是通过组织青年党员与有故事的、有成就的、平凡的党员一起过政治生日，解困惑，接地气，促成长。通过寻找入党、工作和生活中的最美故事，从细微处着手，把“有意义”的事情做得“有意思”，让党员在接受教育的同时倍感温暖、乐在其中。例如为满足96岁老党员王培秋再见入党引路人的心愿，千方百计地为她找到了65年没见面的98岁的杨展大同志，并制成视频寄语，作为王培秋入党74周年的政治生日礼物送给她。

（五）把牢常做常新

因时而进、因事而新，不断完善长效机制建设。印制“党员领导干部参加所在支部组织生活”提示卡，对领导干部参加双重组织生活提出7条规范要求。探索推行党员身份证制度，采集党员信息入库，制发党员身份证两万多张，强化党员身份意识。通过“大走访、大督查”等举措，督促支部结合“三会一课”、主题党日开展活动，强化集体政治生日制度刚性。确保“三级联述联评联考”、先锋指数考评、“党性体检、民主评议”常态化。公开征集标志，使“红色年轮见初心”党建品牌成为全体党员“不忘初心、牢记使命”的共同价值追求和砥砺前进的不竭动力。

第四节 勇于自我革命，确保红色引领行稳致远

作为百年大党，如何永葆青春活力，如何实现长期执政、永远得到人民拥护和支持，是我们党必须回答好、解决好的一个根本性问题。

在全面从严治党新常态下，保持党的先进性和纯洁性，关键在建设一支党性坚定、素质优良的党员队伍。党员是党组织的细胞，党的自我革命归根结底要在每个党员的党性修养上得以体现。自我革命的转化，其核心在于不断升华党性修养。党员能否发挥先锋模范作用？自我党性认知程度如何？群众如何评价？发现了问题如何改进？湖州的党性体检，作为以“君子检身、常若有过”的态度检视党员党性修养的一种有益创新，从南浔一区到湖州一市，从湖州一市到浙江一省，再从浙江一省到全国，党性体检这一局部创新成为“两学一做”学习教育常态化制度化的常规举措。

一、民主评议，“党性体检”

正如人的健康状况会出问题一样，党员的党性也可能会出现问题，需要通过“体检”来“查找问题、对症下药”。“党性体检”源于党的群众路线教育实践活动期间。在 2013 年南浔区先行试点的基础上，湖州在全市党员中开展“党性体检”。2017 年 3 月，中共中央办公厅印发的《关于推进“两学一做”学习教育常态化制度化的意见》中，明确要求“党员要对照党章党规，对照系列讲话，对照先进典型，把自己摆进去，经常自省修身，打扫思想灰尘、进行‘党性体检’，有什么问题解决什么问题，什么问题突出重点解决什么问题”。“党性体检、民主评议”参加对象为农村、社区、“两新”组织、机关及企业事业单位党员。一般于每年底，结合基层党组织召开组织生活会，开展民主评议工作。

（一）立足党员思想实际，设置指标体系

坚持定量与定性、正向与反向相结合，依据党章、适应形势、结合实际，建立“党性体检”指标体系，使党性要求具体化，便于广大党员对照检查。

首先，设置 10 项正向指标。其中：共性指标 7 项，分别为理想信念、政治纪律、组织纪律、宗旨意识、弘扬正气、模范带头、履行义务；个

性指标 3 项，根据村、社区、“两新”组织、机关及企事业单位等类别分别设置，农村党员主要是支持中心工作、带头创业致富、主动服务群众；社区党员主要是支持社区建设、参与志愿服务、邻里关系融洽；“两新”组织党员主要是团结服务职工、带头岗位争先、履行社会责任；机关及企事业单位党员主要是带头敬业奉献、带头争创佳绩、带头服务群众。共性指标和个性指标每项 10 分，总分 100 分。

其次，设置 10 项反向指标。主要内容为：理想信念动摇，传播、散布虚假消息甚至反动言论，在群众中造成不良影响；无正当理由，不参加党的组织生活或不交纳党费或不做党组织分配的工作；不支持甚至阻挠“五水共治”“三改一拆”等中心工作；在遇到急难险重任务时，袖手旁观或临阵脱逃；思想作风不正派，闹不团结，搞非组织活动；面对群众困难漠不关心，群众负面评价或投诉较多；越级信访、无理重复信访，甚至煽动、组织、参与群体性信访；无视组织纪律、工作纪律或违反国家法律法规；从事封建迷信活动；不孝顺赡养老人、不抚养未成年子女。反向指标作为“红线”，在评议时只列具体情况，不计算分值。

（二）立足避免流于形式，做好充分准备

把功夫下到会前，做实做深各项准备工作，为做好“党性体检、民主评议”工作打牢基础。

一是深化学习教育，提高思想认识。组织党员进一步学习党章，学习中央关于开展教育实践活动的有关要求，学习习近平总书记关于教育实践活动一系列的重要指示精神，深化“坚定理想信念、敢于担当克难”主题教育，扎实开展“向身边的先进典型学习”活动，教育引导党员深学、细照、笃行。特别是针对部分党员认为“四风”问题是领导干部的事，与己无关、不以为意等模糊认识，深入细致地做好思想政治工作，引导党员搞清楚党员的条件和标准，搞清楚召开专题组织生活会和“党性体检、民主评议”的目的和方法，正确对待自身存在的不足和问题，切实增强思想自觉和行动自觉。

二是通过谈心交心，沟通交流思想。通过个别谈话、集体座谈、上门走访等多种方式，进一步征求党员群众意见，有组织地开展谈心交心活动。党支部班子普遍开展谈心交心，党支部书记与支部委员、与每名党员都要谈心，支部委员要相互谈心，党员彼此之间也要谈心。对存在问题又缺乏认识的党员要反复谈，帮助其提高认识、正视问题，改进提高。对外出流动党员可通过电话、网络等方式，了解其思想和工作情况。对困难党员、年老体弱党员要上门谈心，主动关怀、听取意见。对青年党员要主动约谈，交流思想，帮助其提高服务群众的意识和能力。上级党组织对存在突出问题的党支部班子成员，要有针对性地谈话提醒。谈心交心要互相说心里话，既主动说自己身上的毛病，又直接点出对方的不足。谈心交心不限次数、不限时间，以谈出效果、谈通思想为准。

三是撰写简要对照检查材料，列出问题清单。党支部要认真汇总梳理征求到的意见和建议，召开会议集体把脉会诊，逐项讨论分析，找准突出问题，明确整改重点，提出具体措施。村、社区等基层党组织和党员要围绕党性意识强不强、服务群众好不好、为民办事公不公、自我要求严不严，深入查摆具体问题。执法监管部门和窗口单位、服务行业的基层党组织和党员要针对群众反映强烈的“门难进、脸难看、事难办”等突出问题，逐一对照检查。其他基层党组织要结合岗位特点和履职情况，“查”“摆”突出问题，开展对照检查。市、县（市、区）机关及其直属单位、企事业单位内设机构党员负责同志，乡镇（街道）机关及站所和学校、医院等党员负责同志，要撰写简要对照检查材料。村、社区党组织及其书记一般应形成简要对照检查材料，条目式列出问题清单和整改措施，并向群众公示。其他基层党组织及其班子成员是否撰写对照检查材料，由各地结合实际，区别情况提出要求。对照检查材料要检查剖析存在的问题，深挖产生问题的思想根源，有针对性地提出具体改进措施，不强求统一格式，不以字数多少定优劣。

（三）立足严格党内生活，规范“体检”流程

按照既严肃认真又简便易行原则，采取“自己查、群众查、互相查、组织查”4个步骤进行党性体检。自己查由党员个人对照党性体检指标体系开展自查，实事求是作出自我评价，条目式列出存在问题，填写自评表。群众查突出开门评议、群众参与，广泛吸收群众代表参加对党员的民主评议。村、社区主要邀请村（居）民代表等参加；窗口单位、服务行业主要邀请工作对象、服务对象等参加；机关及企事业单位主要邀请本单位非党员的干部职工、下属单位的党员干部、系统内单位的党员干部等参加。每个支部参加群众评议的人数一般不少于10人。在此次党性体检中，全市有6万多名群众参加了评议。互相查在专题组织生活会前开展。党支部书记与每名党员、党员彼此之间都开展谈心谈话，互相点出问题，指明努力方向；在专题组织生活会上，按照“人人说我、我说人人”要求，党支部书记带头，党员逐一开展批评和自我批评，在此基础上填写评议表。组织查是在专题组织生活会后，召开支部委员会议，对每名党员进行评议，对有反向指标情形的必须认真核实。

（四）立足对照基本标准，形成客观结论

注重向民主评议党员后端延伸，加强党性体检结果运用，把党性体检与加强党员党性教育、处置不合格党员结合起来，推动党员抓好整改落实、晋位提升。

一是结果认定。民主评议结束后，按照个人自评10%、群众评议25%、党员互评25%、组织评价40%的权重，由党支部汇总党性体检总分。80分以上且没有反向指标情形的，为“党性健康”；60～80分或存在1项反向指标情形的，为“党性亚健康”；60分以下或存在2项及以上反向指标情形的，为“党性不健康”。三者分别对应民主评议党员结果的“好”“一般”“差”。体检结果严格依据评议情况，杜绝定指标、卡比例现象。

二是结果分析。党支部根据党员“党性体检”结果，结合其日常表现情况，对党员党性情况作出分析评价，向每名党员开出“党性体检报告单”，告知民主评议情况和党性健康等次，有针对性地开出“处方”，点出存在问题和不足，提出下一步整改目标和建议。

三是结果运用。“党性健康”的党员应作为评先评优的优先推荐对象；对“党性亚健康”“党性不健康”的党员，坚持教育转化、“治病救人”原则，先亮黄牌，再出红牌，纳为整转对象，加强分类帮扶。

（五）立足高标准严要求，加强组织指导

市委要求各级党委把开展“党性体检”作为严格党内组织生活、加强党员教育管理的重要抓手，切实加强领导，强化责任落实，要把“党性体检”作为各级党组织书记履行基层党建工作责任制的重要内容抓实抓好，确保各项工作落到实处。基层党组织要按照“立足实际、简便易行、务求实效”的原则，结合党员“先锋指数”考评等工作，精心组织好“党性体检”和整改“帮扶”工作，每年底将工作情况向上级党组织进行报告。明确党委（党组）书记第一责任人职责，基层党组织书记直接责任人职责。同时，明确上级党委（党组）审核把关责任，基层党组织党性体检实施方案、基层党组织书记简要对照检查材料、评议中提出的党员个人反向指标情形、党性体检结果、党组织向每名党员开出的“党性体检报告单”，都要由党委（党组）审核把关，确保党性体检不失准、不偏向，达到帮助党员坚定理想信念、增强党性观念、强化争先意识的目的。

（六）立足基层组织实际，召开专题会议

机关、企事业单位专题组织生活会一般在本单位领导班子专题民主生活会后召开；村、社区、“两新”组织和其他基层组织的专题组织生活会一般在乡镇（街道）专题民主生活会后召开。

一是召开支委会，开展批评和自我批评。设支委会的党支部要召开支委会，党支部班子每名成员都要按照“人人说我、我说人人”的要

求，逐一严肃认真地开展批评和自我批评。自我批评要直奔问题，对群众反映强烈的不正之风问题，对上级点明的问题，逐一作出回应。相互批评要抹开面子、坦诚相见，直截了当地指出问题和不足，真心实意地提出改进意见。党支部书记要树标杆、当示范，带头“查”“摆”自己的问题，带头对支部委员提出批评，虚心接受他人提出的批评意见。开展批评和自我批评都要坚持用事实说话，点到具体人、具体事，有什么问题就说什么问题，有多少问题就说多少问题，真正达到既红脸出汗、触动思想，又增进团结、促进工作的效果。

二是召开党员大会，开展“党性体检、民主评议”。党员大会和“党性体检、民主评议”工作以党支部为单位组织。党员人数较多的党支部，“党性体检、民主评议”工作也可分党小组进行。党员领导干部以党员身份参加所在党支部的专题组织生活会，已参加领导班子专题民主生活会的党员领导干部可不参加民主测评。

（七）立足全面提升党性，深化后续整转

党支部认真研究分析“查”“摆”出的问题和党员群众提出的意见，厘清哪些是支部要改的问题、哪些是单位要改的问题、哪些是个人要改的问题，做到所有需要整改的事项目标明确、措施明确、责任明确、时限明确，并进行公示，接受群众监督。注重党性体检结果的运用，切实抓好党性“亚健康”“不健康”党员的整转提升，全面实行党性提升“六法”。

一是警示提醒。对党性“亚健康”的党员，由基层党支部书记进行告诫谈话，指出问题；对党性“不健康”的党员，由上级党组织相关负责人进行警示谈话，责令限期改正。

二是承诺整改。党性“亚健康”和“不健康”的党员针对自身存在的问题，制订整改计划，明确整改内容、措施和期限。整改期一般为半年。要求其主动认领中心工作、志愿服务岗位，就整改事项和认领岗位与所在支部签订承诺书，并以适当形式进行公示，接受群众监督。

三是结对“帮带”。基层党组织确定政治素质好、表率作用强的党员，通过“一对一”“多对一”等方式，与党性“亚健康”“不健康”的党员结成帮教对子，通过思想上引、行动上带、生活上关心，帮助其整转提升。南浔区组织优秀党员参加“党性提升团”，“帮带”“党性亚健康”和“党性不健康”党员。

四是教育培训。依托各级党校，组织党性“亚健康”和“不健康”的党员集中学习，加强教育引导。探索以乡镇（街道）为单位建立临时“党员教育支部”，将所辖范围内党性“不健康”党员的组织关系统一转入，集中开展教育、组织活动和考察评定。

五是复查评价。加强对党性“亚健康”和“不健康”党员的动态监测，定期开展谈心交流，听取其思想汇报，跟踪其表现情况。整改期限结束后，通过党员本人提交申请、支部大会组织复评、基层党组织综合评定，确定复查结果。

六是组织处理。根据复查情况，批准整改到位的党员晋升为“健康”；拒不整改或整改不到位的党性“亚健康”“不健康”的党员，纳入不合格党员的认定和处置程序，予以相应组织处理。南浔经济开发区坞仁村党员沈某某，是一名旅游公司的带团导游。因为工作关系，其经常外出带团，有时一连几个星期都在外面跑，导致缺席了近5个月的该村的“红色星期六”主题党日活动、会议等，在村里的党组织党性体检中被评为“亚健康”。在党员互评一项中，村里党员都对她打了低分。在2020年底参加党员大会时，村里的部分老党员对其进行教育，会后村书记还对她进行了单独谈话。她认识到事情的严重性，回想起大学入党的不易和入党宣誓时的场景，对自己的行为进行了深刻反省。村里对她确定了半年整改的期限，首先让她在党员大会上表态，深刻查找自己的错误，明确自己的整改方向，并由支部书记与其结对，要求其认真学习党章党规，下载学习强国App，每日打卡学习，并每月向组织汇报思想工作。同时，要求她积极利用休息时间参加村里拆迁、环境提升等中心工作，由老党员带领她走村入户开展工作，让党员和群众看见她的整改态度、工作实绩。

二、探索“党员身份证”制度

适应新形势下加强党员队伍建设面临的新情况、新任务、新要求，积极探索推行“党建信息化”。

（一）系统研发与操作设置

将所有党员的个人基本信息通过专门研发的党员身份证软件系统和信息采集器，直接复制居民身份证上的对应信息（包括公民身份号码），从而便捷、高效地进行采集。待所有党员信息全部采集进入数据库后，就可以在信息采集器上使用居民身份证来刷卡识别党员身份。采集党员身份证信息后，党员向党组织报到登记，进行首次刷卡，才能确认注册和实现“激活”开通，并保持之后 6 个月有效。依据党章关于连续 6 个月不参加组织活动视作自动脱党的规定。只要在 6 个月内连续参加活动，不论是在组织关系隶属地（流出地），还是组织关系非隶属地（流入地），每次刷卡都会有效；一旦出现连续两次刷卡的间隔超出 6 个月的情况，党员身份就会被自动锁定，不再显示有效。在最高管理后台，可以区别不同性质活动的重要程度，预先设置党员参加各类活动的刷卡权限：在组织关系隶属地，首次刷卡“激活”开通身份证的，立即取得 6 个月内本地参加所有各类组织活动时使用身份证刷卡的权限；在组织关系非隶属地，除“一般性活动”之外，表决、选举等“重要性活动”，则必须在 6 个月后才能使用身份证进行刷卡。对于外出流动党员，如果在组织关系隶属地或流出地，使用身份证刷卡参加活动的记录连续 12 个月空白的，也会自动限制回来参加“重要性活动”时刷卡的权限，只允许参加“一般性活动”时进行刷卡。在最高管理后台，也可以区分党员在各方党组织参加活动的频率次数，预先设置各方党组织输录和修正党员考评等次的权限。比如年度民主评议时，只有在本地使用身份证有效刷卡的连续记录达到 6 个月以上、活动次数占到全年活动半数以上的一方党组织(不论是否为组织关系隶属地),才有权进行最终确认党员评议等次的输录。

(二)制度功能

一是持证刷卡进行报到登记,确认党员身份。基层领域各类单位性质的党组织,只要是党员的组织关系隶属所在地,或者是组织关系非隶属的实际工作就业、生产学习、生活居住所在地,都可以持身份证刷卡,向党组织报到登记,确认自己的党员身份。党员交纳党费、参加组织生活、开展志愿服务等信息,均可在党员身份证系统上录入和反映。

二是持证刷卡参加组织生活,行使同等权利。基层领域各类单位性质的党组织,只要是党员的组织关系隶属地,或者是实际工作就业、生产学习、生活居住所在的组织关系非隶属地,都可以凭身份证刷卡,就近就便在一方党组织参加日常性组织生活。流动党员外出地点或单位相对固定、外出时间 6 个月以上,应该转接组织关系而实际没有转接的,淡化、简略在流出地、流入地基层党组织之间转接组织关系的程序、手续,可以凭身份证刷卡,进一步在流入地行使发展党员表决、选举投票等权利。

三是持证刷卡开展党员活动,实现全程考评。每个党员参加组织生活和党员活动的所有信息,在相关各方党组织之间联网通用,实现组织上跨地区、跨领域、全方位、全天候跟踪掌握党员的日常表现情况,为党员闪光言行、先锋指数考评和年度民主评议,提供全程纪实的充分依据。

(三)平台设计

针对党员教育管理形式单一、吸引力不强等问题,借助“互联网+”,强化党员身份证的服务功能。

一是建立“互联网+”数据展示平台。建立与党员身份证管理平台相关联的云平台,开设党员登录及管理员登录、党建地图、党员活动、志愿服务、红色视频、网络e支部、党建联盟等展示板块，同步建设系统概况、案例集锦、专家点评、宣传报道、图文介绍等项目，与中国共产党新闻网、全国党建云平台连接，为外界了解党员身份创设窗口，为党员个人登录查询、管理员操作提供便捷。

二是建立“互联网＋”在线学习平台。开辟“学习教育专栏”，不定期推送红色教育视频，将时代先锋网的教育资源、长兴先锋企业号与党员身份证管理平台有效连接，以党员身份证信息作为唯一的交互参数。党员既可持身份证刷卡参加远程教育学习，也可随时凭身份证号码登录时代先锋网、长兴先锋企业号自学。学习时长同步上传，作为党员经常性教育的记录。这一方式拓展了党员学习模式，解决了工学矛盾。

三是建立“互联网＋”互动交流平台。参照微信、QQ等聊天工具，设置互动交流模块。管理员可以根据不同对象，创建不同的交流群，为党员与管理员、上下级管理员之间搭建互动交流平台。有了这个模块，网络e支部管理流动党员更便捷了。流动党员可以直接线上签到、视频互动，活动信息实时上传、全程留痕，突破了时空界限，提升了活动效能。

（四）效果成效

摸清了党员底数，分类管理精准科学。采用党员身份证进行报到登记，使党组织对党员队伍数量的统计和每个党员状况的掌握，直接具体到有名有姓，精确到时间地点，有效剔除了“口袋党员”“档案党员”等各类事实脱党、空有挂名的失联党员，同时筛清了各类在行为能力上已经难以发挥实质性作用，主要在思想上保持先进性、纯洁性的老弱党员，真正摸清了党员队伍的实际底数，进一步区别不同党员个体差异，提高了加强分类管理的针对性和有效性。2017年，长兴针对进行年度报到登记的31180名党员组织开展了创先争优承诺和设岗定责管理，累计认领服务岗位47920个。将252名拥有党员身份证却没有来报到登记的党员纳入“红色预警”名单，继续由基层党组织确定专人加强与其本人或家人联系、提醒督促；逾期6个月仍未报到登记的，在2017年“七一”前后结合年度民主评议按不合格党员等级进行了处置。与此同时，对1422名允许可以不来报到登记的老弱党员，由党组织安排年轻党员或入党积极分子落实结对联系等组织关爱帮扶措施。例如，2020年3月，煤山镇新川村党支部委员胡勤凤核对信息时发现村里的老党员张荣彬没有来报到。张荣彬是老书记，平时党性觉悟高，即使年老多病，行动不便，历次开会都让人专门开车将他送到会议现场。“老人迟迟没有出现，电话也打不通，我们觉得很奇怪。”当天，村党支部派人找到他家里，才得知老人已经住到了敬老院。4月，胡勤凤和几名党员代表一起到敬老院看望老人。张荣彬虽然已经说不清话，但是连连笑着冲她们摆手表示感谢。“老书记就是村里的宝，要让他感受到党组织的温暖。”胡勤凤说。村里已经为老人落实好专门“一对一”的党员志愿者，定期探望老人，陪老人聊聊天。

保障权利行使，规范组织生活。2017年，长兴县256个单建非公企业党组织、272个村居社区党组织，累计召开支部党员大会、党小组会3075次，上党课1527次，共有95013人次党员持证刷卡参加(其中有21000余人次党员持证在组织关系非隶属的实际工作就业、生活居住地党组织参加组织生活)。采用党员身份证参加“三会一课”，方便外出流动党员参加组织生活，不仅打破了党员组织关系隶属的界限，而且延伸拓展了党员行使权利的范围。例如，超威集团技术部副部长马洪涛是哈尔滨人，大学毕业后，曾经辗转南京、广州、泰州、长兴多地工作，“转来转去麻烦，各地又有不同的要求，办理党组织关系转移程序太烦琐”。转过两次后，马洪涛索性将党组织关系放在了老家。有一次，某位同事预备转为正式党员。因为马洪涛组织关系不在企业里，即使他特别了解这个同事，也没办法列席会议。另一位办公室里的同事是本地人，党组织关系在企业，受到邀请去参加了会议。“同样是正式党员，为何我的党员身份不被承认，别说党内生活没有发言权，就连评先推优也没有资格。”马洪涛有点感慨。2013 年下半年，长兴县在超威集团开展试点首批发放 110 张党员身份证，马洪涛成为拥有证件的人员之一，被编入集团第五党支部，在当年 9 月就第一次正式参加党委组织的参观侵华日军南京大屠杀遇难同胞纪念馆的活动。不仅如此，当年底，党支部通知马洪涛，因为表现突出、业绩优异，他被推选为集团优秀党员，街道党委表彰其为“技术先锋”。马洪涛感叹说：“这张身份证，让我真正拥有了党员身份，享有了党员权利！”夹浦镇丁新村原党总支书记臧小强则对此有着另一番感受。他介绍说，党员身份证有个锁定功能，即连续 6 个月没有刷卡记录就会自动锁定、无法使用，不单单是党员自己连续 6 个月不参加活动会被锁定，而且村党支部如果长时间不组织开展活动，党员身份证也会因无法刷卡被动锁定，这样就倒逼党支部从严规范落实“三会一课”制度。“以前是我们提醒党员不要忘记来参加，现在倒过来，不时有党员催促问我好不好搞活动了。”臧小强说。党员身份证推行以来，带来一个显而易见的变化，就是“三会一课”更加严肃规范了，党员到会率也大幅提升了。许多村居社区的党组织书记反映，农村社区里的党员不像在单位里，以前参加组织生活比较随意，请假借口多，多来一次或少来一次，迟到或早退，一些党员觉得没什么大不了，现在有了党员身份证就产生了约束，而且实行签到、签退两次刷卡，进一步从严强化了组织生活纪律性，有效减少了随意请假、迟到早退的现象。

促进党员发挥作用，合理考核评议。每个党员平时持证参加党组织活动的所有刷卡信息，在相关各方党组织之间联网共享，实现组织上跨乡镇、跨领域、全方位、全天候跟踪掌握党员的日常表现情况。截至 2018 年 9 月，超威集团总部属地浙江长兴，累计为 501 名党员制发了党员身份证。组织关系直接隶属集团总部党委的只有 77 名，多达 239 名党员组织关系隶属山东、江苏、河南、河北、安徽等分公司，还有 185 名党员组织关系隶属长兴县内其他乡镇农村。这些组织关系不在浙江长兴或超威集团的党员，因业务往来或工作需要，都可以持证在超威集团总部或各地分公司之间，就近就便参加党员活动。超威集团总部组织干事王娟介绍说，以往每年底都要为集团的党员出具表现证明，将其一年内的情况以函件形式反馈通报给其组织关系隶属地支部，费时耗力。如今，不论组织关系是在外省的分公司党支部，还是在县内的农村党支部，只要在身份证管理平台输入党员的名字，每个党员在企业参加的历次活动一览无余，而且交纳党费和每个季度评定的星级等次也可以查询到，既方便又提高了工作效率。

展　望

2003年，时任浙江省委书记的习近平同志作出了“发挥八个方面的优势”“推进八个方面的举措”的决策部署。在“八八战略”的指引下，浙江大地发生了翻天覆地的变化，湖州各项事业也取得了令人瞩目的成就。湖州坚持一张蓝图绘到底、一任接着一任干，持续深化“八八战略”在湖州的生动实践，使之在新时代绽放更加耀眼的光芒。

一、照着“绿水青山就是金山银山”这条路走下去

湖州是习近平总书记“绿水青山就是金山银山”理念的诞生地，肩负着争当践行“绿水青山就是金山银山”理念的样板地、模范生的重大历史使命。湖州将坚定不移照着“绿水青山就是金山银山”这条路子走下去，奋力率先走向社会主义生态文明新时代。

（一）高水平推进生态文明建设

绿色是湖州最亮丽的发展底色。守护好一方绿水青山，是湖州各级政府、职能部门一直共同努力的方向。10多年来，湖州坚持以“绿水青山就是金山银山”理念为指引，统筹推进生态文明建设。全市环境质量稳中趋好，“生态省”建设10年考核中，湖州8年获得优秀。与此同时，湖州连续多年夺得省“五水共治”优秀市“大禹鼎”。良好的生态环境已经成为湖州的“金名片”。一是要着力构建生态产业体系；二是要着力构建资源保障体系；三是要着力构建环境支撑体系；四是要着力构建生态文化体系；五是要着力构建科技创新体系。

（二）构建以绿色“智造”为引领的现代产业体系

绿色“智造”是现代经济的鲜明特征，是绿色发展的集中体现。湖州加快打造绿色“智造”城市，是推进新时代湖州高质量赶超发展的战略之举、当务之急、根本之策。湖州正面临战略融入的重大机遇，拥有“绿水青山就是金山银山”转化的实践经验，有着国家试点的强力支撑。打造绿色“智造”城市，湖州有基础有条件有优势，理应乘势而上、主动作为，大胆探索、务实创新，努力率先建成绿色“智造”名城。一是要打造产业绿色“智造”集群高地；二是要加快新兴产业培育和传统产业改造；三是要加快绿色标准体系建设；四是要撬动产业质量效益提升；五是要坚持发展数字经济。

（三）打造高水平创新型城市

创新是引领发展的第一动力，是一座城市的核心竞争力。湖州应努力打造高水平创新型城市，以建设国家可持续发展议程示范区为契机，主动融入浙江省三大科创高地建设，协同打造创新链、产业链、生态链，建设高素质人才队伍，构建一流的全域创新体系。一是要完善机制营造创新创业氛围；二是要强化主体加快创新企业培育；三是要完善区域创新体系激发科技创新活力；四是要促进高新产业结构优化升级；五是要构建主体培育体系。

（四）打造市域治理现代化示范区

党的十九届四中全会将“坚持和完善中国特色社会主义制度、推进国家治理体系和治理能力现代化”上升到新的战略高度，明确要求“必须加强和创新社会治理，完善党委领导、政府负责、民主协商、社会协同、公众参与、法治保障、科技支撑的社会治理体系，建设人人有责、人人尽责、人人享有的社会治理共同体，确保人民安居乐业、社会安定有序，建设更高水平的平安中国”。湖州肩负着争当市域治理现代化先行地、排头兵的重大使命，应模范践行中国特色社会主义制度，努力开创市域治理现代化新局面。一是要坚持以政治建设为统领，落实和健全党的领导制度体系；二是要坚持以创建法治政府、建设示范市为抓手，健全现代法治体系；三是要坚持以高质量发展为导向，健全现代化经济体系；四是要坚持以“最多跑一地”为牵引，健全社会治理体系；五是要坚持以“三治融合”为特色，健全基层治理体系。

（五）高质量建设法治湖州和清廉湖州

建设清廉浙江，是省委深入贯彻习近平新时代中国特色社会主义思想和党的二十大精神，推进“八八战略”再深化、改革开放再出发的重大举措，充分体现了省委推动全面从严治党向纵深发展的政治担当和坚定决心。湖州市要坚决落实浙江省委决策部署，强化政治自觉、思想自觉和行动自觉，高质量建设清廉湖州，奋力打造清廉浙江建设示范区，为当好践行“绿水青山就是金山银山”理念的样板地、模范生提供坚强政治保证。一是要聚焦政治建设，持续优化政治生态；二是要深化改革创新，确保权力规范运行；三是要保持高压态势，坚定不移正风反腐；四是要注重文化引领，大力倡导清廉文化；五是要加快高质量建设法治湖州。

二、“再接再厉、顺势而为、乘胜前进”

（一）再接再厉，开启全面建设社会主义新征程

“十四五”时期是再接再厉，开启全面建设社会主义现代化国家新征程、向第二个百年奋斗目标进军的第一个五年，是我国社会主义现代化建设承前启后、继往开来的新的历史时期。

湖州将高举习近平新时代中国特色社会主义思想伟大旗帜，以党的二十大和二十届二中全会精神为指导，“再接再厉、顺势而为、乘胜前进”。在加快构建国内国际双循环格局大背景下，湖州市正处于实现新的图强发展的战略机遇期、关键突破期和跨越发展期，需要深刻认清形势，增强“窗口意识”、机遇意识、创造意识、前列意识和风险意识，全面把握两个大局，努力在危机中育新机、于变局中开新局，创新

实干，全面开启高水平全面建设社会主义现代化新征程。

在“十四五”时期，吴兴区表示要以更高的起点开启“十四五”发展的新蓝图新征程，努力创成国家级“绿水青山就是金山银山”理念实践创新基地、长三角科创高地、省级制造业高质量发展示范区、长三角产业链创新链融合示范区、高质量城乡融合发展先行区和人民幸福美好家园。南浔区坚持立足新发展阶段、贯彻新发展理念、构建新发展格局、推动高质量发展，坚持以民为本、实事求是、创新实干，坚定不移接轨大上海、唱响“双城记”、走好共富路，高质量打造美丽繁华新江南，高水平建设美好生活新家园。安吉县表示将更高质量建设新时代浙江（安吉）县域践行“绿水青山就是金山银山”理念综合改革创新试验区，更高水平建设全国文明城市，更高品质建设中国最美县域。德清将全面开启高水平建设社会主义现代化新征程，以数字赋能为牵引，加快构建以“五治融合”为格局的县域善治体系。长兴县将坚持稳中求进工作总基调，立足新发展阶段，贯彻新发展理念，构建新发展格局，着力推动更高质量发展、创造更高品质生活，为争创长三角社会主义现代化先行县奠定扎实基础。

在“非常之变局”的加速演进期、“内外双循环”的格局重塑期、“高质量赶超”的优势叠加期，湖州生态、区位、交通、商务成本等叠加优势更加凸显，必将迎来一个新旧动能转换的加速期、产业整体跃迁的变革期和高质量赶超发展的黄金期，创新实干的湖州必将全面开启高水平全面建设社会主义现代化新征程。为实现“十四五”规划和2035年远景目标，湖州必须坚持党的全面领导，充分发挥党总揽全局、协调各方的领导核心作用，凝聚起高水平现代化和“重要窗口”示范样本建设的强大合力。

（二）顺势而为，争创社会主义现代化先行市

多年来，湖州坚持创新驱动发展，全面塑造创新发展新优势，争当模范生，打造先行地。在“十四五”期间，湖州已经做好充分准备，创新

实干，顺势而为，为全面展示中国特色社会主义制度优越性，走向共同富裕作出应有的贡献。

浙江忠实践行"八八战略"。从"重要窗口"到实施共同富裕，湖州贡献不可磨灭。湖州发展的最大优势是发展的可持续性；特点是城乡协调发展优势和绿色生态优势。湖州通过多年创新实干，充分展现其最本质的特色。这些也自然成为湖州市"再接再厉、顺势而为、乘胜前进"的坚实基础。

一是加快推进城乡一体化发展。湖州经济虽然经济总量不是最高的，增长速度也不是最快的，但其发展的协调性和均衡性是全省乃至全国最好的。注重经济增长质量，注重协调和均衡，是湖州按照总书记的指示，坚持并取得成绩的一个方面。正是因为一直关注城乡一体化，湖州是居民幸福感最强的城市。2021 年 5 月 21 日，湖州市委常委会召开会议，再次强调要以更高的标准、更实的举措推动共同富裕和数字化改革，奋力打造共同富裕示范区的先行市，努力争当数字化改革的开路先锋和领跑者。湖州正在以村庄整治和乡村振兴为切入点，把城市的基础设施向农村延伸，把城市公共服务向农村覆盖，把城市的文明向农村辐射，进一步推进城乡一体化发展，全面推进共同富裕。

二是进一步发挥湖州绿色优势。多年来，湖州按照习近平同志当年的战略部署，大力发展高效生态农业，并逐渐建成现代生态农业示范窗口。在"十四五"时期，湖州市委市政府将带领全市人民，奋力打造践行"绿水青山就是金山银山"理念示范区，奋勇争当社会主义现代化先行省的排头兵，进一步把生态优先、绿色发展的理念、导向和模式贯穿到经济社会发展全过程，加快生态经济化和经济生态化，推动人与自然和谐共生，推动绿水青山向"金山银山"高质量转化，源源不断地将生态优势转化为发展优势。特别是，湖州市将进一步强化城市与大学"命运共同体"建设，依托湖州师范学院"绿水青山就是金山银山"理念研究院，研习"绿水青山就是金山银山"理念，谋划绿色发展，服务生态文明，为湖州市生态文明建设与生态经济发展提供有力支撑。在此后的持续发展中，湖州将以更准的定位，创新实现绿色发展，充分发挥湖州生态、区位、成本叠加优势，找准产业定位、做强主导产业，着力打造若干个在长三角乃至全国有较大影响力的特色产业集群，真正实现差异化竞争、特色化取胜，努力在新一轮区域竞争中抢占制高点、争取话语权。

三是进一步发挥湖州区位优势。实践证明，凡是主动接轨上海、融入长三角的时期，总是湖州发展更高速的时期。在未来几年，湖州将进一步借助区位优势，促进优化发展。第一是做强绿色“智造”。以打造全国绿色“智造”名城为目标，培育发展数字经济核心产业、新能源汽车及关键零部件、高端装备、生物医药等战略性新兴产业，加快提升绿色家居、现代纺织等传统优势产业，大力推进产业的数字化、绿色化、高端化、智能化，培育一批在全国乃至全球有影响力的先进制造业集群。第二是做大美丽经济。以全域旅游示范区建设为抓手，推动文旅融合发展，确保休闲旅游业发展始终走在前列，让“长三角人”畅游湖州成为一种习惯。同时加快发展都市型效益农业，使湖州成为长三角高端农产品供应基地。第三是做优产业平台。湖州将着眼于长三角区域合作，会同有关方面谋划建设沪苏浙皖产业合作区、南浔青浦合作园等，加快实现与周边城市的产业合作和承接转移，形成错位发展、配套协同的良好格局。湖州会以更大的力度融入长三角区域一体化进程，加快推动交通互联互通、产业互补互促、平台互动互接、民生互惠互利，努力在上海大都市圈、G60 科创走廊、宁杭生态经济发展带、浙江省大湾区、杭州都市圈中实现更大作为、抢占更多先机。

四是打造信用湖州、法治湖州。湖州是法学家沈家本故里，在打造信用政府和法治社会方面，湖州一直走在全省甚至全国前列，发挥了良好示范效应。湖州市将坚定不移以习近平新时代中国特色社会主义思想，特别是习近平法治思想和习近平总书记关于立法工作的重要指示为根本遵循，坚持科学立法、民主立法、依法立法，坚持“不抵触、有特色、可操作”，依法行使地方立法权，为湖州高质量赶超发展和“重要窗口”示范样本建设提供更加有力的法治保障，为全省乃至全国地方立法工作提供湖州经验和湖州智慧。一个村庄搞得好不好，根子在村支部、村委会；一个村庄有了好的基层组织，这个村子肯定是像模像样的。湖州乡村振兴走在前列，城乡差距最小，一个根本的原因是基层治理能力的有力保障。当年浙江“千村示范万村整治”工程在湖州体现了最好的效果，正是公正法治、工作务实的湖州各级领导干部带领全市人民，按照习近平同志当年的指示脚踏实地干出来的。湖州市三县两区已经涌现了大批民主法治先进村，产生了大量“明星村”和“明星书记”。他们是打造信用政府、法治湖州的最坚强的力量。未来，湖州将进一步强化基层组织能力建设这一伟大工程，全面推动乡村振兴和基层治理现代化。

五是进一步发挥湖州文化优势。湖州一直积极推进文化之邦、丝绸之府建设，充分利用好湖笔、书画等文化载体，进一步发挥湖州文化优势。改革开放 40 多年来，湖州丝绸产业始终坚守品质，挖掘文化底蕴，创新工艺技术，从种桑、养蚕、缫丝、织造、印染整理到服装、家纺产品及蚕丝绸综合利用，湖州市的丝绸产业链不断延伸。如今丝绸纺织业仍是湖州市一大特色优势产业。作为地处湖州市区的一所较有影响力的本科院校，湖州师范学院一直从事蚕桑丝绸文化的研究和传承工作。未来，湖州师范学院将进一步普及蚕丝绸文化，传承创新蚕丝绸文化。为积极响应浙江省委、省政府部署推进的“诗画浙江”大花园建设，以及省文化和旅游厅提出的全省文旅系统实施文化基因解码工程，湖州将进一步实施湖州文化基因解码工程，从视觉化、体验化、创意化等方面读取基因密码，结合市场需求、生活方式和主流价值观等进行再认知、再加工和再创造，植入新认知、新生活方式和新导向，使“六韵”成为真正符合现代人价值导向、生活方式和消费习惯的有生命力的文化和旅游产品，把湖州市建设成为最具“诗画浙江”韵味的文旅融合示范城市。

（三）创新实干，乘胜前进，建设可持续发展议程创新示范区

国家可持续发展议程创新示范区是为破解新时代社会主要矛盾、落实新时代发展任务作出示范并发挥带动作用，为全球可持续发展提供中国经验而作出的重要决策部署。对于湖州而言，打造全面展示中国特色社会主义制度优越性的重要窗口，建设国家可持续发展议程创新示范区，与“八八战略”一脉相承。湖州，将和浙江其他地方一起，努力继续走在时代前列，再接再厉、顺势而为、乘胜前进，坚持一张蓝图绘到底、一任接着一任干，持续深化“八八战略”在湖州的生动实践，努力成为“重要窗口”的示范样本，努力建成国家可持续发展议程创新示范区，使湖州在新时代绽放更加耀眼的光芒。

在浙江湖州，要充分展示社会主义的“制度优越性”。这意味着要不断推进制度创新，为党和国家形成比较成熟、比较定型、比较系统的制度体系提供更多的湖州素材，积累更多的湖州经验。“重要窗口”，意味着我们肩负的责任和使命不是普通的工作成果展示，而是在习近平新时代中国特色社会主义思想指引下具有政治影响、全局影响的展示。湖州要建设国家可持续发展议程创新示范区，目的也正是推进这个“重要窗口”的建设。2021 年 1 月召开的中共湖州市委八届十次全体（扩大）会议暨经济工作会议强调，湖州要完成新发展阶段肩负的新使命，必须在历史前进的逻辑中前进，在时代发展的潮流中发展，坚持战略战术战法相统一，坚持“绿色赋能、创新赋能、改革赋能、开放赋能、数字赋能”，扬长补短增创新优势。对标浙江省委提出的现代化“十个先行”和“十三项战略抓手”，总的是要坚持以“八八战略”为统领，坚定不移深入实施“一四六十”工作体系，进一步强化前瞻性思考、全局性谋划、战略性布局、整体性推进，努力以市域现代化先行为全省全国现代化建设探路。

湖州要建设国家可持续发展议程创新示范区，需要从两个大的方面思考，一是思想、理念以及与之相关的制度的可持续性，不断实现制

度创新，以支撑可持续发展的目的。二是发展本身的可持续性，充分发挥湖州“绿水青山就是金山银山”优势，促进生态农业发展，促进科技创新，促进城乡融合协调发展，通过创新促进可持续发展，在可持续发展中坚持议程创新。

湖州的特色是“绿”，湖州的基础是“绿”。这是湖州理念创新的基础，需要围绕湖州的良好生态创新发展，“坚持在生态产业化、产业生态化上做文章”“坚持生态优势绿色发展”。向“绿”而生，湖州最先需要解决的是广大干部绿色政绩观和发展观的转变，增强“绿水青山就是金山银山”的意识。习近平总书记的“绿水青山就是金山银山”理念本身就是了不起的思想创造和理念创新，已经被写入《中国共产党章程》。党的十九大报告指出，建设生态文明是中华民族永续发展的千年大计，必须树立和践行“绿水青山就是金山银山”的理念。湖州市要继续保持“在湖州看见美丽中国”，在生态文明建设的新时代，需要新的理念、新的思维和新的方向。

从更广泛的视角看，理念创新是湖州全面大踏步发展和保持优势的根本。通过理念创新支撑实实在在的高质量发展，是湖州后续可持续发展的保证。革旧立新、勇毅向前，用创新思维闯出“重要窗口”的实践路径，进一步解放思想、打开思路，切实将党中央和浙江省委的创新理念和工作要求，导入到湖州发展的思维方法里、运用到湖州具体实践中，通过深入推进政府数字化转型，加快经济治理、社会治理、文化治理的数字化转型，构建系统完备、科学规范、运行高效的工作机制，不断在“忠实践行‘八八战略’、奋力打造‘重要窗口’”新征程中汲取新动能、注入新活力、谱写新篇章。在这个过程中，需要把握守与创、点与面、长与短、危与机等各方面的关系，坚定不移将改革进行到底，加快推进市域治理现代化，在融入大局中形成开放发展新格局，让“绿色生态”“城乡均衡发展”等先发优势不断转化为领跑优势。通过全面梳理排查，找准差距弱项，正视问题、对症下药，补齐短板，奋力打造共同富裕示范区的先行市，不断提升高水平小康社会的成色。进一步释放民间投资、新型基础设施和新产业新经济的生产力。加大科技创新，推动产业优化升级，不断提升湖州各方面产业的核心竞争力和抗风险能力。

多少年来，湖州一直强调基层民主、坚持法治，全面推进依法治国。湖州始终坚持通过制度创新促进治理能力现代化，其各项治理也一直呈现制度化、规范化格局。

作为习近平"绿水青山就是金山银山"理念诞生地、法学泰斗沈家本的故乡，湖州始终将法治政府建设纳入国民经济和社会发展规划，很早就发布了全国首个美丽乡村民主法治建设地方标准，其乡村治理的"余村经验"、行政争议化解的"湖州模式"、行政应诉的"湖州模式"，都在全国得到推广，依法行政基础不断夯实，法治建设走在全省前列，法治营商环境不断优化，人民群众满意度不断提升。湖州坚持法治引领，深入推进依法行政，全面推进以审判为中心的刑事诉讼制度改革，建立了"生态环境司法保护一体化平台"，推进综合行政执法改革，积极探索基层"一支队伍管执法"试点，加强全省法治化营商环境试点建设，司法体制改革向纵深推进。

社会治理是国家治理的重要方面，基层是社会和谐稳定的基础。党的十九届四中全会公报中明确，必须加强和创新社会治理，建设人人有责、人人尽责、人人享有的社会治理共同体。要想打造"社会治理共同体"，必须抓紧补短板、堵漏洞、强弱项，建立健全社会治理体制，把社会主义制度优势更好转化为社会治理效能。湖州市大力推进矛盾纠纷多元化解机制建设，在全省率先实现矛盾纠纷多元化解中心全覆盖；推进人民调解组织建设，乡镇街道、村居调委会建有率100%，基层法院和"两所一庭"调解室建有率100%，乡镇街道专职调解员配备率100%；在全国率先建成市县两级行政争议调解中心，打造行政调解的"湖州模式"。

在"十四五"时期，湖州通过制度创新，从更高水平推进依法治理，全面发展社会主义民主政治，全面深化司法体制综合配套改革，全面构建平安湖州法治化体系；高水平推进党建工程，坚决做到“两个维护”，深化推进“两个担当”，持续提升“双创双全”，严格落实“两个责任”，以高质量的制度创新促进经济社会高质量发展。

中共湖州市委八届十次全体(扩大)会议暨经济工作会议重点强调了湖州发展本身的可持续性。比如：要高水平推进生态文明，打造精致美丽“大景区”，拓宽精准转化“大通道”，构建精细治理“大体系”；高水平推进绿色发展，提升大平台承载力，打造标志性产业链，壮大“湖州造”企业群；高水平推进对外开放，构建内联外畅的“快速路”，打好互利共赢的“合作牌”，织起链接全球的“贸易网”；高水平推进整体智治，以数字化撬动集成改革、社会治理、产业变革。

参照2030年可持续发展议程确定的重点领域，湖州市将推动地方结合当地特色禀赋和现实需求，本着“一个区域一套方案”的原则，破解制约可持续发展的瓶颈问题，制定本地区可持续发展规划，加强同地方国民经济与社会发展规划的有效衔接，形成同一蓝图、同一目标，协同推进。比如，围绕重大疾病与传染病防治、健康养老、精准扶贫、废弃物综合利用、土地整治和土壤污染治理、清洁能源、水源地保护与水污染治理、特色生态资源保护等领域，加强问题诊断和技术筛选，明确技术路线，加大集成力度，促进科技成果转移转化和推广应用，支持各类创新主体开发新技术新产品，在产业链高端打造新业态新模式，形成成熟有效的系统解决方案。

在新的时期，为努力打造全面展示中国特色社会主义制度优势的重要窗口，建设社会主义现代化先行市，湖州将深入贯彻习近平生态文明思想，照着“绿水青山就是金山银山”这条路子走下去，坚决扛起当好践行“绿水青山就是金山银山”理念样板地、模范生、争当市域治理现代化先行地排头兵的重大使命，坚定不移走生态化发展之路、差异化竞争之路、特色化取胜之路，深入实施乡村振兴战略，更高水平推进绿水青山向“金山银山”转化，为湖州建设“重要窗口”的示范样本、加快高质量赶超发展注入强劲绿色动能。

在保证发展的可持续性方面，湖州将招商引资的生态标准和可持续性作为行业、项目和企业进入湖州的第一道门槛。生态因素在湖州引入的招商项目中具有一票否决权。围绕湖州市委争当践行“绿水青山就是金山银山”理念的样板地、模范生的要求，湖州市检察机关也把生态检察工作全面融入湖州生态建设，开创“融合式检察监督、恢复性司法办案、源头化综合治理”新模式，在司法办案中实现高效率的生态修复，为绿水青山向“金山银山”转化提供有力法治保障，做绿水青山的守护人。

湖州发展的一个重大优势，就是城乡发展均衡，差距小。这也正是湖州能够成为充分展示中国特色社会主义制度优越性的重要窗口的重要原因。在“十三五”期间，随着经济社会发展进入新常态，湖州已经实现了更高水平的城乡一体化。近年来市域发展空间格局进一步优化，中心城市能级不断提升，区域辐射和带动力明显增强，县城、小城市、中心镇和特色小镇协调发展，美丽乡村建设全面打造升级版。2018 年 12 月 23 日，中国社科院农村发展研究所和湖州市联合编制的全国首个乡村振兴发展指数在北京发布，湖州成为该指数首个评价样本。评价报告显示，湖州作为“绿水青山就是金山银山”理念诞生地、美丽乡村发源地，乡村振兴五方面均衡发展，城乡融合发展达到较高水平，乡村振兴发展水平全面提升。在乡村振兴上走出了一条特色发展之路，全市乡村振兴发展程度大幅领先全国平均水平，已基本实现农业农村现代化，并将于 2023 年总体基本实现农业农村现代化。

湖州城乡发展协调共进，已经获批成为国家城乡融合发展试验区、部省共建乡村振兴示范省先行创建市和省数字乡村试点示范市。2020 年湖州市城乡交通运输一体化发展水平指标核定评估分值公布，湖州吴兴、南浔作为主城区，城乡交通运输一体化发展水平分值为 101.11，等级为 5A。德清、长兴和安吉三县分别为 97.63、99.43 和 96.63，皆为 5A 等级，全湖州市城乡交通一体化发展综合分值 98.70。湖州城乡基础设施不断完善，枢纽门户城市建设步伐加快。湖州市委市政府始终强调，在“十四五”期间，湖州要高水平推进城乡融合，高起点规划“图景”，高品位绘就“实景”，高水准管理“场景”，高水平推进共同富裕，让民生保障更“安心”、公共服务更“暖心”、百姓生活更“舒心”。

一个好的社会治理体系，必须以人民为中心，需要从精细化层面下功夫。打磨、消弭矛盾在于基层的能力，同时也离不开科技的“硬核支撑”，这是新时代对社会治理体系和治理能力现代化提出的全新要求。中共湖州市委八届十次全体（扩大）会议暨经济工作会议强调，要高水平推进科技创新，建强创新“主阵地”，做强创新“主引擎”，增强创新“主动力”，并要求探索科技创新与社会事业融合发展新机制。围绕加快社会事业发展，积极深化科技体制改革，加大科技对供给侧结构性改革的支撑力度，建设惠民科技孵化中心与技术转移中心，搭建技术集成应用载体，形成更多新兴产业创新集群，增强地方整合汇聚创新资源、促进经济社会协调发展能力，健全需求牵引、政府引导、市场配置资源、各利益攸关方共同参与的良性机制。

围绕落实2030年可持续发展议程，湖州将以可持续发展理念为引领，以创新为第一动力，促进经济社会协调发展。以地方为实施主体，面向可持续发展现实需求，发挥科技创新在全面创新中的核心作用，有针对性地提出先进适用技术路线，形成系统解决方案，切实破解制约可持续发展的难题。健全完善政府、科研机构和大学、企业、社会等各方共同参与的体制机制，加大对社会事业领域科技创新的多元投入力度，为可持续发展营造良好环境。拓展国际视野，吸引汇聚全球创新资源，构建可持续发展合作共赢机制，主动向世界分享中国经验，为全球可持续发展作出贡献。

湖州将始终坚持正确的历史观、大局观、发展观，胸怀大局看湖州、跳出湖州看湖州、面向未来看湖州，强化系统观念，全面创新思维，进一步找准新方位、锚定新坐标、扛起新使命。在新的历史阶段，湖州奋勇争当社会主义现代化先行省的排头兵，努力为全国贡献更多的

“湖州方案”，为全省探索更新的“先行经验”，为百姓创造更好的“幸福生活”。置身“非常之变局”的加速演进期，湖州要加快打造“重要窗口”的示范样本，坚持国家所需、浙江所向、湖州所能，聚焦制度的优越性，突出整体的协同性，激发实践的创造性，彰显成果的标志性，更好地在危机中育先机、于变局中开新局。置身“高质量赶超”的优势叠加期，湖州要高水平建设现代化滨湖花园城市，持续推动“六个城市”建设的内涵提升、外延拓展和整体跃迁，努力打造更具引领力的生态样板之城、更具竞争力的绿色智造之城、更具吸引力的滨湖旅游之城、更具爆发力的现代智慧之城、更具集聚力的枢纽门户之城、更具向心力的美丽宜居之城。

三、打造共同富裕绿色样本

湖州的发展应立足自身的生态环境优势、地理区位优势，叠加“绿水青山就是金山银山”理念诞生地的政策优势，并把“绿水青山就是金山银山”理念的深入贯彻与推进长三角一体化、全面实施乡村振兴、推动城乡融合发展、践行“八八战略”等国家、浙江省重大战略有机结合起来，努力打造共同富裕绿色样本。在新的历史起点，湖州将持续拼搏，力争建成展示新时代中国特色社会主义重要窗口的示范样本，努力建成美丽繁华幸福的新江南，努力在现代化建设中推动共同富裕与人的发展，真正实现“人生只合住湖州”的千古愿景。

（一）融入长三角一体化战略，打造新发展格局重要节点

湖州的发展必须融入长三角。长江三角洲的发展是中国的亮点，长三角城市群是我国最大的城市群。长三角规划包括上海市、江苏省、浙江省、安徽省一市三省全域，面积 35.8 万平方千米，创造了全国约四分之一的经济产值，拥有全国约四分之一的“双一流”高校、国家重点实验室、国家工程研究中心，进出口总额、外商直接投资、对外投资分别占

全国的37%、39%和29%[①]。长三角区域经济社会发展全国领先，全员劳动生产率位居全国前列，社会事业加快发展，公共服务相对均衡，社会治理共建共治共享格局初步形成，人民的获得感、幸福感、安全感较强。湖州毗邻上海，区位优势得天独厚，应该主动地接轨上海，融入长江三角洲经济圈，与三角洲经济更加有机地结合起来。2019年12月，中共中央、国务院印发《长江三角洲区域一体化发展规划纲要》，对长三角地区一市三省的未来一体化发展指明了方向。作为地处长三角地理中心位置的湖州，应积极响应国家、省重大战略需求，找好自身地位，在区域一体化发展中寻求机遇，借机加快发展。在长三角一体化中，湖州应坚守环境优势、政策优势、区位优势等核心竞争力，善于借力，实现错位发展、高质量发展。

一是做好生态文章。湖州是"绿水青山就是金山银山"理念诞生地，并且习近平总书记2015年在接见湖州代表时也叮嘱湖州要"照着'绿水青山就是金山银山'这条路子走下去"。由此可见，生态就是湖州的最大发展资本、最大发展优势、最大政策优势，实现湖州的发展就是把"生态"这篇文章做出水平，做到完美与极致。湖州的生态环境确有先天优势。元代诗人戴表元在《湖州》一诗中说："山从天目成群出，水傍太湖分港流。行遍江南清丽地，人生只合住湖州。"这里有山有水，毗邻太湖，西靠天目山，市内湖泊纵横，如果能同时搞好社会经济发展，可以说湖州是适合人类居住、生活与创业的地方。近年来，湖州获得许多国家级荣誉称号，大多与生态有关，代表性的有"中国优秀旅游城市"(1998)、"中国魅力城市"(2004)、"国家园林城市"(2006)、"国家环保模范城市"(2006)、"国家现代林业建设示范市"(2009)、"联合国人居中心授予的最佳人居城市"(2000)、"全国生态文明建设试点市"(2011)、"国家森林城市"(2013)、"全国首批水生态文明城市建设试点"(2013)、"国家历史文化名城"(2014)、"全国生态文明先行示范

---

① 《长江三角洲区域一体化发展规划纲要》，人民出版社2019年版，第4—5页。

区”(2014)、“中国幸福城市”(2014)、“全国城市综合实力百强市”(2016)、“国家生态市”(2016)、“国家生态文明建设示范市”(2017)、“全国文明城市”(2017)等。因而关于湖州未来的发展,还是要充分打“生态牌”,在全力做好生态文明建设的同时,利用湖州优美的生态环境,大力引进人才、培育项目、发展产业,提升科技研发水平,争得政策红利,推进城市核心竞争力跃升。

二是全面融入长三角。在融入长三角中,关键是接轨上海。在习近平同志看来,上海是长三角龙头,浙江要在跟上海配合上动脑筋,敢于做配角,敢于接受辐射,在长三角一体化中实现共赢,享受共同利益。2017 年,《上海市城市总体规划(2017—2035 年)》出台,其中明确了上海至 2035 年并远景展望至 2050 年的总体目标、发展模式、空间格局、发展任务和主要举措。在该规划中,上海大都市圈包括上海、苏州、无锡、宁波、南通、常州、嘉兴、湖州、舟山,涵盖了长三角区域大多最重要的发展城市。湖州可充分利用该规划,全面对接融入上海,推进两地的同城化发展,甘当上海国际大都市的后花园,全面发展经济、金融、贸易、航运、科技创新和文化,全面提升城市的创新能力、人文气息、生态质量,努力把湖州建成美轮美奂的、充满朝气与活力的现代化滨湖大城市。全面融入长三角,同时要加强环太湖区域的城市交往与合作。作为全国五大湖之一的太湖区域,涉及苏、锡、常、嘉、湖两省五市,经济科技较为发达,历史文化底蕴深厚,社会交往频繁,湖州可充分利用太湖湖区地域相连、人缘相亲、经济相融、人文相近的优势实现市场相通、交通相连、人才互通、资源共享、产业互补,增强地区发展的外部动能聚集。

三是建好节点城市。习近平同志在浙江工作时曾指出:“在长三角杭宁城市带这一条相对偏小、偏弱的边上,湖州担当着重要的崛起的角色，建成一个节点城市、枢纽城市，我觉得这是一个努力方向。”①湖州地处长三角中心区域，是沪、杭、宁三大城市的共同腹地，是连接长三角南北两翼和东中部地区的节点城市，并且拥有全国一流的铁路、公路、内河水运中转港，宁杭高铁、商合杭高铁、湖苏沪高铁（在建）、宣杭铁路，G25 长深（杭宁）、G50 沪渝（申苏浙皖）、S12 申嘉湖、S13 练杭、S14 杭长 5 条高速公路，104 国道、318 国道，以及被誉为“东方小莱茵河”的长湖申航道、入选世界文化遗产的京杭大运河穿境而过，交通十分便捷。湖州市党委、市政府对标习近平同志关于湖州发展的讲话精神并结合当今实际，力争把湖州建设成为一个长三角区域链接杭宁、合沪新发展格局中的重要节点城市。

四是建好南太湖。南太湖的开发对于湖州的旅游业、三产发展很有必要。2019 年 6 月 2 日，作为全省大湾区建设确定的四大新区之一的“湖州南太湖新区”正式挂牌成立。南太湖新区总面积 225 平方千米，空间范围包括原湖州南太湖产业集聚区核心区，湖州经济技术开发区、湖州太湖旅游度假区全部区域，吴兴区环渚街道部分区域，以及长兴县境内的部分弁山山体，下辖 6 个街道，人口近 30 万。南太湖新区着力构建智慧科技城、长东新经济集聚片、仁皇公共服务片、丘城度假康养片“一城三片”总体布局。南太湖新区的成立为南太湖的开发打下了良好的制度基础。关于南太湖未来开发，一是南太湖开发建设要搞好规划；二是南太湖开发建设要形成精品、注意功能的整合；三是南太湖的开发与建设要实现双赢。

（二）打造全国乡村振兴先行示范区，高水平推进农业农村现代化

湖州在乡村振兴方面走在全国前列。习近平同志主政浙江考察湖州时深刻地指出：“不要把优势不当回事，农业对湖州来讲是一个优

① 习近平：《干在实处 走在前列——推进浙江新发展的思考与实践》，中共中央出版社 2007 年版，第 502 页。

势。湖州历史上的'鱼米之乡'，不能在我们手里丢了。"[①]关于安吉，他也曾说过"一片叶子富了一方百姓""绿水青山就是金山银山"。由以上可知，湖州的农业农村发展质量高，有代表性，应该极力打造全国乡村振兴先行示范区，高水平推进农业农村现代化。一是坚持全域美丽、全域发展。湖州的三县美丽乡村实现了全覆盖，但吴兴区和南浔区在美丽乡村建设方面还有部分乡村形态较差。湖州乡村发展程度不同，特别要加强一些薄弱村的建设，坚持社会主义的本质，实现共同富裕。二是形成更多乡村振兴经验。现在"余村经验"已经得到习近平总书记的认可，鲁家村的田园综合体社会影响也归纳得较好，社会影响大。除此之外，安吉县内潴口溪村的乡村振兴、横溪坞村的社会治理模式、高禹村的社会养老、古城村的产业发展、横溪坞村的垃圾分类等很有特色，但由于总结或宣传推广还不够，现在影响力还不够。三是坚持不断创新，高标准进行建设。湖州是全国第二个实现农村现代化的城市，三县两区的美丽乡村建设也很有成效，应该说起点很高。未来应坚持创新赋能，以打造全国乡村振兴先行示范区，高水平推进农业农村现代化为标准，向国内国际先进水平看齐，打造乡村振兴的模范样板。

（三）推进国家城乡融合发展试验区建设，创新城乡融合发展的湖州样本

湖州的城市建设追求的是城乡协同发展。它不像一些大城市追求很高的城镇化率，也不像国内的许多地级市只注重市区建设，不重视县城、乡镇、村庄的建设，而是统筹城乡、统筹各地区，走出了一条乡村美丽、乡镇特色、区域发展平衡的道路。可以看到，湖州的城区建设得很漂亮，下属三县建设得也漂亮；城区人民富裕，三县人民也富裕；城镇美丽又有特色，乡村亦特色而美丽。湖州已经形成城乡联动的差

---

① 习近平：《干在实处 走在前列——推进浙江新发展的思考与实践》，中共中央出版社 2007 年版，第 501 页。

异化、融合化的现代化产业体系，同时城乡空间布局合理，基础设施和公共服务均等化覆盖，城乡基本公共服务走在全省前列。

2019 年 12 月 19 日，国家发展改革委、中央农村工作领导小组办公室、农业农村部等 18 部门联合印发《国家城乡融合发展试验区改革方案》（发改规划〔2019〕1947 号），并公布 11 个国家城乡融合发展试验区名单，其中浙江嘉湖片区位列其中。从改革方案可以看出，改革试验的目的在于，通过协调推进乡村振兴战略和新型城镇化战略，促进城乡生产要素双向自由流动和公共资源合理配置，以工促农、以城带乡，以期率先建立城乡融合发展体制机制和政策体系，为全国提供可复制、可推广的城乡融合典型经验。建议各试验区在以下方面开展先行先试：（1）建立城乡有序流动的人口迁徙制度；（2）建立进城落户农民依法自愿有偿转让退出农村权益制度；（3）建立农村集体经营性建设用地入市制度；（4）完善农村产权抵押担保权能；（5）建立科技成果入乡转化机制；（6）搭建城中村改造合作平台；（7）搭建城乡产业协同发展平台；（8）建立生态产品价值实现机制；（9）建立城乡基础设施一体化发展体制机制；（10）建立城乡基本公共服务均等化发展体制机制；（11）健全农民持续增收体制机制。湖州作为试验区，试验重点任务是："建立进城落户农民依法自愿有偿转让退出农村权益制度；建立农村集体经营性建设用地入市制度；搭建城乡产业协同发展平台；建立生态产品价值实现机制；建立城乡基本公共服务均等化发展体制机制。"

关于推进国家城乡融合发展试验区建设、创新城乡融合发展的湖州样本，有如下方面可供考虑：第一，建立具有本地特色的稳定的基本公共服务均等化发展体制机制。湖州已经在基本公共服务均等化方面走在全国前列，下一步关键是在制度建设方面取得进展。第二，完善、推广德清的"新土改"，形成可复制、可推广的农村集体经营性建设用地入市制度。第三，建立生态产品价值实现机制，真正让绿水青山变为"金山银山"。湖州"绿水青山"向"金山银山"转化集中在农村区域，下一步可探索城区如何把“绿水青山”转化为“金山银山”。第四，借鉴发达国家经验，构建城乡发展平台。现在的城乡融合发展还集中在提高乡村的人民收入、改善环境上，下一步可考虑如何把更多城市发展项目、发展元素融入农村。第五，建立进城落户农民依法自愿有偿转让退出农村权益制度。乡村振兴与推进城镇化相辅相成，因而在农民转市民上要着力保障农民的合法权益，让有条件的农民能够更好地融入城市，扎根城市，在城市中实现更好发展。

(四)全面改善人民生活品质，构筑共建共治共享的美好家园

湖州改善人民生活品质的秘诀在于，社会建设方面追求共建共享。2015 年，时任安吉县委书记单锦炎在总结安吉 10 年的生态文明建设基本经验时讲到 3 个方面，其中一个方面就是“共建共享”。2017 年湖州更是提出“全域景区化”建设，使美丽覆盖全市。正是在社会生活领域的各方面各领域坚持共建共享，湖州在改善民生方面走在全国前列，入选全国最幸福的城市。湖州在城乡环境质量、社会治安，以及人民群众的养老、就业、教育、住房、医疗等方面满意度很高，居全国前列。

随着“共治”的概念被纳入党科学执政社会领域的重要方面，湖州的社会治理必须与时俱进，有所作为。2020 年 10 月 29 日，中国共产党十九届五中全会通过的《中国共产党第十九届中央委员会第五次全体会议公报》明确指出：“坚持把实现好、维护好、发展好最广大人民根本利益作为发展的出发点和落脚点，尽力而为、量力而行，健全基本公共服务体系，完善共建共治共享的社会治理制度，扎实推动共同富裕，不断增强人民群众获得感、幸福感、安全感，促进人的全面发展和社会全面进步。”因而，湖州未来要深入改善人民生活品质，必须构筑共建共治共享的美好家园。从构建最终目标来说，结合十九届五中全会公报要求，应该包括：提高人民收入水平，强化就业质量，建设高质量教育，提高社会保障水平，推进人民健康，做好社会养老。湖州未来将深

入提高人民生活获得感、幸福感、安全感，构筑共建共治共享的美好家园，维持“人生只合住湖州”的愿景。

一是不断提高人民群众收入水平。二是健全社会保障体系。三是推进教育现代化。四是高水平打造健康湖州。五是高水平建设“平安湖州”。

2023 年是全面贯彻落实党的二十大精神开局之年，是“八八战略”实施 20 周年，是湖州撤地建市 40 周年，也是湖州坚持生态文明立市、突出创新发展强市、加快改革开放兴市，提速建设现代化滨湖花园城市，全力打造生态文明典范城市的关键之年。学习好、宣传好、贯彻好党的二十大精神是当前和今后一个时期的首要政治任务。湖州应对标习近平总书记赋予湖州再接再厉、顺势而为、乘胜前进的新期望新要求，紧紧围绕浙江在高质量发展中奋力推进中国特色社会主义共同富裕先行和省域现代化先行，以一流状态、一流作风、一流标准扎实推进各项工作，奋力把党的二十大精神书写在湖州人民心目中、书写在湖州广袤大地上、书写在湖州的奋斗进程中，以实际行动忠诚拥护“两个确立”、忠实践行“两个维护”。特别是要坚决扛起湖州作为“绿水青山就是金山银山”理念诞生地的政治担当，聚焦建设绿色低碳共富社会主义现代化新湖州的奋斗目标，扎实深入开展“在湖州看见美丽中国”实干争先主题实践，高水平建设生态文明典范城市，全方位、多维度、立体化展示湖州的自然生态之美、经济发展之美、开放自信之美、地方人文之美、社会和谐之美、民生幸福之美，在加快打造实力新湖州、活力新湖州、品质新湖州、人文新湖州、美丽新湖州、幸福新湖州等“六个新湖州”，努力呈现美丽中国集成之地、浓缩之地、经典之地的美好图景，努力在实干争先中推进中国式现代化的湖州实践。

参考文献

[1]《安吉白茶营销觅新路》,《浙江日报》2015 年 8 月 31 日。

[2]《安吉县建设“中国美丽乡村”行动纲要》引领发展,浙江在线,2021 年 6 月 2 日,https://zjnews.zjol.com.cn/ztjj/gjdar2021/bnbd/202105/t20210531_22608897.shtml。

[3] 曹永峰、张立钦:《生态文明先行示范区建设“湖州模式”研究》,中国社会科学出版社 2021 年版,第 118 页。

[4]《产业基础雄厚　湖州湖羊享誉省内外》,《湖州日报》2019 年 11 月 1 日。

[5]《产业结构优化升级　浙江制造业绿色发展成果显著》,央广网,2020 年 8 月 17 日,http://zj.cnr.cn/zjyw/20200817/t20200817_525208383.shtml。

[6]《[朝闻天下]浙江德清　垃圾分类智能化　科学管理更精准》,央视网,2020 年 8 月 14 日,http://tv.cctv.com/2020/08/14/VIDEVio QjCeNihQvbsWK qxNc200814.shtml。

[7]《湖州:奋力打造美丽中国的市域样板》,《马鞍山日报》2020 年 9 月 21 日。

[8] 崔凤军:《休闲旅游业:绿水青山与金山银山之间的重要转换器》,《旅游学刊》2020 年第 10 期。

[9]《加快推进文旅融合发展　高水平打造滨湖旅游城市》,《湖州日报》2020 年 9 月 5 日。

[10]《奋力打造“重要窗口”的示范样本》,《湖州日报》2020 年 4

月 30 日。

[11]《构筑科创人才的湖州磁场》,《湖州日报》2020 年 8 月 31 日。

[12]《生态优势转化为发展优势(在习近平新时代中国特色社会主义思想指引下——新时代新气象新作为)》,《人民日报》2018 年 4 月 21 日。

[13]《关于开展国家城乡融合发展试验区工作的通知》,中华人民共和国国家发展和改革委员会网,https://www.ndrc.gov.cn/xxgk/zcfb/tz/201912/t20191227_1216773.html。

[14] 关于“十大民生实事项目”形成的相关报道可进一步参考《听民意汇民智　以民主促民生　湖州:群众票决民生实事》,《人民日报》2011 年 1 月 6 日。

[15]《长三角:打通断头路》,《人民日报》2018 年 12 月 7 日。

[16] 胡锦涛:《全面贯彻落实科学发展观　推动经济社会又快又好发展》,《求是》2006 年第 1 期。

[17] 胡晓云、李闯、魏春丽:《2020 中国茶叶区域公用品牌价值评估报告》,《中国茶叶》2020 年第 5 期。

[18]《湖州:奋力打造法治中国示范区的先行区》,《浙江法制报》2021 年 4 月 25 日。

[19]《湖州:“坡地村镇”打造山坡上的诗画村庄》,人民网,2020 年 7 月 26 日,http://zj.people.com.cn/n2/2020/0726/c186327-34184007.html。

[20]《湖州:太湖南岸一片绿　争当绿色发展“模范生”》,《浙江日报》2019 年 6 月 20 日。

[21]《湖州:走向社会主义生态文明新时代》,《中国环境报》2018 年 6 月 22 日。

[22]《湖州高水平打造“全国绿色智造名城”》,《浙江日报》2021 年 4 月 26 日。

[23]《湖州获批“中国制造2025”试点城市》,《浙江日报》2017年5月4日。

[24]《湖州美丽乡村建设有法可依　国内首部地方性美丽乡村建设法规获通过》,浙江新闻网,2019年3月29日,https://zjnews.zjol.com.cn/zjnews/huzhou news/201903/t20190329_9785074.shtml。

[25]《湖州市高水平完成蓝天保卫战三年行动计划》,《潇湘晨报》2021年2月7日。

[26]《湖州首捧“五水共治”大禹鼎金鼎》,《浙江日报》2021年6月4日。

[27]《我市打响治霾318攻坚战》,《湖州日报》2014年10月10日。

[28]《以新发展理念开创旅游发展的新境界》,《中国旅游报》2016年9月14日。

[29]《主动融入长三角一体化　湖州为何要打造一个绿色智造廊道》,《浙江日报》2019年3月28日。

[30]《精心落实“134”工作举措　湖州全力推动特色产业质量提升》,《市场导报》2020年10月13日。

[31]《聚焦绿色智造模式创新　打造工业转型湖州样板》,《湖州日报》2018年6月28日。

[32]《“蓝天保卫战”三年行动告捷》,《湖州日报》2021年2月12日。

[33]《厉害了“六连冠”!湖州农业现代化发展水平领跑全省》,《浙江日报》2019年11月25日。

[34]《以人民为中心建设社会治理共同体》,《光明日报》2020年6月9日。

[35]《推动文化和旅游融合发展》,《光明日报》2020年12月14日。

[36]《南浔以质求胜建设先进产业集群》,《湖州日报》2021 年 2 月 25 日。

[37]《“2020 年全国县域旅游综合实力百强县”公布　湖州三县全部上榜》,《湖州日报》2020 年 8 月 9 日。

[38]《努力成为新时代全面展示中国特色社会主义制度优越性的重要窗口》,浙江新闻网,2020 年 4 月 13 日,https://zjnews.zjol.com.cn/zjnews/zjxw/202004/t20200413_11871791.shtml。

[39] 裴建林、杨新立、袁华明:《南太湖新区:“融”入一片海》,浙江在线,2019 年 6 月 3 日,https://zjnews.zjol.com.cn/zjnews/huzhounews/201906/t20190 603_10254566.shtml。

[40]《全国首个内河水运转型发展示范区标准化发展规划发布》,《湖州日报》2019 年 1 月 4 日。

[41]《全省唯一！湖州获全国创新大奖》,新蓝网,2019 年 12 月 30 日,http://i.cztv.com/view/13380179.html。

[42]《人民日报评论员:饮水当思源　先富帮后富》,人民网,2018 年 7 月 15 日,http://opinion.people.con.cn/nI/2018/0715/c1003-30147411.html。

[43]《深化“千万工程”和美丽乡村建设》,《浙江日报》2020 年 5 月 18 日。

[44] 孙振华:《展现地域文化,塑造人文精神——评湖州“历史文化名人园”雕塑》,《雕塑》2004 年第 12 期。

[45]《太湖畔,又见天朗气清　湖州 PM2.5 平均浓度今年首次达到国家二级标准》,《浙江日报》2019 年 10 月 14 日。

[46]《湖州乡村旅游再添硕果,安吉余村获评世界最佳旅游乡村》,《新民晚报》2021 年 12 月 4 日。

[47]《推进产业转型升级　提高区域品牌影响　竹产业发展算好生态账》,浙江新闻—浙江在线—湖州新闻,2018 年 1 月 16 日,https://zjnews.zjol.com.cn/zjnews/huzhounews/201801/t20180116

_6335322. shtml。

[48] 王帝元、谢龙:《湖州市吴兴区:深化新时代枫桥经验 推进基层社会治理“就近跑一次”》,人民网,2020 年 6 月 18 日,http://jl.people. com. cn/n2/2020/0618/c349771-34095821. html。

[49] 王丽玮:《浙江长兴顾渚村:借力长三角一体化 乡村旅游再升级》,人民网—浙江频道,2020 年 6 月 11 日,http://zj. people. com. cn/n2/2020/0610/c1863 27-34077884. html。

[50] 文化和旅游部资源开发司:《全国乡村旅游发展典型案例汇编》,中国旅游出版社 2019 年版。

[51]《我市省级示范性全产业链数量全省第一》,《湖州日报》2020 年 1 月 17 日。

[52]《“五优联动”打造具有浙江辨识度的优质粮食工程》,《光明日报》2020 年 10 月 9 日。

[53] 习近平:《干在实处 走在前列——推进浙江新发展的思考与实践》,中共中央党校出版社 2006 年版。

[54] 习近平:《决胜全面建成小康社会 夺取新时代中国特色社会主义伟大胜利》,人民出版社 2017 年版。

[55] 习近平:《之江新语》,浙江人民出版社 2007 年版。

[56]《从山海协作、城乡统筹到实施区域协调发展战略》,《浙江日报》2018 年 7 月 20 日。

[57] 严旭阳:《中国旅游发展笔谈——以“两山论”为指导,推动旅游业高质量发展》,《旅游学刊》2020 年第 10 期。

[58] 一苇:《生态电力赋能美丽中国的湖州样本》,人民网,2020 年 8 月 14 日,http://zj. people. com. cn/n2/2020/0814/c186327-34228074. html。

[59]《一座城市的进击:破解浙江湖州“人才密码”》,中国新闻网,2022 年 1 月 13 日,http://www. chinanews. com. cn/sh/2022/01-13/9651524. shtml。

[60]《以羊为媒延伸　打造湖州湖羊全产业链》,《湖州日报》2019年11月1日。

[61]《在绿水青山间诗意栖居》,人民网,2020年10月22日,http://industry.people.com.cn/n1/2020/1021/c413883-31900565.html。

[62]《在"瘦身"中生长:长兴县铅蓄电池产业的绿色转型》,央广网,2018年11月25日,http://news.cnr.cn/dj/20181125/t20181125_524425373.shtml。

[63]《浙江安吉深入挖掘竹文化内涵　全力助推绿色中国发展》,中国日报网,2019年12月9日,http://zj.chinadaily.com.cn/a/201912/09/WS5deddb0fa 31099ab995f066d.html。

[64]《浙江湖州:以"两山"理念为引领　全力打造现代渔业绿色发展标杆市》,中华人民共和国农业农村部网,2019年10月22日,http://www.moa.gov.cn/xw/bmdt/201910/t20191022_6330347.htm。

[65]《浙江省德清县开启垃圾革命的"德清模式"》,央广网,2018年5月4日,http://zj.cnr.cn/gedilianbo/20180504/t20180504_524222410.shtml? from=groupme ssage。

[66]《政府工作报告——2021年3月1日在湖州市第八届人民代表大会第六次会议上》,《湖州日报》2021年3月8日。

[67]中共湖州市委调研组编:《绿水青山就是金山银山:来自湖州的探索与实践》,浙江人民出版社2020年版,第171页。

[68]《中共中央关于繁荣发展社会主义文艺的意见》,新华网,2015年10月19日,http://www.xinhuanet.com/politics/2015-10/19/c_1116870179.htm。

[69]《中共中央关于全面深化改革若干重大问题的决定》,人民网,2013年11月16日,https://politics.people.com.cn/n/2013/1116/c1001-23560979.html。

[70]《中华人民共和国国民经济和社会发展第十四个五年规划和2035年远景目标纲要》,新华网,2021年3月13日,https://www.

xinhuanet. com。

[71] 中央党校采访实录编辑室:《习近平在浙江》(上),中共中央出版社 2022 年版,第 18 页。

[72]《生态电力赋能美丽湖州》,《湖州日报》2020 年 8 月 15 日。

[73] 周雨涵、陆健、杨飒等:《安吉鲁家村:飞跃的数字 红火的日子》,光明网,2021 年 5 月 12 日,https://share. gmw. cn/v/2021-05/12/content_34839394. htm。

[74] 邹统钎:《绿水青山与金山银山转化的乡村旅游机制探讨》,《旅游学刊》2020 年第 10 期。

后　记

按照浙江省习近平新时代中国特色社会主义思想研究中心、浙江省社会科学界联合会的统一部署，中共湖州市委宣传部、湖州市社会科学界联合会成立课题组，组织编写了这本书。本书系统总结湖州市坚决贯彻习近平同志重要讲话和重要指示批示精神，在经济建设、政治建设、文化建设、社会建设、生态文明建设、全面加强党的建设方面取得历史性成就的举措和实践，准确提炼湖州发展过程中最具特色的成效和经验。通过对湖州生动实践的剖析，揭示湖州探索的历程及其对浙江乃至全国发展的影响，揭示区域经济社会发展的内在规律。

本书由湖州师范学院金佩华研究员牵头，浙江大学教授黄祖辉、湖州师范学院"两山"理念研究院常务副院长王景新、湖州市委党校副校长胡继妹为本书的编写提供了宝贵的意见和建议。各章的具体分工如下：蔡颖萍负责导论及全书统稿工作，马小龙、吴国松、葛敬炳负责第一章，尹怀斌负责第二章，刘玉莉、曹永峰负责第三章，郝建梅、王锋、李骅负责第四章，刘亚迪、韦良负责第五章，胡志宏、刘艳云、曲值负责第六章，朱强、肖方仁、侯子峰负责展望。参与本书编写指导工作的还有钟建林、周建华、吴凡明、余连祥。

作　者

2023 年 6 月